Die schönsten Touren

Klettersteigklassiker Bayerische Hausberge

50 luftige Wege zwischen Allgäu und Berchtesgaden

J. BERG

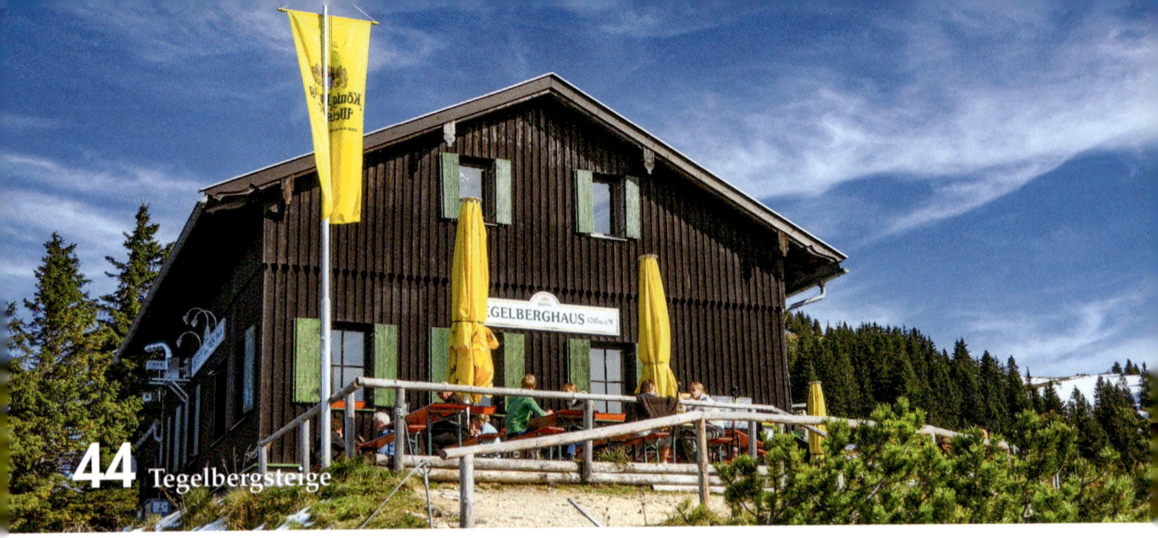

44 Tegelbergsteige

Inhalt

Tourenüberblick 6

Vorwort 9

Klettersteiggehen, aber richtig 10
Planung – Ausrüstung – Unterwegs

Die Touren

1 Mannlsteig und Schustersteig..... 20
Imposante Klettersteigrunde mit historischer Fußnote

2 Schützensteig am Jenner 22
Einsteigertour mit großartigem Blick auf den Watzmann

3 Grünstein-Klettersteig 26
Vier Varianten über dem Königssee

4 Watzmannüberschreitung 30
Imposante Tiefblicke in die berühmte Ostwand

5 Wagendrischlhorn-Klettersteig.... 34
Verschiedene Varianten abseits des Trubels

6 Hochthron-Klettersteig........... 36
Über den neuen Klettersteig hinauf und das Mittagsloch hinab

7 Dopplersteig und Thomas-Eder-Steig 40
Lange Panoramatour am Untersberg

8 Persailhornüberschreitung 42
Über den Wildental- und den Südwand-Klettersteig

9 Teufelslöcher und Mooshammersteig............... 44
Konditionelle Hammertour in alpinem Ambiente

10 Birgkarsteig..................... 46
Auf Berchtesgadens Höchsten

11 »Nackter Hund« und Südwestgrat 48
Überschreitung des Großen Hinterhorns

12 Nurracher Höhenweg 50
Beeindruckende Kammüberschreitung

13 Schuastagang'l-Klettersteig 54
Klettersteig mit Dinosauriern

14 Simwel-Klettersteig 56
Kurzer Steig für Einsteiger

15 Pidinger Klettersteig 58
Fast schon ein Klassiker in Bayern

16 Hochstaufenüberschreitung 62
Lange Bergfahrt über fünf Gipfel

17 Hausbachfall-Klettersteig 64
Neuer Klettersteig im Chiemgau

18 Kampenwand-Steig 66
Gesichert über den Ostgipfel

19 Widauersteig 68
Am westlichen Rand des Wilden Kaisers

20 Klammlsteig 70
Mit zwei Sektionen und einer Zweiseilbrücke

21 Gamsänger-Klettersteig 74
Der Hauptweg auf die Ellmauer Halt

22 Kaiserschützensteig und Rote-Rinn-Scharte 76
Wilde nördliche Variante auf die Ellmauer Halt

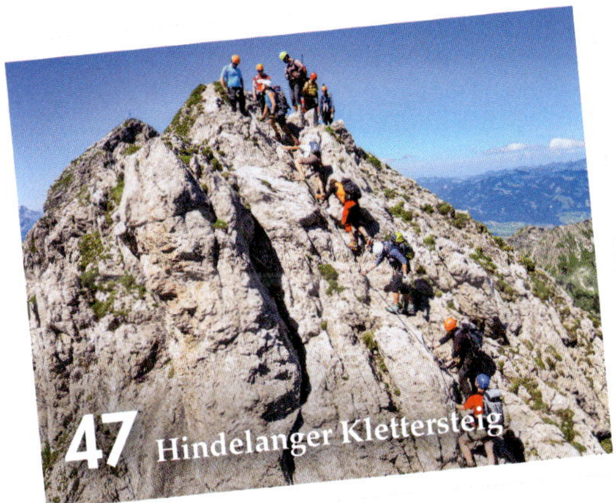
47 Hindelanger Klettersteig

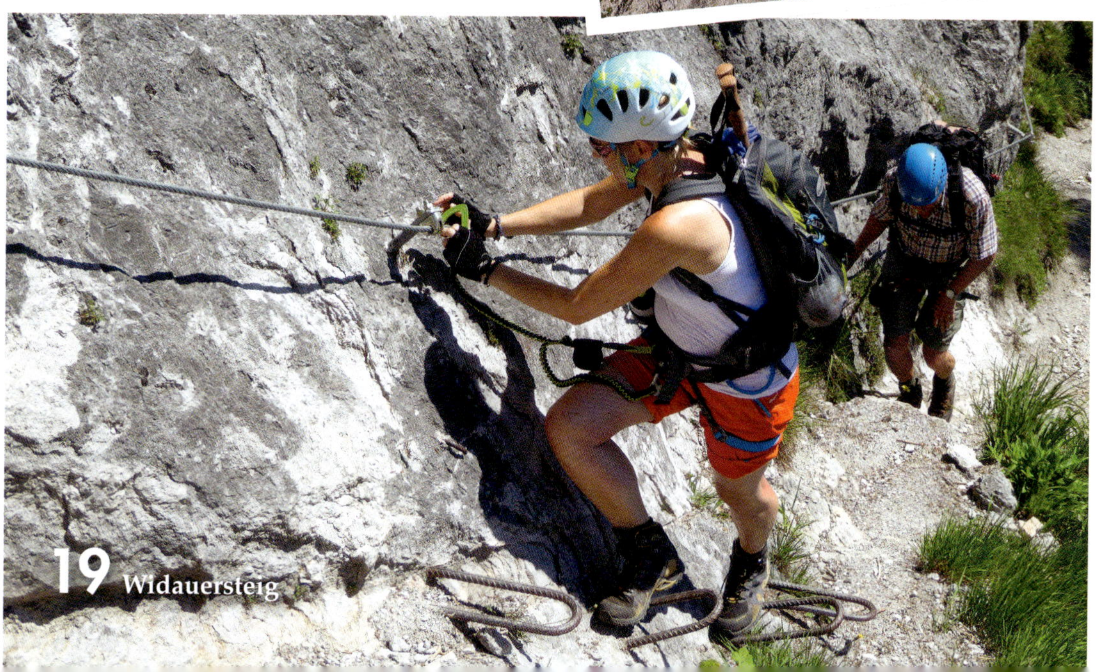
19 Widauersteig

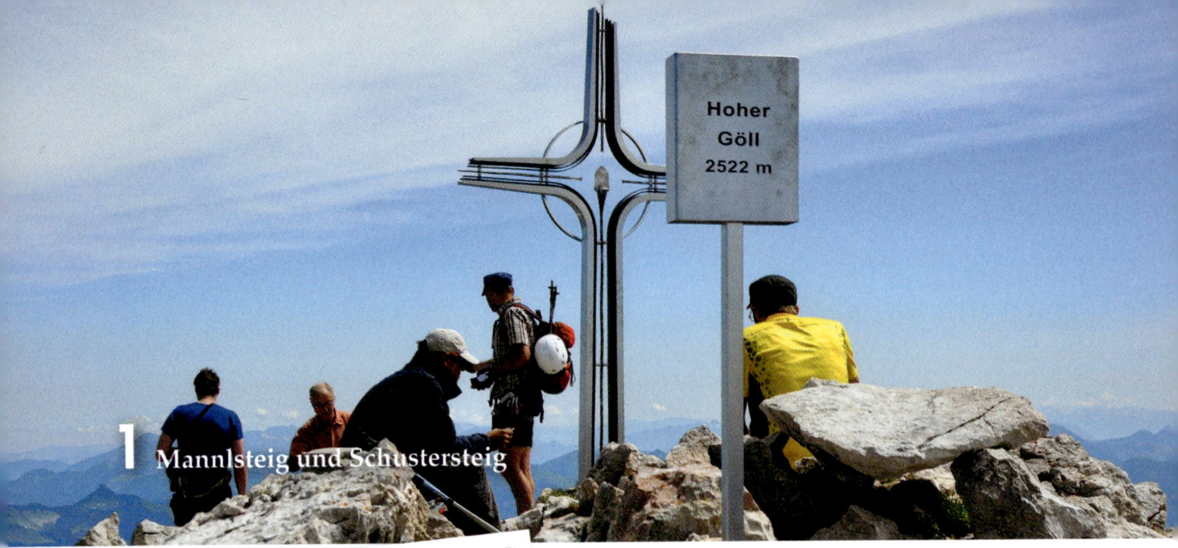

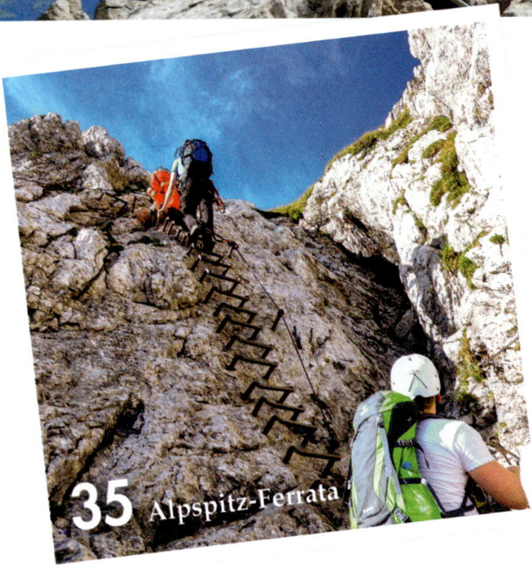

23 **Klettersteige Stripsenkopf** 80
Verschiedene Varianten in Hüttennähe

24 **Eggersteig und Jubiläumssteig** 82
Zwei Routen zum Ellmauer Tor und zur Goinger Halt

25 **Kufsteiner Klettersteig** 84
Neuer alpiner Klettersteig im Kaiser

26 **Guffert-Nordanstieg** 86
Einer der beliebtesten »Hausberge«

27 **Sagzahn-Nordgrat** 88
Kurz gesichert auf den Sagzahn

28 **Fünf-Gipfel-Klettersteig** 90
Neue Sport-Ferrata im Rofangebirge

29 **Dr.-Julius-Mayr-Klettersteig** 92
Unterwegs in den Bayerischen Voralpen

30 **Mittenwalder Klettersteig** 94
Über den westlichsten Karwendelkamm

31 **Karwendelspitz-Klettersteig** 96
Mittenwald aus der Vogelperspektive

32 **Birkkarspitze und Brendelsteig** . . . 98
Lange Tour im Herzen des Karwendels

33 **Gesicherte Steige an Lamsenspitze und Hochnisslspitze** 100
Durch den Brudertunnel und über den Nordwestgrat

34 **Nordwandsteig und Schöngänge** 102
Die leichte Variante auf die Alpspitze

35 Alpspitz-Ferrata 104
Ein immerwährender Klassiker

36 Mathaisenkarsteig 106
Die dritte Variante auf die Alpspitze

37 Mauerläufer-Klettersteig 108
Der neueste Steig im Wetterstein

38 Zugspitz-Klettersteig 110
Über Höllental, Leiter und Brett

39 Stopselzieher-Steig 114
Von der Wiener-Neustädter-Hütte zur Zugspitze

40 Hermann-von-Barth-Weg 116
Auf die Partenkirchener Dreitorspitze

41 Seeben-Klettersteig und Tajakante 118
Sportklettersteige am Tajakopf

42 Wankspitz-Klettersteig 120
Vom Stöttltörl zur Südlichen Wankspitze

43 Klettersteig Ettaler Manndl 122
Leichte Einstiegstour mit Prachtblick auf Deutschlands Höchsten

44 Tegelbergsteige 124
Nasse Tour mit pfiffiger Routenführung

45 Friedberger Klettersteig 128
Über den Schartschrofen zur Roten Flüh

46 Salewa-Klettersteig 130
In drei Teilen über den Iseler zum Kühgund

47 Hindelanger Klettersteig 132
Vom Nebelhorn zum Großen Daumen

48 Heilbronner Weg 136
Über die Steinscharte zur Bockkarscharte

49 Zweiländer-Sportklettersteig 138
Ein fordernder Klettersteig auf die Kanzelwand

50 Mindelheimer Klettersteig 140
Von Hütte zu Hütte über die Schafalpenköpfe

Anhang 146

Zugabe 154

Register 156

Impressum 160

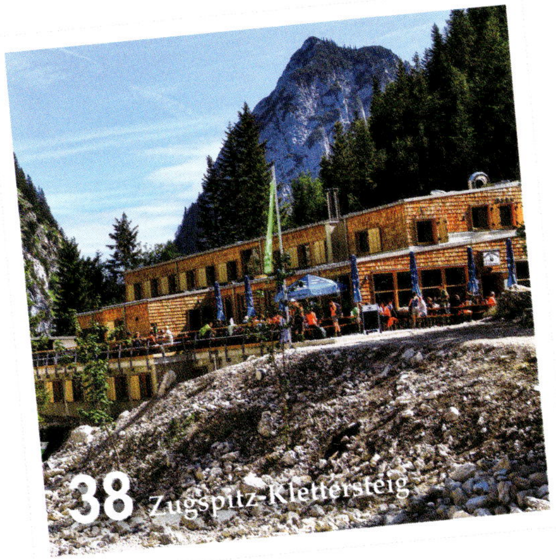

Tourenüberblick

Tour										
1 B/C	Mannlsteig und Schustersteig	8.30 Std.	1365 Hm	•		•			•
2 A/B	Schützensteig am Jenner	4.15 Std.	630 Hm	•	•		•		•
3 C/E	Grünstein-Klettersteig	4.30–5.30 Std.	705 Hm	•					•
4 B/C	Watzmannüberschreitung	11–13 Std.	2200 Hm	•					•
5 B/C	Wagendrischlhorn-Klettersteig	8 Std.	1300 Hm	•					•
6 C/D	Hochthron-Klettersteig	7.30–8 Std.	1165 Hm	•					•
7 A/B	Dopplersteig und Thomas-Eder-Steig	7–9 Std.	1390 Hm	•	•		•		•
8 B/C	Persailhornüberschreitung	8 Std.	1530 Hm	•					•
9 C	Teufelslöcher und Mooshammersteig	9 Std.	1780 Hm						•
10 A/B	Birgkarsteig	11.30 Std.	1650 Hm	•					•
11 C/D	»Nackter Hund« und Südwestgrat	9–10 Std.	1600 Hm	•					•
12 B/C	Nurracher Höhenweg	10.30 Std.	1900 Hm	•					•
13 C/D	Schuastagang'l-Klettersteig	4.30 Std.	490 Hm	•	•		•		•
14 A/B	Simwel-Klettersteig	5–5.30 Std.	880 Hm		•				•
15 C/D	Pidinger Klettersteig	7–7.30 Std.	1300 Hm	•					•
16 A/B/C	Hochstaufenüberschreitung	11–12 Std.	1675 Hm	•					•
17 C	Hausbachfall-Klettersteig	1.45 Std.	200 Hm						•
18 A/B/C	Kampenwand-Steig	4.30–5 Std.	830 Hm	•	•		•		•
19 A/B/C	Widauersteig	10 Std.	900 Hm	•			•		•
20 B/C/D	Klammlsteig	2.45 Std.	1080 Hm	•					•
21 B/C	Gamsänger-Klettersteig	6.30 Std.	1260 Hm	•					•
22 C	Kaiserschützenst./Rote-Rinn-Scharte	13 Std.	1830 Hm	•					•
23 C/D/E	Klettersteige Stripsenkopf	6.30 Std.	815 Hm	•					•
24 B/C	Eggersteig und Jubiläumssteig	7 Std.	1255 Hm	•					•
25 C/D/E	Kufsteiner Klettersteig	10.30 Std.	1465 Hm	•					•

Tour										
26 A/B/C	Guffert-Nordanstieg	7 Std.	1165 Hm						●
27 A/B	Sagzahn-Nordgrat	7 Std.	1720 Hm	●					●
28 A/B/C/D	Fünf-Gipfel-Klettersteig	6–6.30 Std.	1050 Hm	●			●	●	●
29 B/C	Dr.-Julius-Mayr-Klettersteig	5.30 Std.	450–740 Hm	●	●				●
30 A/B/C	Mittenwalder Klettersteig	7–8 Std.	+380/–1710 Hm	●			●		●
31 C	Karwendelspitz-Klettersteig	1.45 Std.	140 Hm	●		●	●		●
32 A/B/C	Birkkarspitze und Brendelsteig	12–15 Std.	1820 Hm	●					●
33 C	Lamsenspitze und Hochnisslspitze	7–10.30 Std.	1350 Hm	●					●
34 A/B/C	Nordwandsteig und Schöngänge	6.30 Std.	620 Hm	●	●	●	●		●
35 B/C	Alpspitz-Ferrata	6 Std.	600 Hm	●	●	●	●		●
36 B/C	Mathaisenkarsteig	9 Std.	1830 Hm	●			●		●
37 E	Mauerläufer-Klettersteig	4–4.30 Std.	410 Hm	●			●		●
38 C	Zugspitz-Klettersteig	8.30 Std.	2200 Hm	●			●		●
39 A/B/C	Stopselzieher-Steig	10 Std.	1730 Hm	●			●		●
40 B/C	Hermann-von-Barth-Weg	9 Std.	1650 Hm	●					●
41 D/E	Seeben-Klettersteig und Tajakante	10 Std.	1330 Hm	●			●		●
42 C	Wankspitz-Klettersteig	6 Std.	1060 Hm	●					●
43 A/B	Klettersteig Ettaler Manndl	3.15 Std.	270 Hm	●	●		●		●
44 A/B/C/D/E	Tegelbergsteige	2–7.30 Std.	1055 Hm	●	●	●	●		●
45 B/C	Friedberger Klettersteig	5 Std.	380–980 Hm	●			●	●	●
46 B/C	Salewa-Klettersteig	4.30–5 Std.	470 Hm				●		●
47 C	Hindelanger Klettersteig	6–7 Std.	520 Hm	●			●		●
48 A/B/C	Heilbronner Weg	11.30–13 Std.	1800 Hm	●					●
49 C/D/E	Zweiländer-Sportklettersteig	3 Std.	390 Hm	●			●		●
50 C	Mindelheimer Klettersteig	9.30–13 Std.	550–1635 Hm	●			●		●

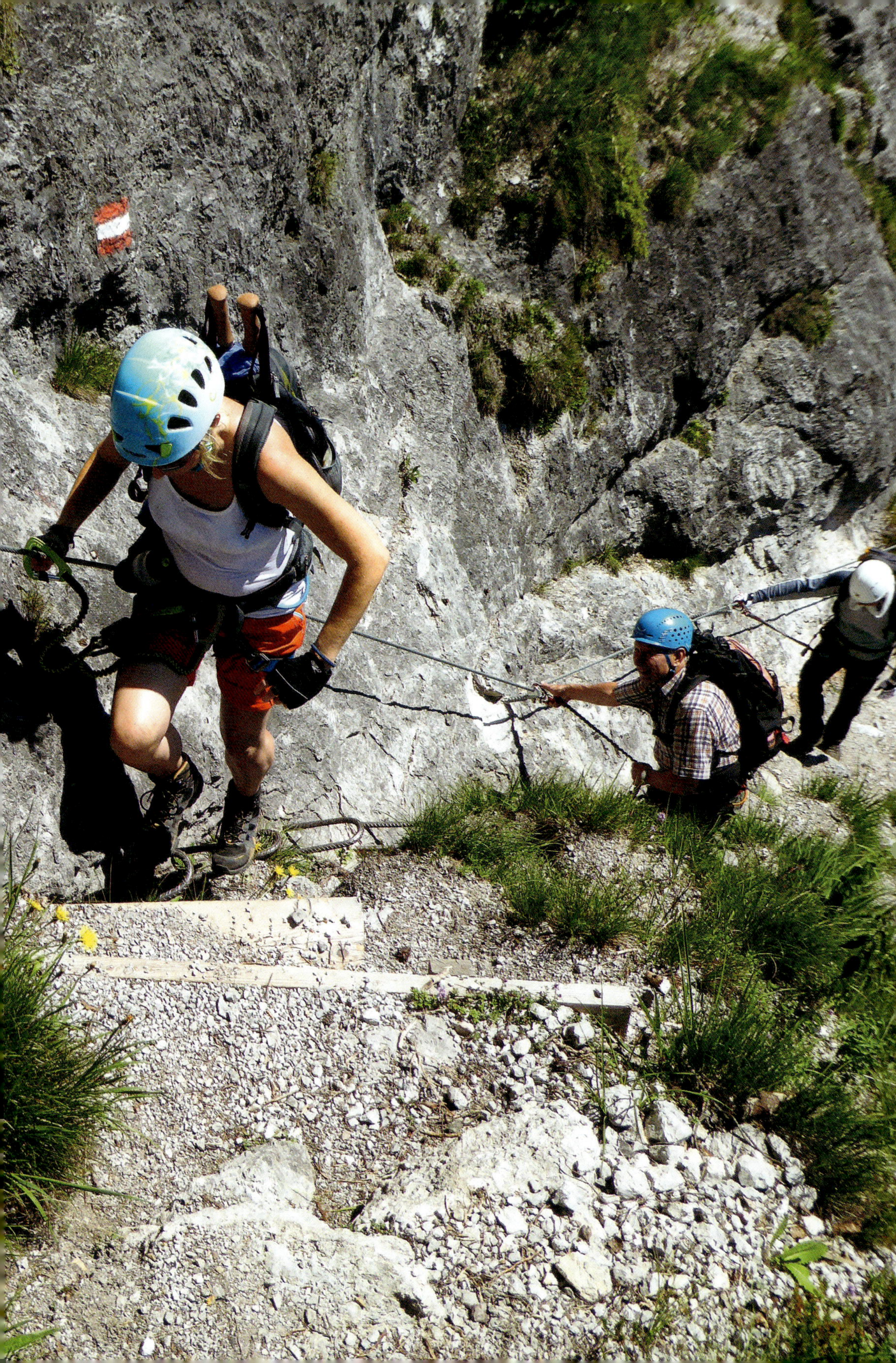

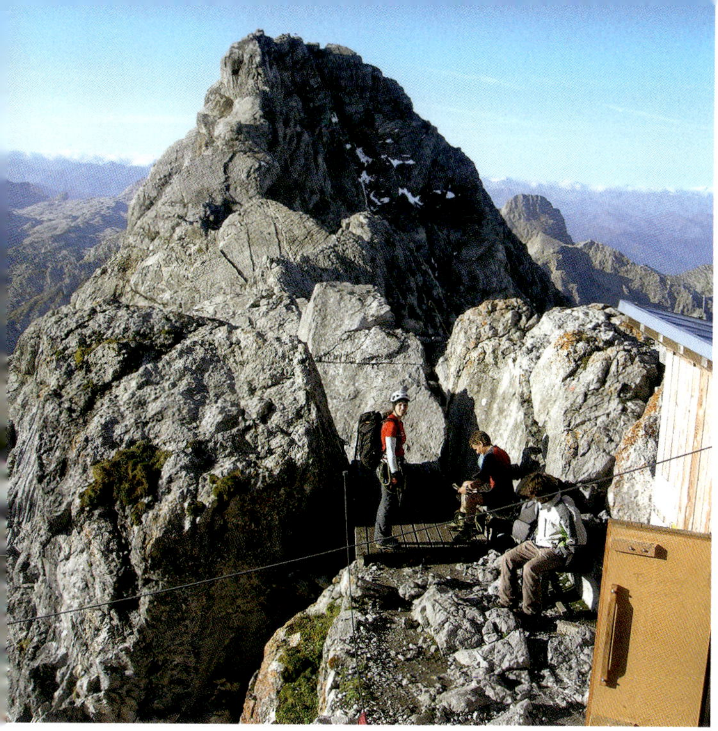

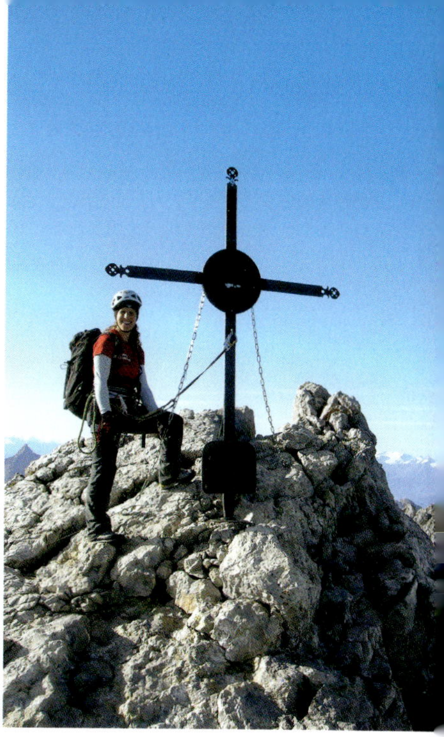

Auf dem Watzmann-Mittelgipfel

Links: Am Hocheck beginnt der versicherte Teil der Watzmannüberschreitung.

Linke Seite: Auf dem Wilder-Kaiser-Steig

Vorwort

Früher galten die Bayerischen Hausberge als eher beschauliches Gebiet, was Klettersteige betraf. Zwar gab es schon im Wettersteingebirge rund um die Zugspitze um die Jahrhundertwende ein paar gesicherte Steige, und auch einige Touren im Berchtesgadener Land haben schon etliche Jahre auf dem Buckel, aber der Trend »Via Ferrata« entwickelte sich gerade in den Nachbarländern rasant weiter.
Besonders in Österreich schossen schwere, talnahe und sportliche Klettersteige wie Pilze aus dem Boden. Das hat sich in den letzten Jahren etwas geändert. Zwar ist auch jetzt unsere deutsche Alpenregion nicht gerade das Ziel Nummer eins, was das Thema Sportklettersteige betrifft, aber gerade bei uns wurden in den letzten Jahren einige Routen neu eingerichtet, die wieder an den Ursprungsgedanken der Klettersteige anknüpfen: mit einer logischen, natürlichen Routenführung, der Möglichkeit, am echten Fels zu klettern, und einem alpinen Charakter. Die zusätzlich noch entstandenen (wenigen) Sportklettersteige runden das positive Bild ab und waren Grund genug, das Buch in überarbeiteter und erweiterter Form herauszugeben.

Heinrich Bauregger, Sascha Hoch

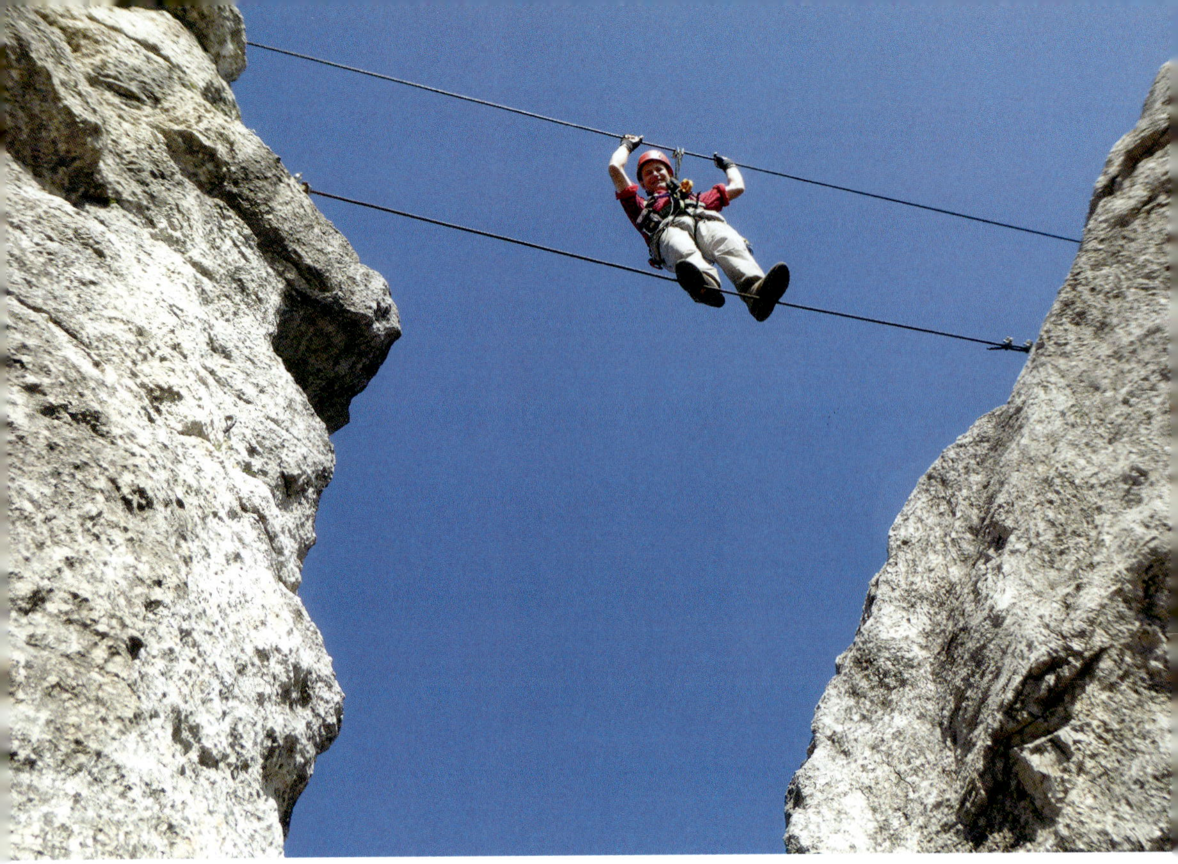

Seilbrücke am Stripsenkopf

Klettersteiggehen, aber richtig

Planung

Das Angebot an Klettersteigen ist mittlerweile riesig und reicht von leichten gesicherten Wanderungen, bei denen das mitlaufende Stahlseil eher Geländercharakter besitzt, bis zu extrem anstrengenden Routen, die ohne vollen Krafteinsatz am Stahlseil nicht zu meistern sind und Erfahrung sowie Klettergewandtheit erfordern. Daher sollte man schon bei der Planung der Tour darüber nachdenken, welche Klettersteige ohne Probleme machbar sind. Besser leicht anfangen, mit der Zeit Erfahrung sammeln und sich langsam an die nächste Schwierigkeit herantasten. Sollte ich eine Tour nicht kennen und mir diese im Vorfeld zu schwer erscheinen … dann gibt es genügend andere Touren, und die Berge laufen ja nicht weg. Doch welche unterschiedlichen Schwierigkeitsgrade gibt es eigentlich?

Schwierigkeitseinteilung

Mittlerweile existieren in Deutschland, Österreich, Italien und Frankreich verschiedene Bewertungssysteme. Wir sehen uns die Anforderungen einmal genauer an: Das seit langen Jahren in den deutschen Publikationen verwendete Klettersteigkreuz mit seinem Bewertungssystem von Eugen Hüsler findet hierzulande nur mehr begrenzten Anklang. Allgemein üblich ist nun die vom Schall-Verlag in Österreich eingeführte Klettersteigklassifizierung (siehe Kasten unten).

Training

Je fitter man ist, desto mehr macht eine Tour Spaß, und man fühlt sich einfach wohler, wenn man nicht ständig an seine Leistungsgrenze stößt. Deshalb sollte man im Winter am besten mit Skigymnastik oder Wanderungen die Kondition erhalten und im Frühjahr mit leichteren Touren langsam in die Saison einsteigen. Die Bergerfahrung lässt sich von Tour zu Tour verbessern, ebenso das gesamte Leistungsvermögen. Ganz wichtig: lieber einmal öfter

Klettersteigklassifizierung

A–A/B	Leicht: Wanderweg mit Sicherung in Geländercharakter; große Tritte; wenig Armkraft notwendig; kaum ausgesetzt
B–B/C	Mittel: teils schon steileres Felsgelände; mitunter künstliche Tritthilfen (Bügel, Leitern, etc.)
C	Ziemlich schwierig: oft steil und ausgesetzt, aber mit leichteren Passagen zum Verschnaufen; aufwendig gesichert; viele Stellen recht kraftraubend
C/D–D	Schwierig: mit senkrechten und teils kurzen überhängenden Passagen; kleine Tritte; viel Armkraft erforderlich; weniger künstliche Tritthilfen
D–D/E	Sehr schwierig: fast nur Seilsicherung; sehr viel Krafteinsatz; weniger Rastmöglichkeiten; Klettertechnik ratsam
E	Extrem schwierig: höchster Krafteinsatz über lange Strecken; meist nur noch überhängende oder lange senkrechte Passagen; Kletterschuhe und zusätzliche Sicherung (Bandschlinge; Partnersicherung) ratsam
> E	Diese Routen sind wohl nur noch Kletterern vorbehalten.

umkehren als sich in Gefahr bringen. Die meisten Unfälle am Berg passieren durch fehlende körperliche Fitness und Überschätzung. Klettersteiggehen soll Spaß machen und der Berg nicht als Spielwiese für riskante Egotrips herhalten.

Sonstige Planung

Wetter: Neben den Unfallursachen »Überschätzung« und »mangelnde Fitness« spielt das Wetter eine wichtige Rolle. Erkundigen Sie sich daher immer vorab über das zu erwartende Wetter. Sagen Sie lieber eine Tour ab, wenn die Vorhersage zu unsicher ist. Gewitter an Klettersteigen (Drahtseil = Blitzableiter) sind lebensgefährlich! Im Internet oder bei den Alpenvereinen finden Sie zahlreiche Infos und Telefonnummern, bei denen Sie sich vor Ort erkundigen können. Auch Hüttenwirte sind durch ihre Erfahrung kompetente Ansprechpartner. Die persönliche Wetterberatung der Alpenvereine wurde eingestellt. Es gibt jedoch in Deutschland wie in Österreich Tonbanddienste:

- Deutschland: Alpenwetterbericht, Tel. 0190/11 60 11
- Österreich: Ostalpenwetter, Tel. 0900/91 15 66-84

Diese Dienste sind gebührenpflichtig und nur innerhalb der nationalen Grenzen erreichbar.

- Deutscher Wetterdienst (Regionalwetter Bayerische Alpen): www.dwd.de
- Lawinenlageberichte (Tonband): Tel. 089/92 14 12 10; www.lawinenwarndienst-bayern.de, www.alpenvereinaktiv.com, www.alpenverein.at

Alpine Informationen: Die Alpine Auskunftsstelle des Deutschen Alpenvereins geht mit der Zeit: Seit 2016 gibt es keine telefonische Auskunft mehr. Nun ist der Service 24 Stunden am Tag auf der Website alpenvereinaktiv.com für beide Vereine abrufbar. Dazu gibt es natürlich auch eine App. Auf dem neuen Tourenportal können nahezu alle Fragen beantwortet werden, die bisher telefonisch oder per Mail gestellt wurden. Auch gibt es dort alle Informationen zur Bewirtschaftung der Alpen-

Öffentliche Verkehrsmittel

Deutschland Zugverkehr: Deutsche Bahn/DB (www.bahn.de), Mittenwaldbahn/MWB (www.mittenwaldbahn.de); Bus: Regionalverkehr Oberbayern/RVO (www.rvo-bus.de)

Österreich Zugverkehr: Österreichische Bundesbahn/ÖBB (www.oebb.at); Bus: Postbus/PB (www.postbus.at), Verkehrsverbund Tirol/VVT (www.vvt.at)

vereinshütten, deren Angebote wir schon aufgrund der oft langen Anreise bei zahlreichen Touren in Anspruch nehmen wollen oder müssen.

Karten: Vertrauen Sie nicht immer blind einem GPS-Gerät, sondern nutzen Sie auch die gute alte Papierkarte (nicht zuletzt als Plan B, wenn mal der Akku leer ist). In diesem Buch beziehen wir uns immer auf die Blätter des DAV. Empfehlenswert sind auch die Topographischen Blätter 1:50 000 des Bayerischen Landesamts für Digitalisierung, Breitband und Vermessung.

Spezial: Planung mit Kindern

Man sollte auch seine Kinder in den Bergen nie überfordern oder bis an ihre Grenzen bringen. Hat ein Kind erst einmal ein negatives Erlebnis hinter sich, wird es ungleich schwieriger, in ihm wieder Begeisterung fürs Klettersteiggehen zu wecken. Sie kennen Ihr Kind am besten und müssten eigentlich wissen, was ihm Spaß macht. Und auch bei den Kindern gilt: ihre Bergerfahrung allmählich aufbauen und – ganz wichtig – ihre natürliche Abenteuerlust fördern.

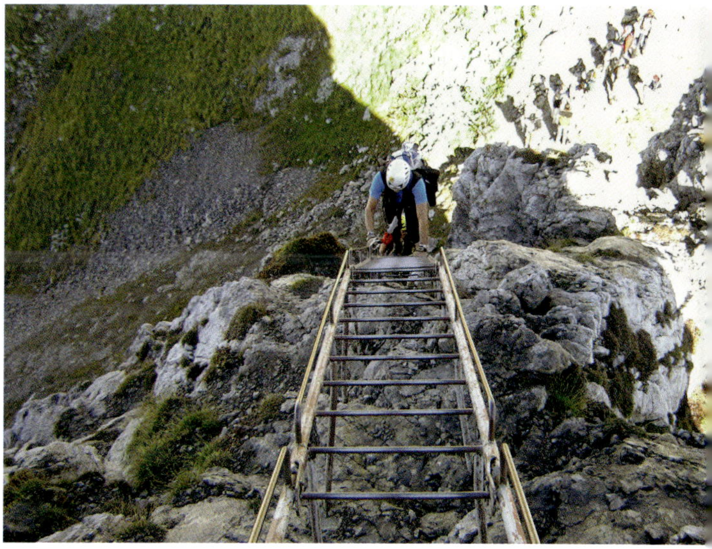

Auf dem Mittenwalder Klettersteig

Man kann sicherlich in Bezug auf Kondition und Anforderung ein paar grobe Tipps geben:

1–4-Jährige Für Klettersteige absolut zu früh! Hier sollte man die Kinder eher auf einfachen Wanderungen an die Berge heranführen und ihnen Lust auf »mehr« machen. Kraxen sind die ideale Ergänzung in dieser Zeit, um die Kinder immer mal wieder zu entlasten (Kinder in Kraxen haben absolut nichts auf einem Klettersteig zu suchen!).

5–6-Jährige Erste Klettersteige können ohne Probleme mit entsprechender Erfahrung des Erwachsenen versucht werden. Dennoch sollte man sofort abbrechen, wenn das Kind keine Freude zeigt. Dann versucht man es halt später noch einmal! 400 Höhenmeter sind durchaus schon machbar, allerdings sollte man in der Zeitplanung berücksichtigen, dass so mancher Käfer oder

Tannenzapfen wichtiger sein kann als die nächste »öde« Seilsicherung.

7–9-Jährige Hier sind die Kinder schon etwas leistungsfähiger (bis 4 Std. oder 750 Hm). Zudem kann der erste Rucksack mit dem »Gipfelschmankerl« durchaus eine Motivation sein.

Ab 10 Jahren Kürzere Tagestouren bis 1000 Höhenmeter versuchen und dann langsam steigern. Kinder sagen sehr schnell, wann es ihnen reicht, und eine erfolgreiche »Seilschaft« richtet sich immer nach ihrem schwächeren Begleiter. Wenn wir also lange Freude an gemeinsamen Touren haben möchten, bestimmen die Kinder, »was« gemacht wird, und wir sind nur noch für das »Wie« verantwortlich.

Für weitere (spezielle) Informationen zum Thema »Kinder auf Klettersteigen« empfehlen wir Ihnen das Buch »Klettersteige in den Ostalpen für Familien« von Sascha Hoch.

Ausrüstung

Klettersteigspezifische Ausrüstung

Klettersteigset mit Bremse: Der wichtigste Bestandteil der gesamten Ausrüstung. Die Bremse (Empfehlung: ins Set genäht) löst sich im Fall eines Sturzes und vermindert so die Wucht des Stur-

Aufstieg zum Panoramaweg auf der Henne

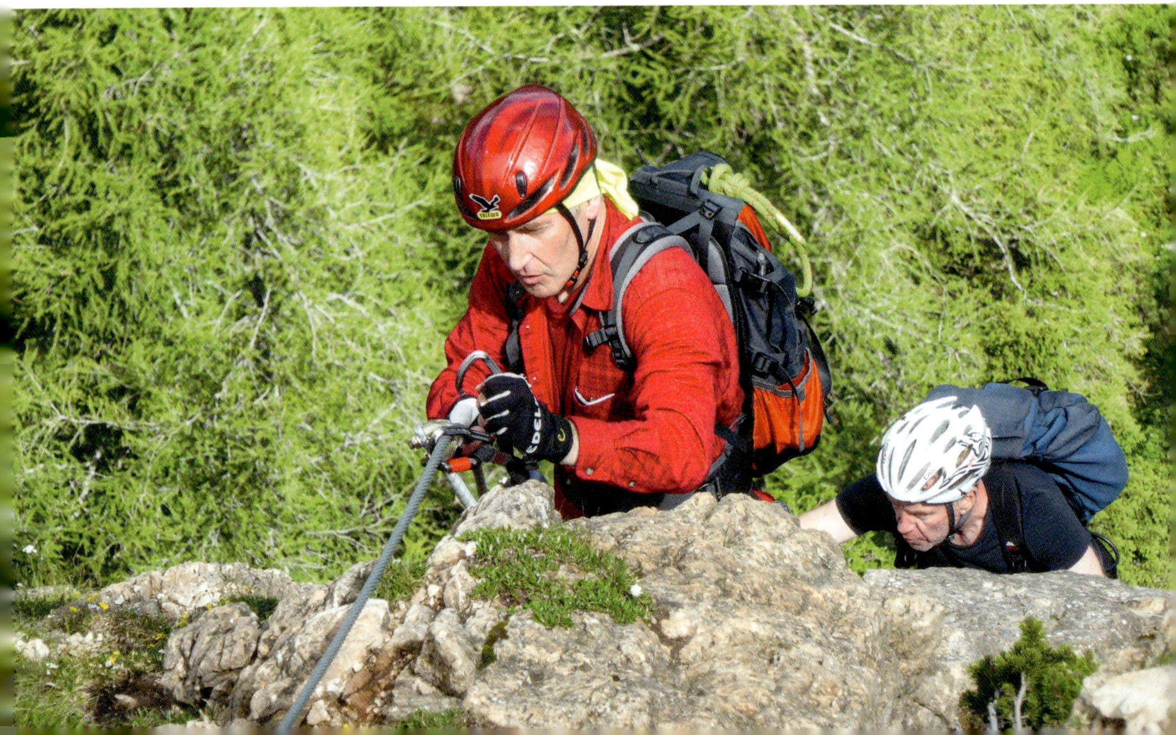

zes. Nach einem Sturz ist das komplette Set unbedingt auszutauschen! Für Kinder gibt es spezielle Sets!

Gurte: Ob jetzt nur Hüftgurt oder Komplettgurt, ist Geschmackssache. Bei schweren Rucksäcken gehört zum alleinigen Hüft- auf jeden Fall noch ein Brustgurt. Für Kinder ebenfalls spezielle Sets und immer Brustgurt (zusätzlich) verwenden.

Helm: Vor Steinschlag ist niemand sicher, und hier hilft auch keine Bergerfahrung!

Handschuhe: Schützen vor Blasen und vor heraussstehenden Drähten am Stahlseil.

Zusätzliche Bandschlinge: Ermöglicht eine gefahrlose Pause während der Tour und lässt (Arm-)Kraft zurückgewinnen.

Weitere Ausrüstung

Schuhe: Je nach Tour ist eine weiche oder harte Sohle besser. Die Schuhe sollten auf jeden Fall hoch genug sein, um den Knöchel zu schützen. Einige Hersteller bieten spezielle Klettersteigschuhe an.

Kleidung: Je nach Jahreszeit und Tour evtl. warme Sachen und etwas zum Wechseln einpacken. Richtige Strümpfe schützen vor Blasen. Regenkleidung nicht vergessen! Berghosen sind meist besser geeignet als Jeans.

Rucksack: Sollte bequem sein und die passende Größe aufweisen. Bei vielen Modellen lässt sich auch gut ein Trinksystem in-

Die luftige Dreiseilbrücke am Walsersteig

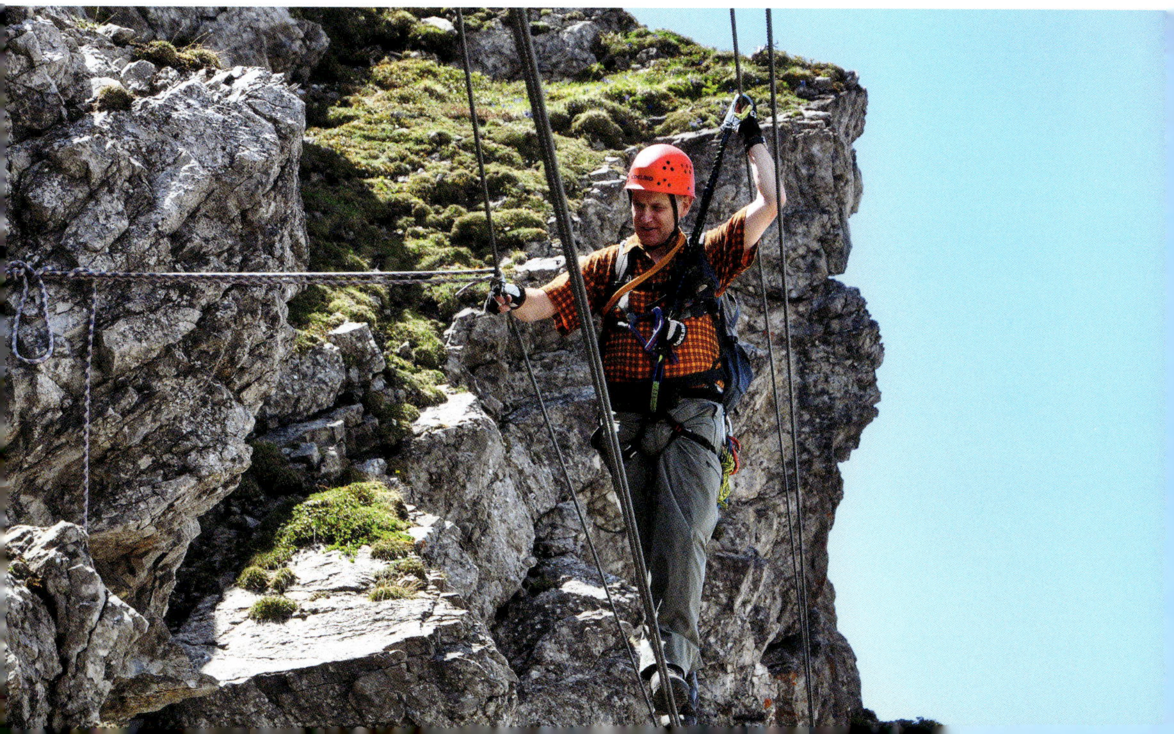

tegrieren. Bei schweren Rucksäcken sollte man auf einen guten Hüftgurt achten.
Essen/Trinken: Zu wenig trinken kann auf einer langen, heißen Tour zum Risiko werden. Zudem sollte man immer eine kleine Notration Essen (Powerriegel etc.) dabeihaben.
Sonstiges: Erste-Hilfe-Päckchen, Taschenlampe, Taschenmesser, Sonnenbrille und Sonnencreme, Handy, Papiertaschentücher sind nützlich; die Liste ließe sich beliebig verlängern.

Unterwegs

Gehen und sichern

Durch die beiden Karabiner des Klettersteigsets ist gewährleistet, dass immer ein Sicherungselement den Bergsteiger mit dem Stahlseil verbindet. Zusätzlich sollte er immer so viel Abstand einhalten, dass ein Sturz des Voraussteigenden nicht zur Gefahr für den/die Nachfolgenden wird (Faustregel: > 1 Sicherungsanker Abstand).

Gefahren am Berg

Steinschlag lässt sich leider nie ganz ausschließen, daher sollte man immer auf Voraussteigende achten und den Helm eventuell bereits vor dem Einstieg aufsetzen.
Auch das Wetter mit Nässe, Schnee und Gewitter ist ein echter Risikofaktor. Daher gehören warme Sachen und Regenbekleidung stets in den Rucksack. Gerade bei Nässe bieten die Stahlseile kaum noch Halt.
Mitunter können auch die Sicherungen selbst zu einer Gefahr werden (verrostet, lose etc.). Bei der Auswahl der Touren wurden nur solide gesicherte Steige berücksichtigt.
Meist unterschätzt, aber eine latente Gefahr in den Bergen bilden Zecken! In fast allen Gebieten haben wir die blutrünstigen Tierchen aufgestöbert. Neben einer Impfung (gegen FSME; erkundigen Sie sich bitte bei Ihrem Hausarzt über Wirkung und Nebenwirkungen) bietet nach einer Tour das gegenseitige Absuchen Schutz. Meistens verstecken sich die Biester unter Shirts und Hosenbeinen. Einmal festgebissen, sollte man sie entweder mit einer Zeckenzange (zur Not auch Pinzette) entfernen oder

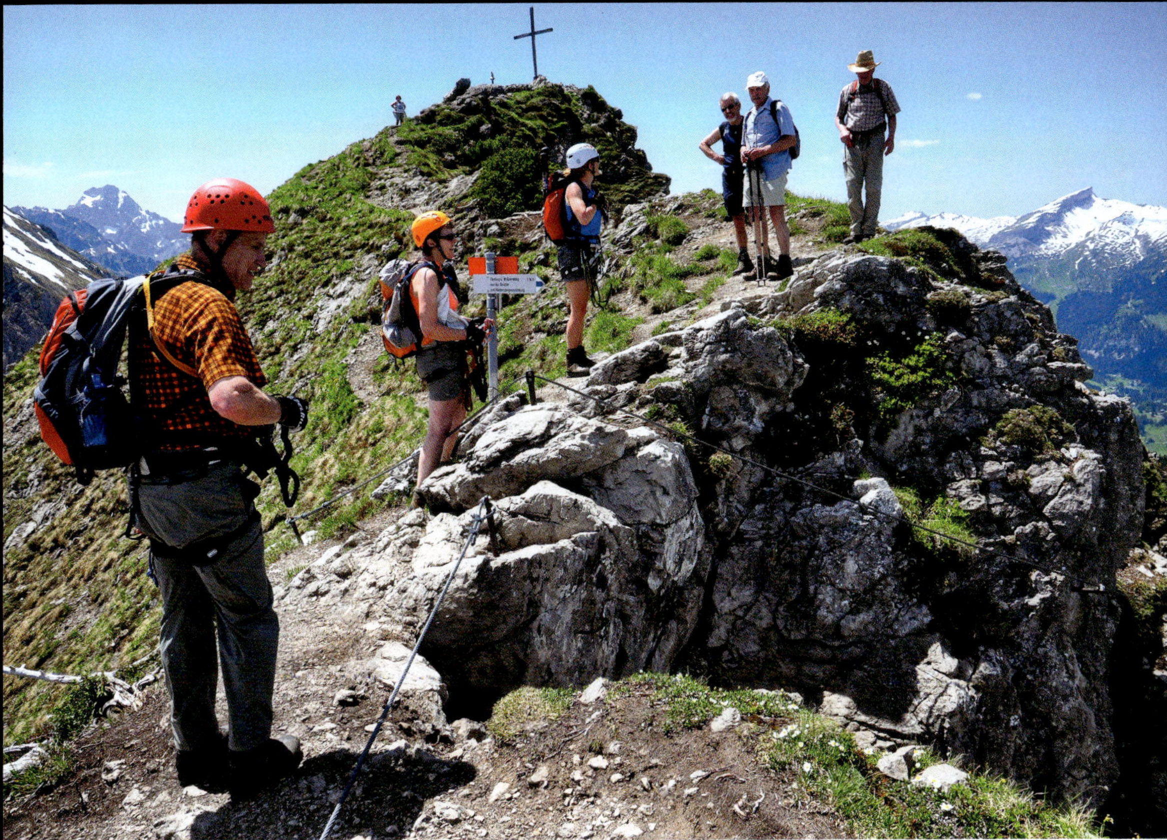

Kurz vor dem Gipfelkreuz der Kanzelwand

ohne Panik den nächsten Arzt aufsuchen. Übrigens, die meisten Zecken sammelt man in hohen Gräsern ein.
Je nach Gegend können auch Schlangen und Wespen eine Gefahr darstellen. Auch hier sollte man nicht in Panik verfallen, sondern bei einem Biss/Stich das nächste Krankenhaus aufsuchen (oder die Bergrettung verständigen). Fast alle Schlangen, wie die giftige heimische Kreuzotter, fliehen (sofern sie sich nicht in die Enge getrieben fühlen) vor den Menschen. Allergiker sollten immer ein Gegenmittel (Wespen) dabeihaben.

Bergrettung

Der allgemeine Notruf lautet 112 (Italien: 118). Sollte man kein Handy zur Hand haben, gilt das alpine Notsignal (6 Zeichen pro Min. – 1 Min. Pause – wiederholen) mittels Pfeifen, Rufen, Taschenlampe, Spiegel etc. Kommt ein Hubschrauber, bedeuten beide Arme nach oben »Yes« (wir brauchen Hilfe) oder ein Arm unten, einer oben »No« (keine Hilfe nötig). Ideal wäre dann das Warten in ausreichendem Abstand von einer geeigneten Landefläche (25 x 25 m).

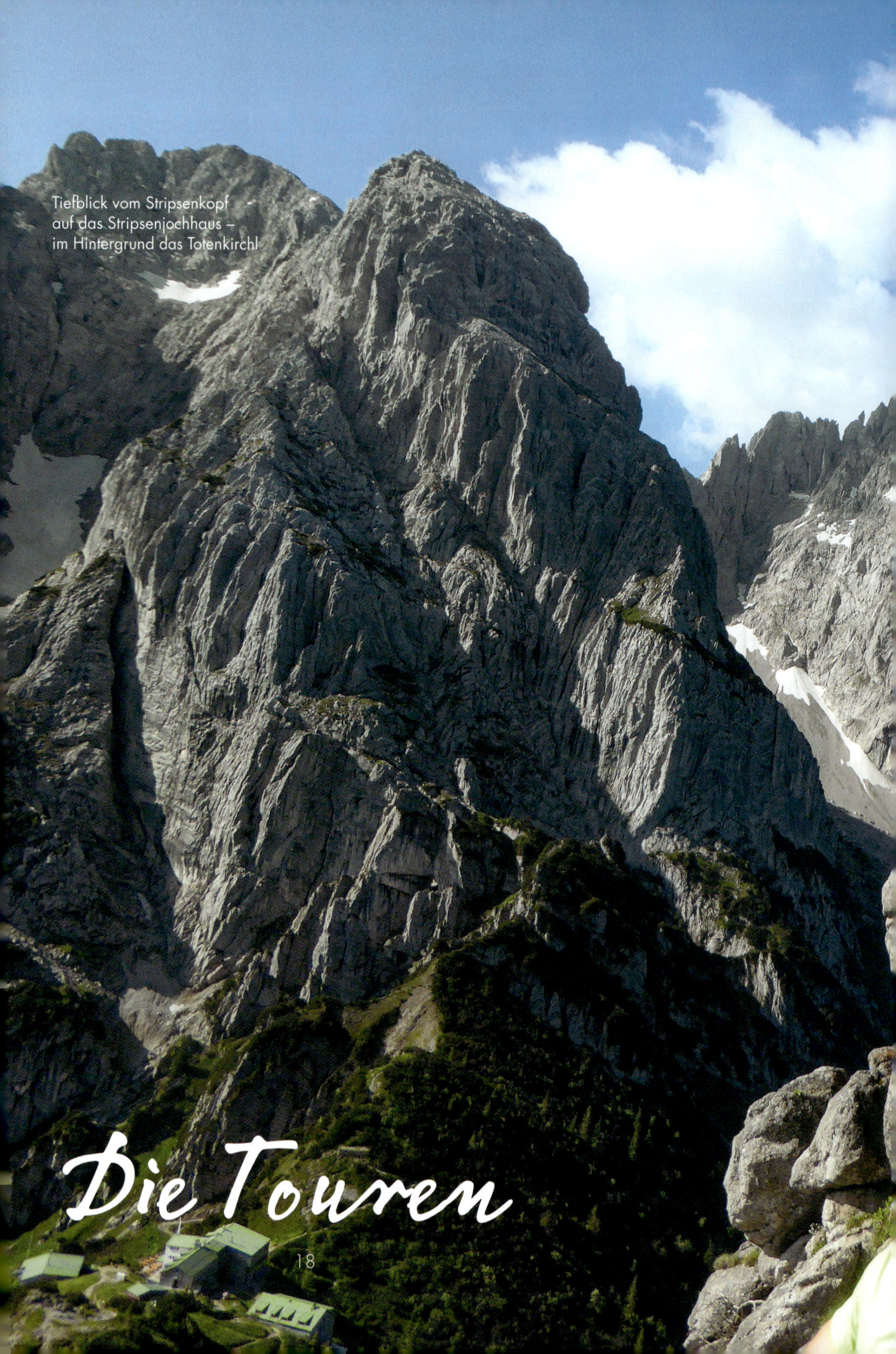

Tiefblick vom Stripsenkopf auf das Stripsenjochhaus – im Hintergrund das Totenkirchl

Die Touren

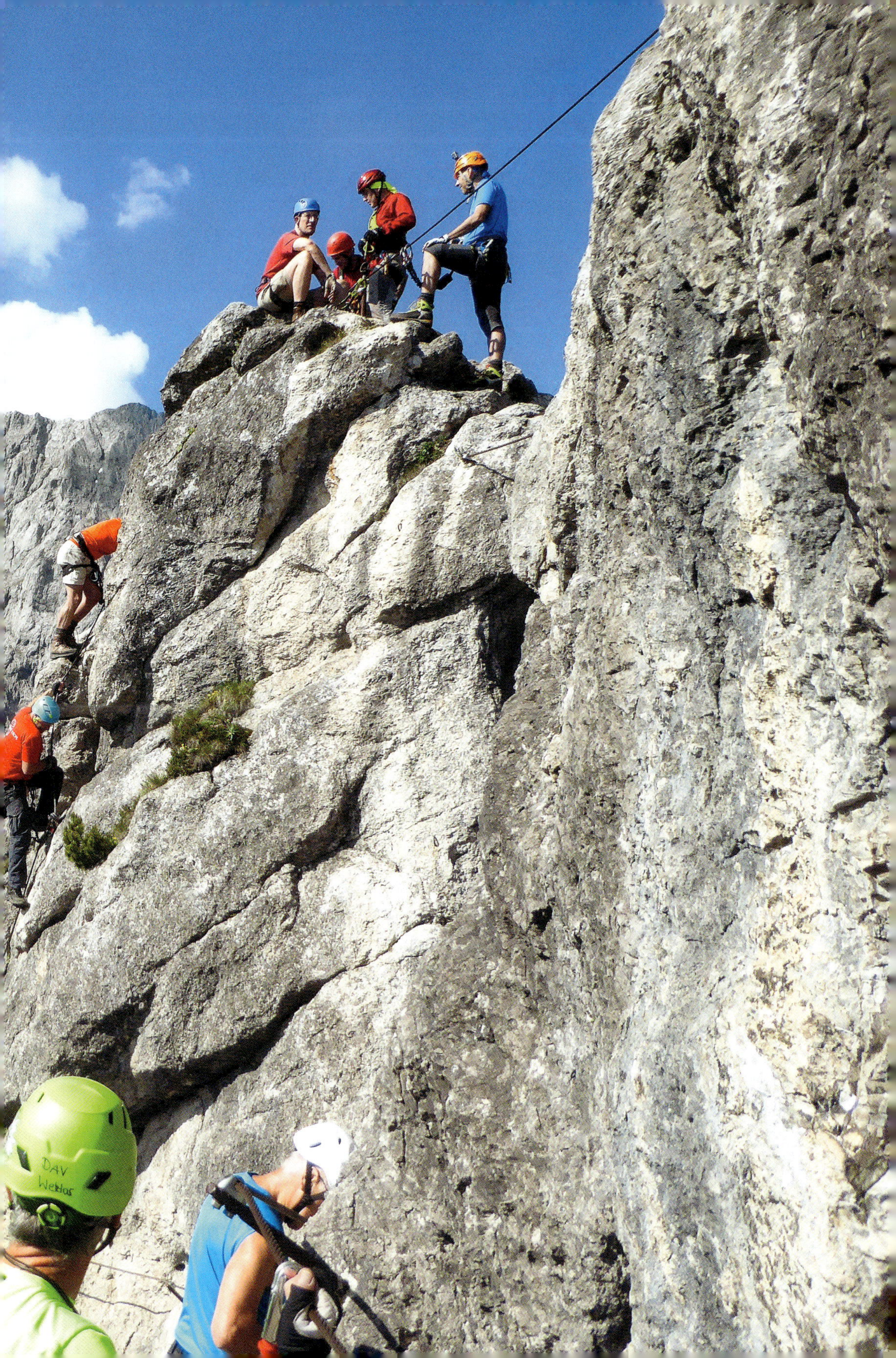
DAV

1 Mannlsteig und Schustersteig

Imposante Klettersteigrunde mit historischer Fußnote

B/C
8.30 Std.
1365 Hm

Gipfel/Ziel
Hoher Göll (2522 m)

Charakter/Anforderung
Trittsicherheit, Schwindelfreiheit erforderlich. An beiden Steigen Drahtseilsicherungen und Eisenstifte

Ausgangspunkt
Parkplatz Ofnerboden, 1160 m

Anfahrt
Von Berchtesgaden in Richtung Obersalzberg. Nach ca. 2,5 km erreicht man den Parkplatz an einem Wirtschaftsgebäude. ÖV: Bus (RVO) von Berchtesgaden ab Bahnhof

Gehzeiten
Gesamt 8.30 Std.
Zustieg 2 Std., Mannlsteig 3 Std., Schustersteig 1.30 Std., Abstieg 2 Std.

Aufstieg/Abstieg
Zustieg 680 m, Steig +685/–625 m, Abstieg 740 m

Beste Jahreszeit
Juli bis Oktober

Markierung
Sehr gut

Hütte/Einkehr
Purtschellerhaus (1692 m, Tel. 08652/2420)

Karte
AV BY22 »Berchtesgaden – Unterland« 1:25 000

Vom Kehlsteinhaus, Hitlers ehemaligem Tee- und Diplomatenhaus, das heute ein turbulenter Ort mit hervorragendem Dokumentationszentrum ist, startet der Mannlsteig (1957 eingerichtet). Der eineinhalb Kilometer lange, gesicherte Steig ist der erste Höhepunkt der Tour. Im Abstieg wählt man gerne den Schustersteig.

Zustieg zum Kehlsteinhaus Vom Parkplatz entweder die gut 680 Höhenmeter meist über die Asphaltstraße hatschen, oder den Bus ab dem Dokumentationszentrum zum Kehlsteinhaus nehmen (1820 m; Straße für Privatverkehr gesperrt!).

Anstieg über den Mannlsteig (C) Von der Gaststätte auf dem Kehlstein halten wir uns auf dem Grat auf den Hohen Göll zu

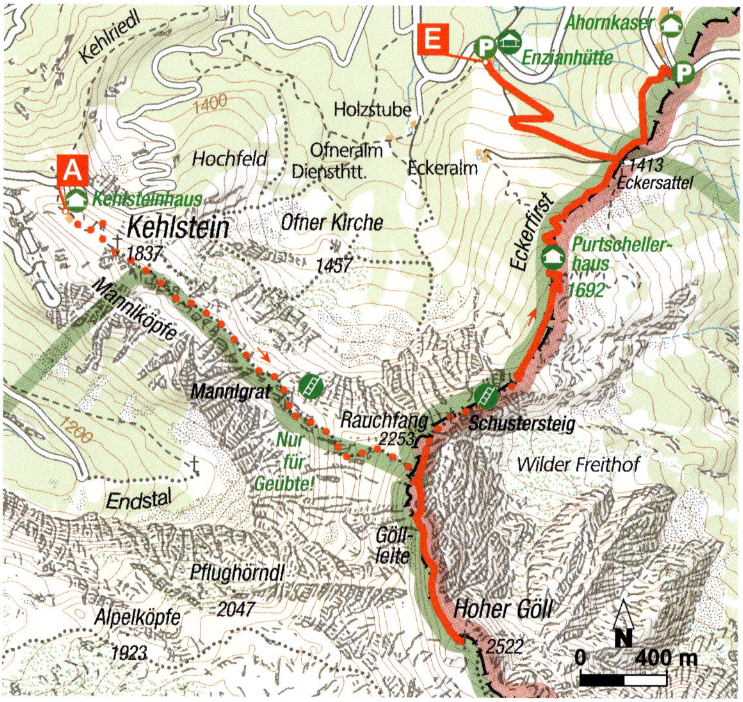

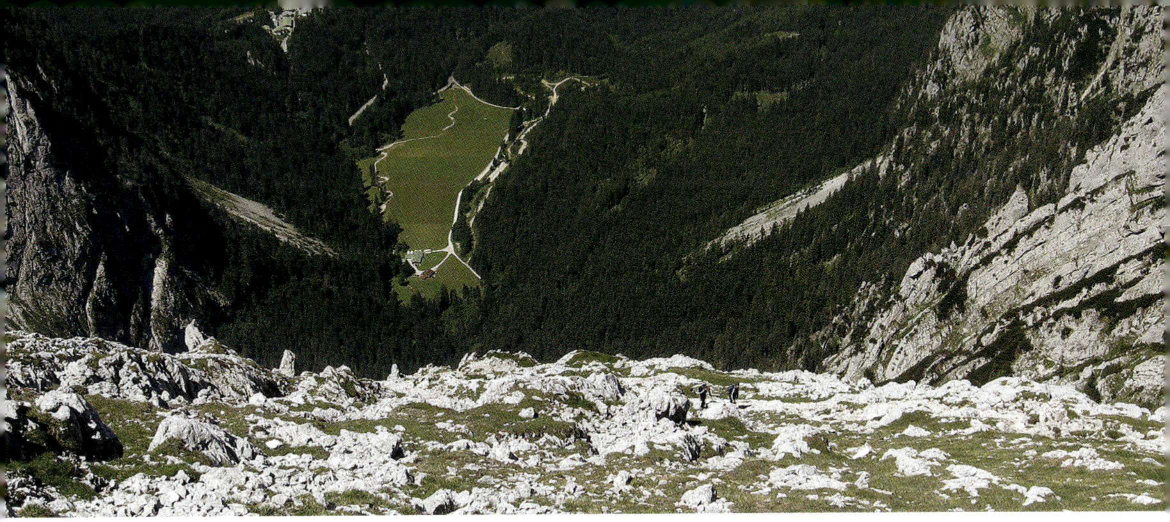

Beeindruckende Tiefblicke vom Mannlgrat

(Nr. 452). Nach wenigen Minuten warnt eine Tafel Ausflugstouristen vor dem Weitergehen. Hier ist der Einstieg zum Klettersteig (1837 m). Wir steigen zuerst einige Meter ab. Der Steig ist überwiegend mit Drahtseilen gesichert und folgt dem Verlauf des Felsgrats der Mannlköpfe, wobei wir einige Male die Gratseite wechseln. Die Felsen werden nicht überklettert, sondern umgangen. Durch einen kleinen Felskamin, der mit Eisenklammern gesichert ist, über eine steile Passage zum Gratrand und auf die Göllleiten. Beim Rauchfang (2245 m) trifft man auf den von links kommenden Schustersteig. Noch eine gute Stunde steigen wir auf dem gut markierten Steig steiler an bis zum höchsten Punkt des Hohen Göll (2522 m).

Abstieg über den Schustersteig (B–B/C) Vom Gipfel gehen wir zurück bis zur Einmündung des Mannlsteigs und folgen dort nach rechts dem markierten Steig in Richtung Purtschellerhaus (Nr. 451). Der anschließende Schusterweg (B–B/C) ist exponiert, aber mit Drahtseilen und Eisenstiften entschärft. Eine Variante ist der Kamin (C; Wegweiser; erhebliche Steinschlaggefahr!). Er ist weniger ausgesetzt, aber auch weniger gut gesichert. Zunächst über Eisenbügel, dann an Drahtseilen und Eisenstiften hinab. Beide Wege vereinigen sich wieder. Auf der Ostseite des Hohen Göll über Bänder hinunter zum Eckerfirst und zum Purtschellerhaus (1692 m). Die Sicherungen enden bei ca. 1900 Metern. Dann weiter zum Eckersattel (1415 m) und links hinab zur Enzianhütte und zum nahen Wanderparkplatz.

Tipp

In der Enzianhütte in Nähe der Rossfeld-Höhenringstraße wird im mehrjährigen Turnus Enzianschnaps gebrannt. Vielleicht haben wir Glück und können uns zur Belohnung nach dieser Tour ein Stamperl ausschenken lassen.

2 Schützensteig am Jenner

Einsteigertour mit großartigem Blick auf den Watzmann

A/B

4.15 Std.

630 Hm Bergbahn

Gipfel/Ziel
Kleiner Jenner (1694 m)

Charakter/Anforderung
Familienklettersteig, für Kinder ab ca. 10 Jahren mit erfahrenen Klettersteig-Eltern

Ausgangspunkt
Bergstation der Jennerbahn (1802 m) oder Wanderparkplatz Hinterbrand (1130 m)

Anfahrt
Von Berchtesgaden nach Königssee zum großen Wanderparkplatz; von dort zur Talstation der Jennerbahn. Oder von Berchtesgaden über Obersalzberg zum Wanderparkplatz Hinterbrand

Gehzeiten
Gesamt 4.15 Std.
Zustieg von der Jennerbahn 30 Min. bzw. Zustieg von Hinterbrand 2 Std., Schützensteig 1 Std., Abstieg 1.15 Std.

Aufstieg/Abstieg
Max. Zustieg 550 m, Steig 150 m, max. Abstieg 550 m

Hütte/Einkehr
Jenner-Mittelstation (1200 m); Jenner-Bergstation (1802 m); Mitterkaseralm (1534 m)

Karte
AV BY22 »Berchtesgaden – Unterland« 1:25000

Der erst vor ein paar Jahren eingerichtete Klettersteig am Jenner kann als Einsteigertour betrachtet werden und eignet sich aufgrund der Anlage auch für Familien mit Kindern. Bereits beim Bau wurde darauf geachtet, dass das Sicherungsseil nicht zu hoch angebracht wurde und der Steig über längere Passagen in Querungen verläuft. Die Route endet am Gipfel des Kleinen Jenners.

Zustiege zum Klettersteig Die bequemste Möglichkeit beginnt an der Bergstation der Jennerbahn (1802 m). Wir wandern zunächst auf dem breit ausgebauten Wirtschaftsweg hinab in Richtung Mitterkaseralm zum Startplatz der Gleitschirmflieger (1675 m) oberhalb des Kleinen Jenners und dort links hinab zu einem kleinen Sattel am Gipfelfuß (Rastbank mit Infotafel). Auf einem schmalen Waldsteig geht's nordwärts durch Wald hinab

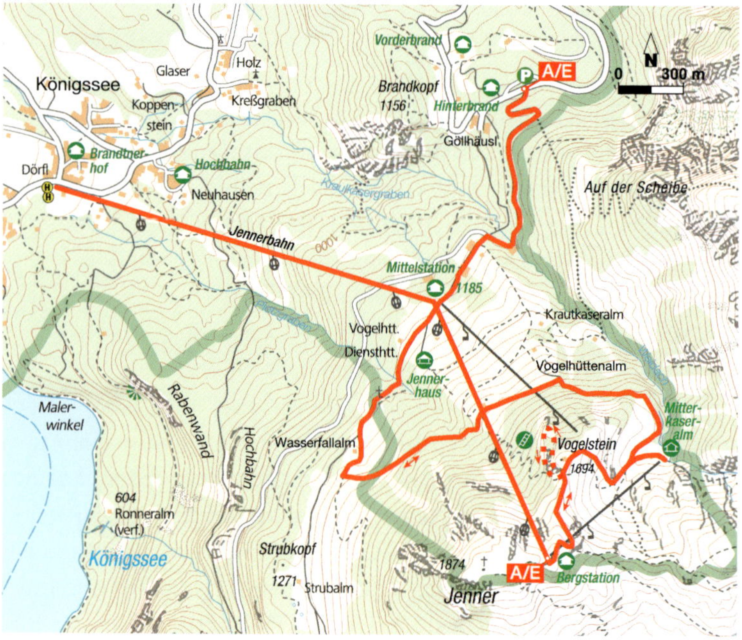

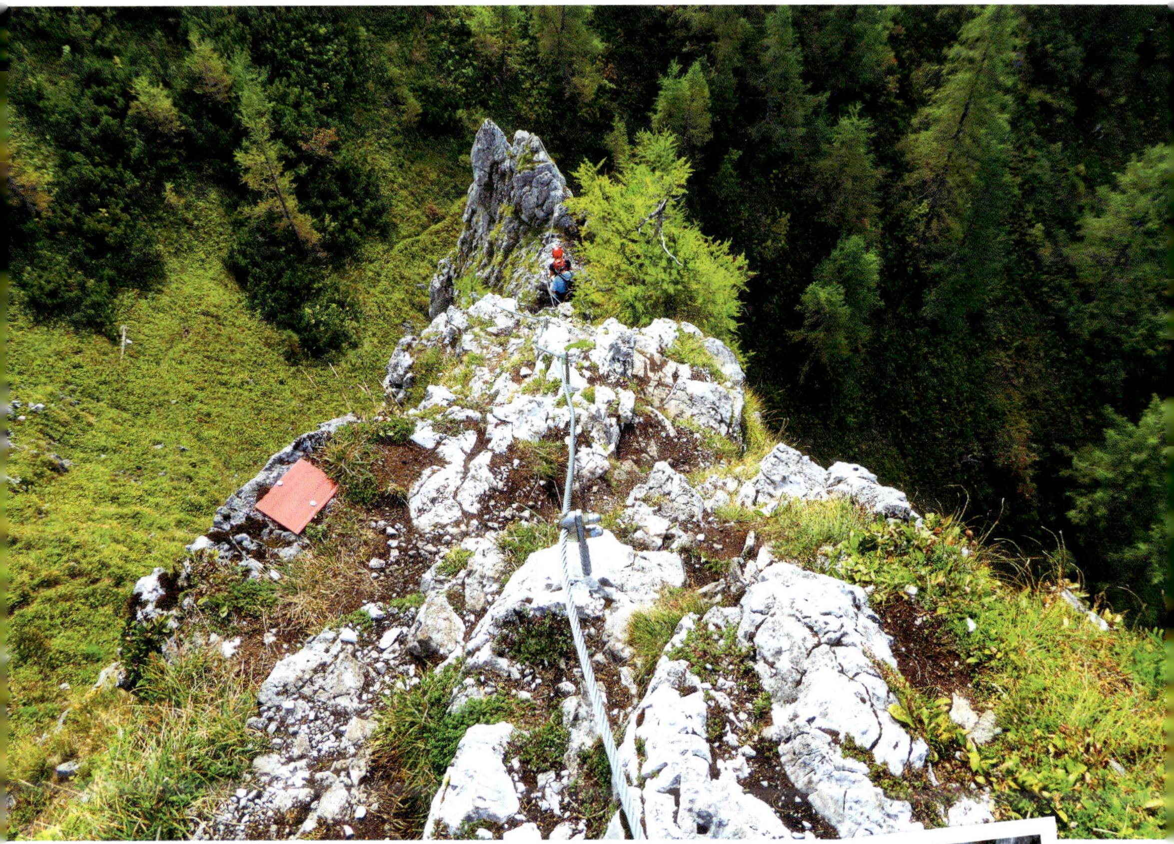

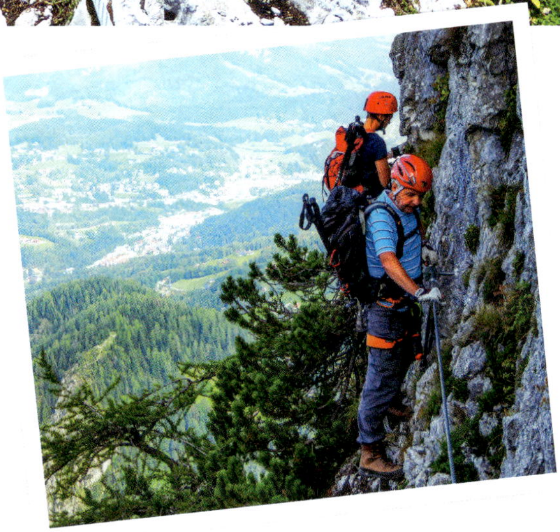

zum ersten möglichen Einstieg für eine verkürzte Klettersteigroute – wir gehen jedoch noch 100 Meter weiter zum eigentlichen Einstieg (knapp 30 Min.).

Der deutlich längere Zustieg erfolgt vom Wanderparkplatz Hinterbrand (1130 m). Wir folgen von dort dem breiten Wirtschaftsweg in Richtung Jenner-Mittelstation. Noch bevor wir diese erreichen, können wir links den steilen Hang entlang der Krautkaser-Skipiste aufsteigen und so den längeren Wirtschaftsweg zur Mitterkaseralm abkürzen. Wenn wir es bequem angehen lassen wollen, folgen wir dem Wirtschaftsweg weiter zur Mittelstation,

Die ausgesetzte Felsquerung

Ganz oben: Die gesicherte felsige Ostflanke

wandern weiter in Richtung Königsbachalm und zweigen dann von diesem Höhenweg links ab und folgen der langen Schleife hinauf zur bewirtschafteten Mitterkaseralm und weiter auf dem Wirtschaftsweg hinauf zum Jennergrat und zum Gleitschirmflieger-Startplatz. Dort geht's rechts auf dem breiten Weg hinab in den kleinen Sattel mit Rastbank und Infotafel und weiter rechts hinab zum Einstieg des Klettersteigs (2 Std.).

Rechte Seite: Der Gipfelgrat am Kleinen Jenner

Mitte: Die Hängebrücke kurz vor dem Notausstieg

Das »Bürgermeisterbankei« kurz vor dem Gipfel

Der Schützensteig Vom Einstieg geht es zunächst auf ausgesetzten Bändern leicht hinab zu einer Felseinbuchtung, die wir mittels der ersten Seilbrücke (Flying Fox) überwinden; diese kann jedoch auch umgangen werden (A). Dann geht es weiter über ausgesetzte Bänder und mit einer Querung (A/B) zu einer erneuten Felseinbuchtung. Nun über eine Hängebrücke; direkt dahinter befindet sich der Notausstieg. Über ein grasiges Band und einige Felspassagen erreichen wir ein Köpfl mit großartiger Aussicht. Dort leicht hinab und anschließend wieder steil hinauf

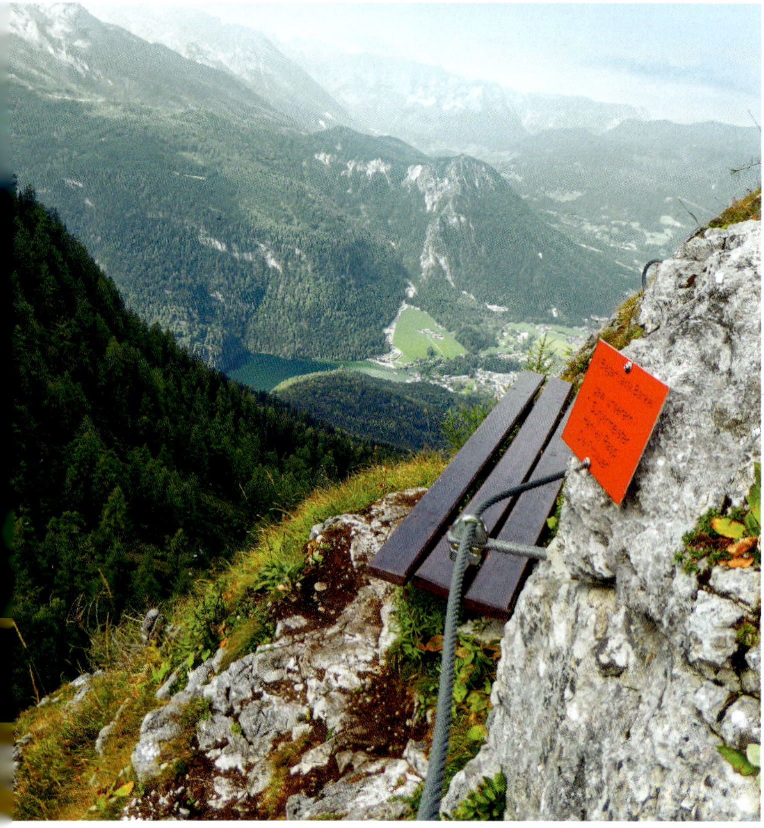

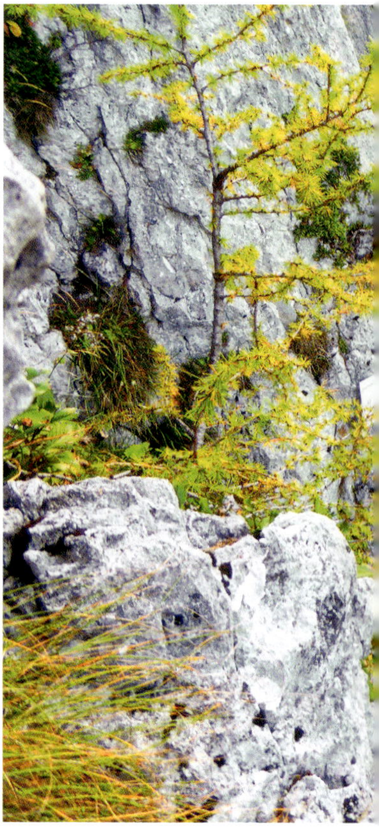

(Seilsicherungen), dabei den Gipfelaufschwung des Kleinen Jenners auf seiner Südwestseite umgehend hinauf zum Gipfelgrat. Nun dem Grat folgen – vorbei am »Bürgermeisterbankei« – bis zum eigentlichen Gipfel (1694 m).

Tipp

Da der Klettersteig samt Anstieg bzw. Abstieg nur eine Halbtagestour darstellt, sollten wir die landschaftliche Besonderheit des Königssees genießen und mit einem der Elektroboote nach St. Bartholomä fahren und dort die Wallfahrtskirche besuchen und im Biergarten einkehren. Für die Heimfahrt kaufen wir uns noch einen geräucherten Fisch von der Rauchstube nebenan, den wir dann gut verpackt mit nach Hause nehmen.

Abstieg Vom Gipfel des Kleinen Jenners über die gesicherte felsige Ostflanke hinab in den Waldsattel und in wenigen Minuten hinauf zum breiten Weg auf dem Jennergrat.
Von dort geht es schließlich entweder wieder hinauf zur Bergstation der Jennerbahn oder links hinab über die Mitterkaseralm zum Wanderparkplatz in Hinterbrand.

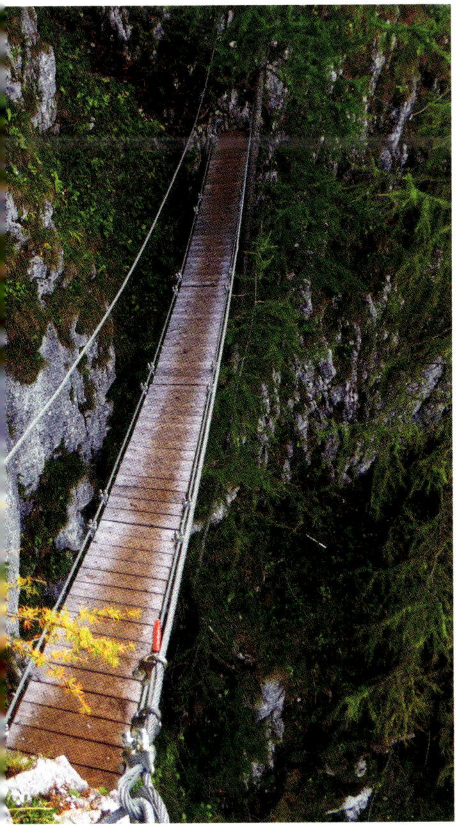

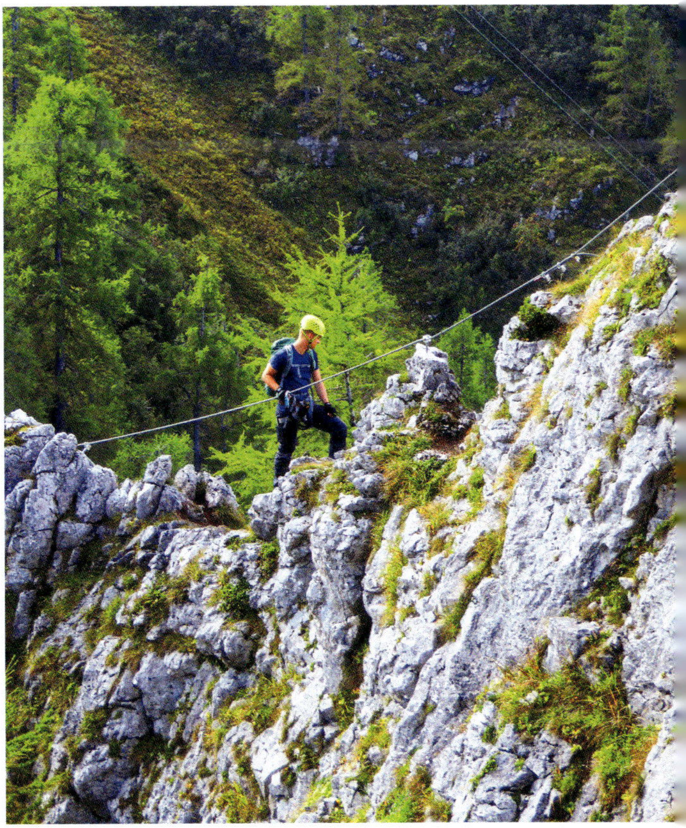

3 Grünstein-Klettersteig

Vier Varianten über dem Königssee

C/E

4.30–5.30 Std.

705 Hm

Gipfel/Ziel
Grünstein (1304 m)

Charakter/Anforderung
Schwieriger bis sehr schwieriger Sportklettersteig. Drei verschiedene Einstiegs- und eine Ausstiegsvariante. Alle Varianten sind sehr schwer (E). Viele Eisenbügel. Bei Nässe nicht begehen! Viele erdige Gehpassagen

Ausgangspunkt
Parkplatz Schönau am Königssee, 600 m

Anfahrt
Von Berchtesgaden in Richtung Schönau a. Königssee; großer kostenpflichtiger Parkplatz. ÖV: Bus (RVO) oder Bahnhof Berchtesgaden

Gehzeiten
Gesamt 4.30–5 Std.
Zustieg 1 Std., Steig je nach Variante 2.30–3.30 Std., Abstieg 1 Std.

Aufstieg/Abstieg
Zustieg 300 m, Steig 405 m, Abstieg 705 m

Hütte/Einkehr
Grünsteinhütte (1200 m, keine Übernachtung, Tel. 0171/832 93 28)

Karte
AV BY22 »Berchtesgaden – Unterland« 1:25 000

2009 wurde hier ein sehr sportlicher Klettersteig mit einem ausgesprochen kurzen Zustieg gebaut. Mittlerweile durch diverse (schwere) Varianten erweitert, ist er zwar sehr abwechslungsreich, aber auch sehr überlaufen.

Zustieg Vom Großparkplatz in direkter Nähe zum Bootsanleger des Königssees wandern wir über die alte Holzbrücke zur Bobbahn. Auf Höhe des »Damenstartplatzes« zweigt hier der Wanderweg zum Grünstein ab. Dieser führt uns allerdings nach wenigen Minuten auf die breite Schotterstraße, der wir jetzt bis zur zweiten Kehre folgen. Hier informiert eine Tafel über die verschiedenen Routenmöglichkeiten. Ein steiles Steiglein führt zu einer steinschlaggeschützten Bank, wo wir uns am besten gleich die Ausrüstung anziehen (900 m).

Isidor-Variante Ganz links erreicht man zuerst die Isidor-Variante, bei der es sich um den leichtesten Einstieg handelt (bis C). Zahlreiche Bügel und leichtere (teils erdige) Passagen wechseln hier ab. Wir steigen so über den »Beppopfeiler« (C) zum »Wernerwandl« (C) und erreichen die »Heiseibrücke« (983 m).

Hotelroute Ein Stück weiter rechts befindet sich die »Hotelroute«. Hier geht es gleich knackig zur Sache (steile Wand; C/D)! Es folgt eine weitere Folge von Klammern und steilen, teils erdigen Passagen, bevor es über ein schmales Band nach links geht (B/C; kurz davor Einmündung der Räuberleiter). Hier erwartet uns eine nahezu senkrechte Bügelpassage, die mit einem überhängenden Steinblock als Krönung (D/E) aufwartet (davor allerdings Rastmöglichkeit). Jetzt fehlt nur noch die stark schwankende Holzbrücke (»Heiseibrücke«), und wir sind wieder auf dem Hauptweg angekommen.

Räuberleiter Seit 2011 hat man die Möglichkeit, noch eine dritte Variante (die schwerste!) zu wählen. Hierzu wandern wir von

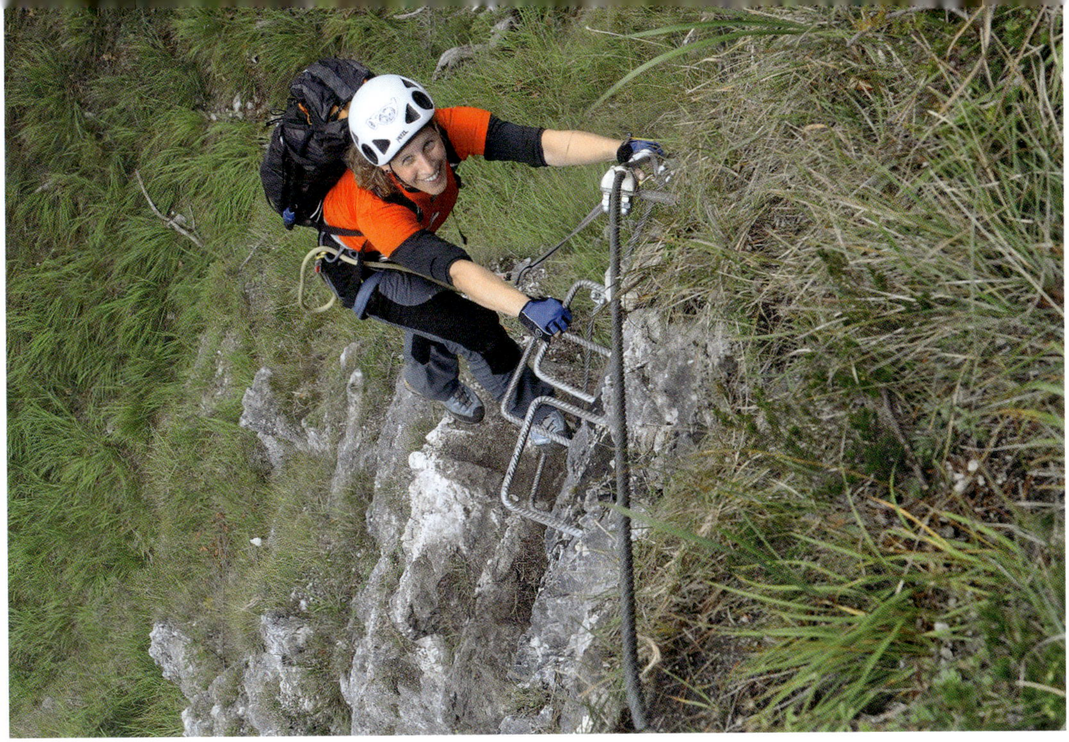

Der Sulzberg-Überhang

der Kehre erst einmal über einen schmalen Weg 50 Meter parallel zur Felswand und erreichen so noch weiter rechts (als die Hotelroute) die ersten Sicherungen. Steil und ausgesetzt geht es hier ziemlich anstrengend empor (D/E–E), dann etwas auf und ab nach links, teils über glatte Platten, bis wir nach ca. 100 Klettermetern die Hotelroute erreichen. Auf dieser nun weiter bis zur Vereinigung mit dem Hauptweg.

Grünstein-Steig Nach wenigen Metern erreichen wir die »Kastnertraverse« (C) und über einen markanten Spreizschritt den »Sulzberg-Überhang« (C). Hier helfen uns ebenfalls Bügel über die ausgesetzte Passage hinweg. Ab hier wechseln sich immer wieder teils unangenehm erdige Steigpassagen mit gesicherten Felsen ab. Generell sollte man stets aufpassen, dass man keine Steine auf die zahlreichen Seilschaften unter sich lostritt. Wir kommen jetzt zum »Quittenbaumeck«, einer kurzen abdrängenden Querung (C/D–D), und stehen kurz darauf in der »Anderlnische«, wo wir uns ins Steigbuch eintragen. Schließlich erreichen wir den »alten« Ausstieg,

Tipp

Wer noch Zeit hat, kann über den Rinnkendlsteig (A/B; über die Kührointhütte) nach St. Bartholomä absteigen (3 Std.) und mit dem Boot über den Königssee wieder zurückfahren. Hierzu sollte man allerdings den Zeitpunkt der letzten Bootsabfahrt im Kopf haben.

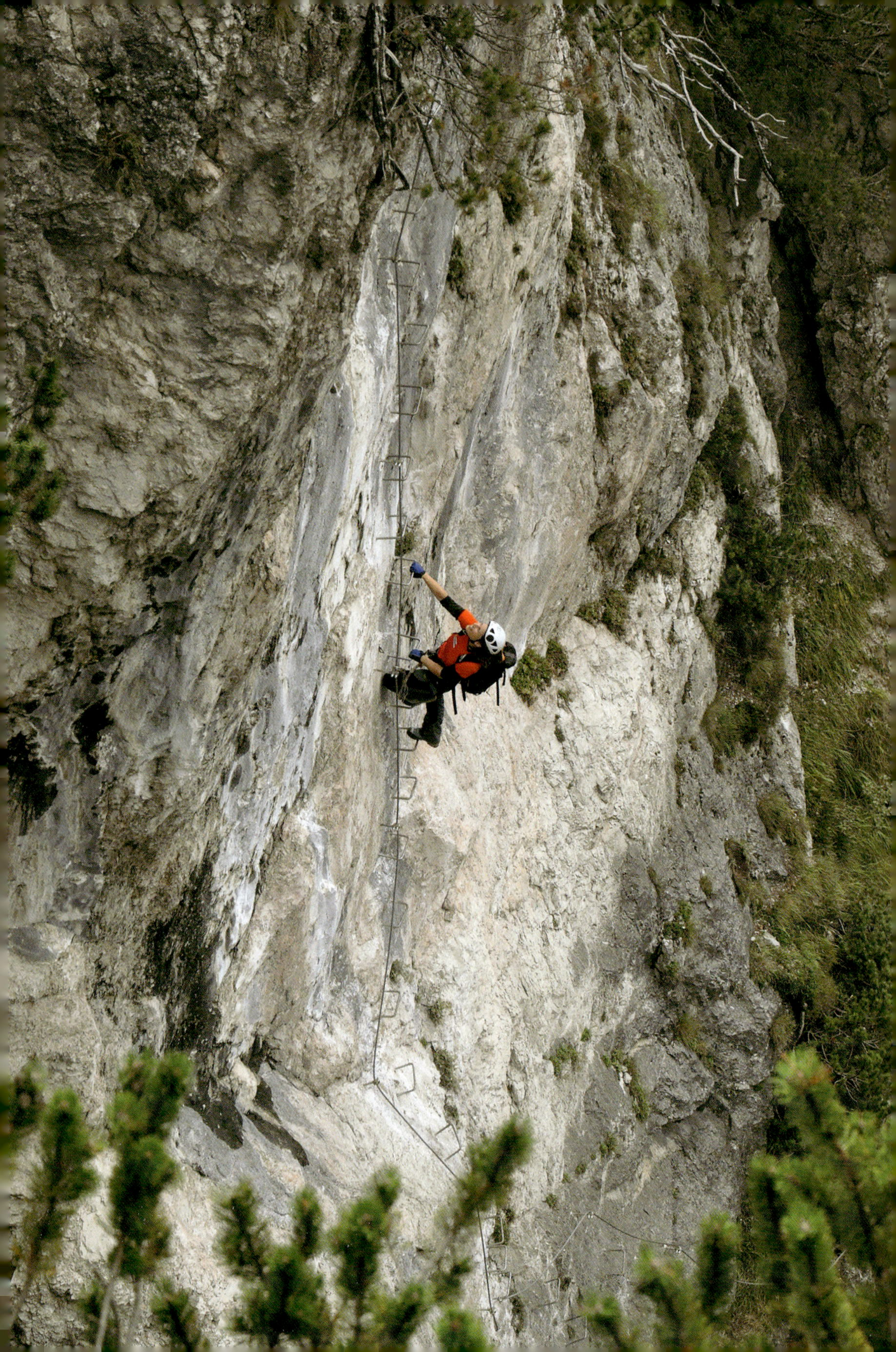

wo wir auf einer kleinen Bank die Aussicht genießen können (1141 m). Die letzten 160 Höhenmeter bis zum Gipfel sind nur noch leicht gesichert und führen uns teils durch Latschen nach oben. Den Gipfel teilen wir uns mit den zahlreichen Wanderern, die über den Normalweg aufgestiegen sind. Kein Wunder bei diesem Prachtblick auf den Watzmann.

Intersport-Renoth-Gipfelwand Neben dem »alten« Ausstieg wurde 2013 noch eine weitere Variante auf den Gipfel gebaut. Dazu halten wir uns etwas weiter links (Schilder) und steigen jetzt sehr ausgesetzt und ziemlich fordernd (meist C/D–D; zwei Stellen E) über die Gipfelwand direkt zum Gipfel. Wenn man noch genügend Körner hat, ist dies ein durchaus krönender Abschluss einer doch spannenden Klettersteigrunde.

Abstieg Vom Gipfel wenden wir uns anfangs westwärts und steigen durch den Wald zur nahen Grünsteinhütte ab (1200 m). Hier nun auf dem Weg Nr. 445 schnell, aber teils auch steil abwärts, bis wir wieder auf die Schotterstraße gelangen. Hier führt uns der Weg auch wieder am Einstieg vorbei. Mittlerweile ist der Steigverlauf durch eine fast lückenlose Menschenschlange nicht mehr zu verfehlen! Gut, dass wir schon so früh gestartet sind.

Linke Seite: Die Bügelleiter in der »Hotelroute«

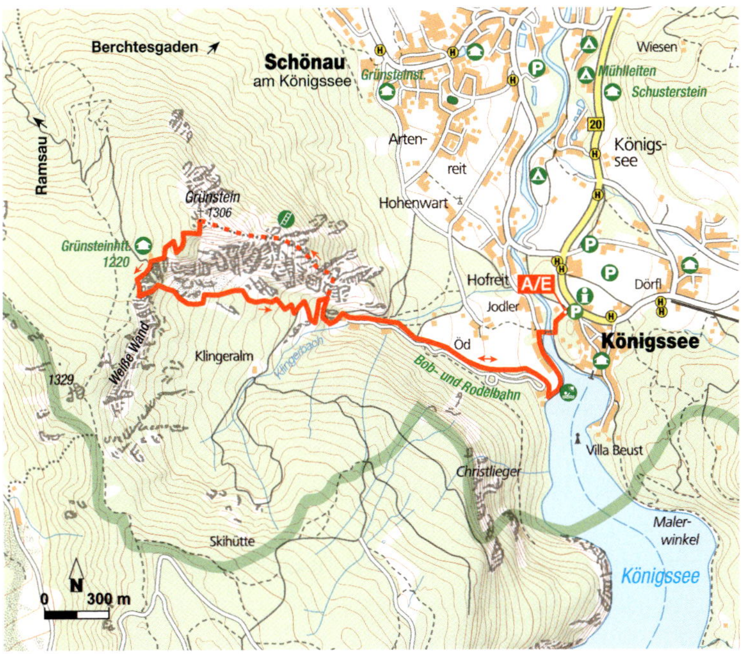

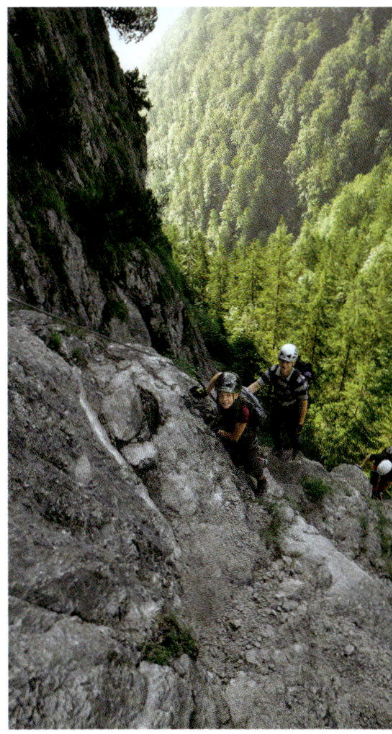

Die leichtere Isidor-Variante

4 Watzmannüberschreitung

Imposante Tiefblicke in die berühmte Ostwand

B/C | 11–13 Std. | 2200 Hm

Gipfel/Ziel
Watzmann-Mittelspitze (2713 m)

Charakter/Anforderung
Sehr lange und anstrengende Tour; nur für beste Witterungsbedingungen. Der Gratweg ist an den wichtigsten Stellen mit Drahtseilen und Eisenstäben gesichert. Evtl. Orientierungsprobleme im Abstieg; Übernachtung einplanen. Bei Vereisung ist der Steig extrem gefährlich!

Ausgangspunkt
Wimbachbrücke, 630 m

Anfahrt
Salzburger Autobahn (A 8) bis Ausfahrt Siegsdorf, dann über Schneizlreuth in Richtung Berchtesgaden, hinter Ramsau zum Parkplatz Wimbachbrücke

Gehzeiten
Gesamt 11–13 Std.
Zustieg 5–5.30 Std., Steig 2–2.30 Std., Abstieg 4.30–5.30 Std.

Aufstieg/Abstieg
Zustieg 2020 m, Steig 180 m, Abstieg 2080 m

Hütte/Einkehr
Watzmannhaus (1928 m); Wimbachgrieshütte (1327 m)

Karte
AV BY20 »Lattengebirge – Reiteralm« 1:25 000, AV 10/1 »Steinernes Meer« 1:25 000

Der Watzmann zählt bei Bergsteigern und Kletterern zu den beliebtesten Tourenzielen in den Berchtesgadener Alpen. Für die einen, weil er der dritthöchste Berg Deutschlands ist, für die anderen, weil er mit der Ostwand die höchste Felswand der gesamten Ostalpen aufweist.

Voraussetzungen Für den ungeübten Wanderer ist beim Watzmannhaus Schluss, für den geübten Wanderer endet der Ausflug am Hocheck. Die gesamte Gratüberschreitung mit den drei Hauptgipfeln ist ausschließlich trittsicheren und schwindelfreien Bergsteigern mit alpiner Erfahrung vorbehalten. Ihnen bietet sich ein erlesenes Bergabenteuer mit wirklich fantastischen Tiefblicken auf den Königssee und in das wilde Wimbachtal. Bereits im Jahre 1898 wurde der Watzmanngrat mit Drahtseilsicherungen und einigen künstlichen Felsstufen etwas entschärft und die Steiganlage 1979 von der Nationalparkverwaltung erneuert, wobei man über 600 Meter Stahlseil neu verlegt hat.

Anstieg zum Watzmannhaus Vom Parkplatz Wimbachbrücke an der Ramsauer Ache folgen wir dem bezeichneten Fahrweg (Nr. 441) durch Wald hinauf zur Stubenalm. Im weiteren Verlauf wandern wir weiter aufwärts zur bewirtschafteten Mitterkaseralm (1380 m, 2–2.30 Std.). Hier verlassen wir den Almfahrweg und steigen links auf einem Bergsteig über die teilweise freien Hänge zur Falzalm hinauf. Das letzte Wegstück schlängelt sich in Serpentinen zum Falzköpfl und weiter zum Watzmannhaus (1920 m, 1 Std.).

Die Gratüberschreitung Der Weiterweg zum Hocheck (2651 m, 1.30–2 Std.), dem ersten und leichtesten Watzmanngipfel, bildet erst den Auftakt zur Watzmannüberschreitung. Der Steig ist markiert und führt durch unspektakuläres Schrofen- und Felsgelände mit einigen ausgesetzten Stellen an der sogenannten

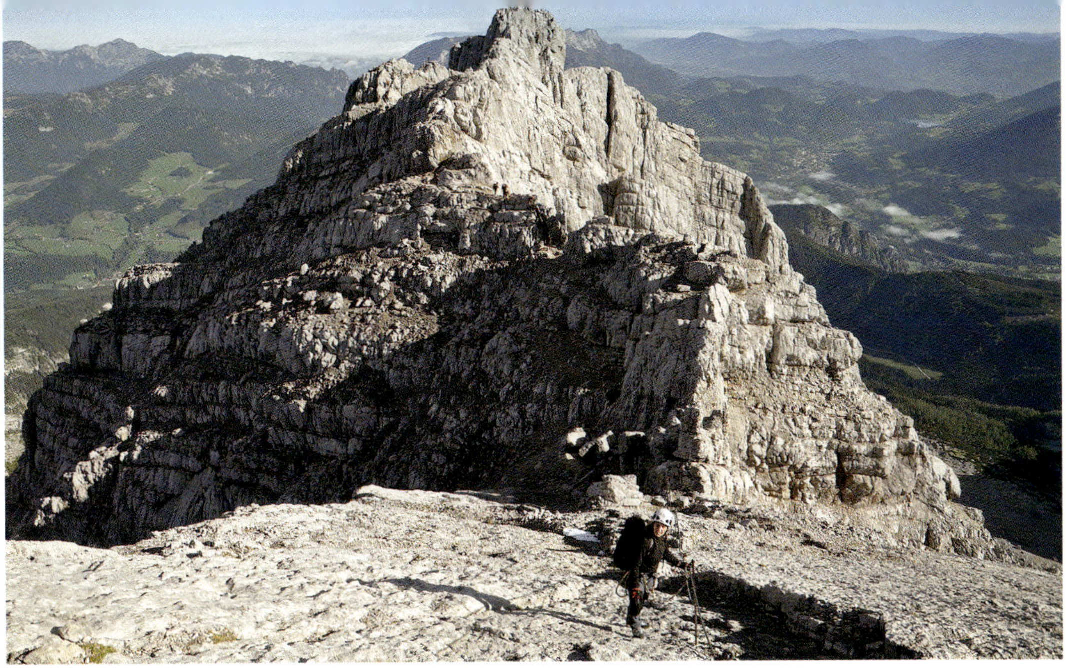

Zustieg zum Mittelgipfel

Schulter (mit Drahtseilen gesichert; A–A/B) entlang. Am Gipfel erwarten uns eine kleine Unterstandshütte und eine fantastische Sicht auf die Berchtesgadener Bergwelt. Ab dem Hocheck wird es dann ernst. Der Grat ist zwar noch nicht so ausgesetzt wie im zweiten Abschnitt zwischen Mittelspitze und Südspitze, aber durchaus anspruchsvoll. Schon nach wenigen Metern leiten uns die Sicherungen in südlicher Richtung auf den schmalen, scharfen Grat hinab, dann weiter auf der Gratschneide und überwiegend auf der Westflanke des Berges im Auf und Ab hinüber zum Mittelgipfel (2713 m und damit höchster Punkt der Überschreitung, 1 Std.).

Der letzte Abschnitt über ein ansteigendes Plattenband wird dabei durch künstliche Felsstufen erleichtert. Von der Mittelspitze folgen wir weiter – nun sehr ausgesetzt – den roten Farbmarkierungen auf dem Grat, der an allen erforderlichen Stellen gut gesichert ist. Im abwechselnden Auf und Ab geht es nun den Grat entlang. Und schließlich erreichen wir etwas unterhalb der Gratschneide in der Westflanke den Südgipfel (2712 m, 1.30 Std.), der in manchen Karten auch noch als Schönfeldspitze auftaucht.

Tipp

Nach dieser anstrengenden Tour durchwandern wir die reizvolle Wimbachklamm und erholen uns anschließend am nahen Hintersee bei einem Bad. Allerdings müssen wir uns zu Beginn der Tour bereits einen »Chip« besorgen, denn talwärts ist nur so ein Zugang möglich.

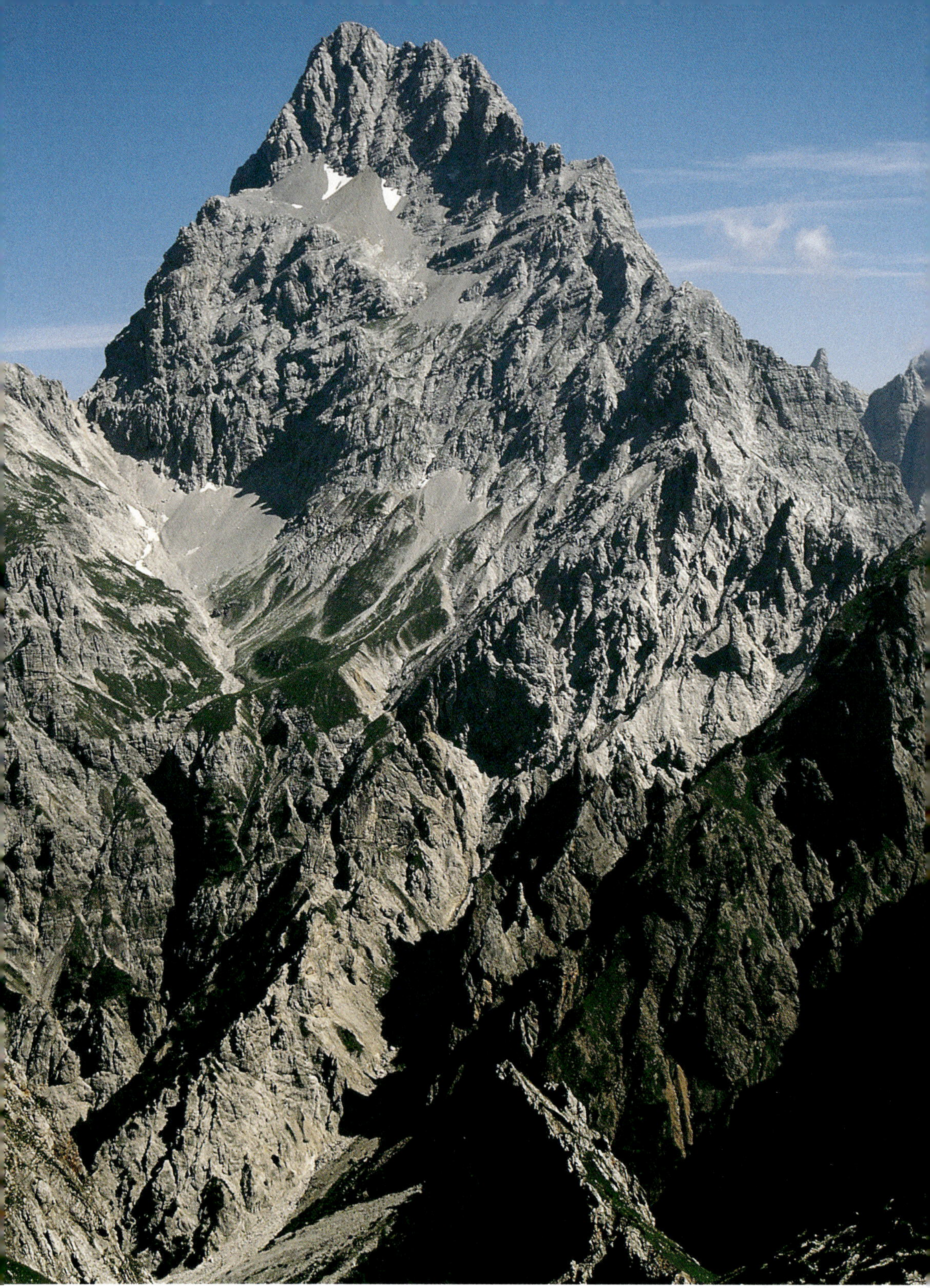

Die Abstiegsrunde Der Abstieg ins Wimbachtal erfordert in manchen Passagen etwas Orientierungssinn, ist aber die schnellste Route. Von der Südspitze zunächst in südlicher Richtung auf dem Grat hinunter bis zur zweiten Einschartung, dort rechts in eine Rinne in die Westflanke hinab (einige Drahtseilsicherungen) und zum oberen Ende eines breiten Schuttfächers. Über diesen entlang der Steigspuren weiter abwärts, dann links über bewachsene Felsabsätze zur Mulde des Schönfelds.

Von dort führt ein Steig – teilweise durch Latschenfelder und bizarre Erosionsformationen – hinunter zum Boden des Wimbachtals, wo wir auf den vom Trischübel herabführenden Steig treffen. Hier halten wir uns rechts und erreichen bald die Wimbachgrieshütte (1327 m, 2–3 Std.). Ein breiter, langer Wanderweg führt uns durch das weite Wimbachtal hinaus zum Parkplatz an der Wimbachbrücke (2–2.30 Std.).

Linke Seite: Über die gewaltige Watzmann-Südspitze führt der Abstiegsweg.

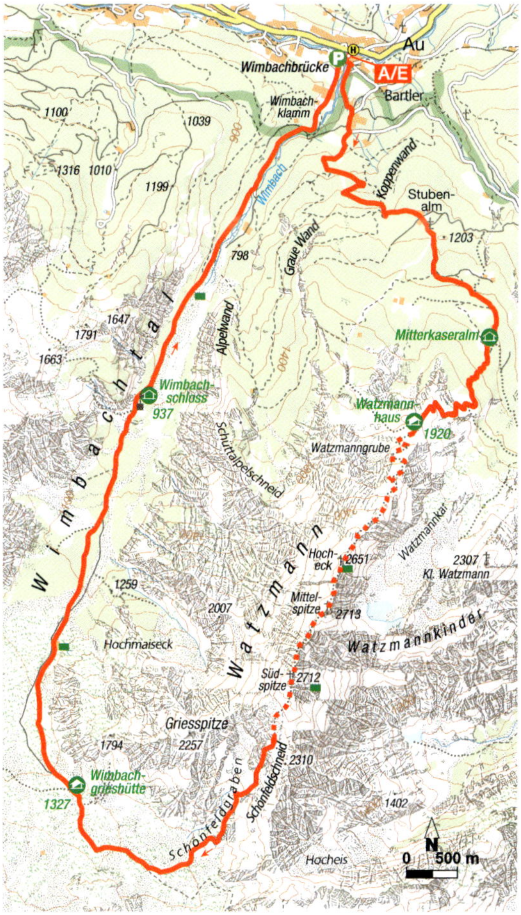

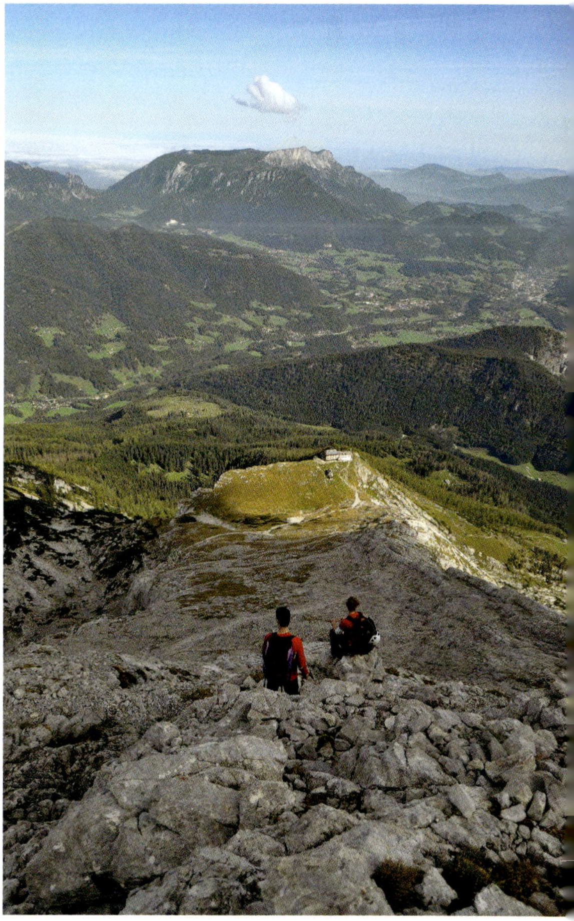

Abstieg zum Watzmannhaus, im Hintergrund der Hochthron

5 Wagendrischlhorn-Klettersteig

Verschiedene Varianten abseits des Trubels

B/C | 8 Std. | 1300 Hm

Die Gipfel/Ziel
Wagendrischlhorn (2251 m)

Charakter/Anforderung
Anstieg über Schaflsteig und Abstieg über Böslsteig (Holzleitern, Trittstufen, Drahtseile) erfordern Schwindelfreiheit. Zuletzt Stahlseil bis zum Gipfel

Ausgangspunkt
a) Engertholzstube, 950 m;
b) Oberjettenberg, 660 m

Anfahrt
a) A 8 bis Ausfahrt Siegsdorf, über Unterjettenberg nach Ramsau und zum Ende der Fahrstraße südwestlich des Hintersees; b) von Unter- nach Oberjettenberg, hier 2 km links ab bis zum Ende der Fahrstraße (Wanderparkplatz).
ÖV: Ab Berchtesgaden-Bahnhof weiter ins Klausbachtal

Gehzeiten
Gesamt 8 Std.
a) Zustieg 3 Std., Schaflsteig 30 Min.; b) Zustieg 6.30 Std.; KS-Wagendrischlhorn 1 Std., Abstieg 3.30 Std.

Aufstieg/Abstieg
Zustieg 1050 m, Steig 250 m, Abstieg 1460 m

Hütte/Einkehr
Neue Traunsteiner Hütte (1560 m)

Karte
AV BY20 »Lattengebirge – Reiteralm« 1:25 000

Anstiege zum Wagendrischlhorn haben es in sich, will man an den Gipfelfuß auf der Reiter Alm kommen. Prächtiges Panorama entschädigt für die Mühe. Zwei der Anstiege – Schaflsteig und Böslsteig – weisen Klettersteigcharakter auf; der Zustieg über die Neue Traunsteiner Hütte ist eine leichte, aber lange Wanderroute.

Von der Hirschbichlstraße Mit dem Bus fahren wir zur Haltestelle Engertalm. 200 Meter taleinwärts nach der Engertholzstube zweigt rechts der Schaflsteig ab (Nr. 473). Er führt steil zu einer Almwiese (oben Wegweiser) und durch Wald und Latschen an den Fuß der Stadelmauer. Dann weiter zum Hochgescheid (Einmündung des Loferer Steigs; 1750 m), wobei wir kurz wieder absteigen müssen. Am tiefsten Punkt beginnt rechts der Klettersteig (Seilsicherungen; 2000 m), der durch eine Felsrinne zur

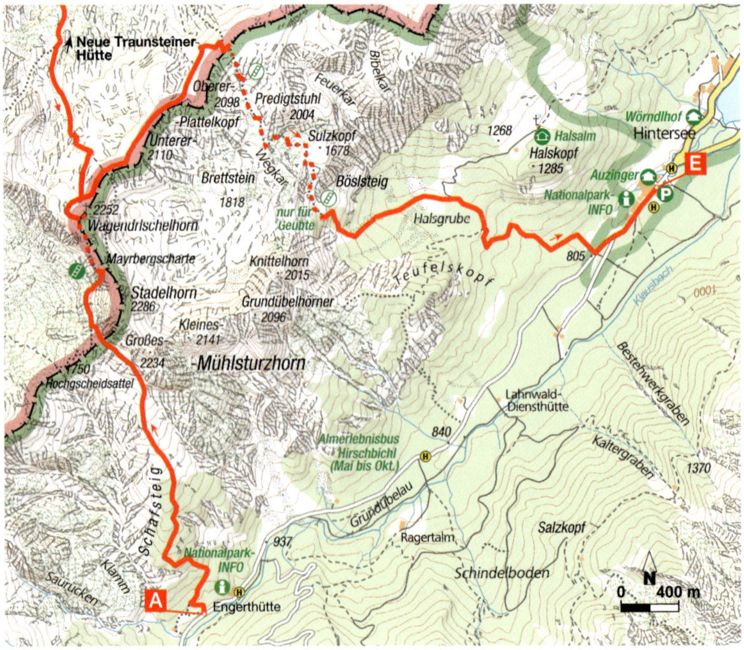

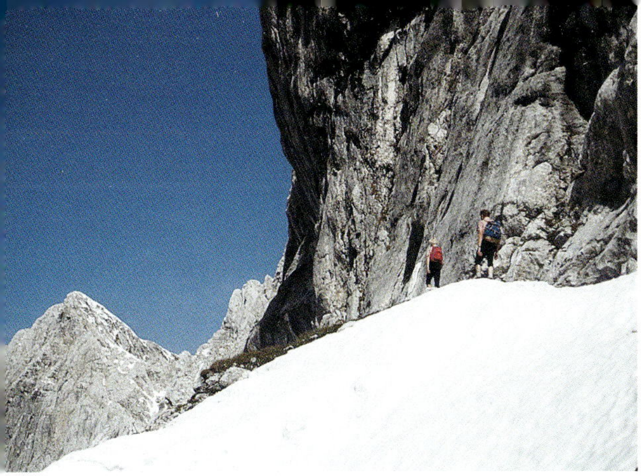

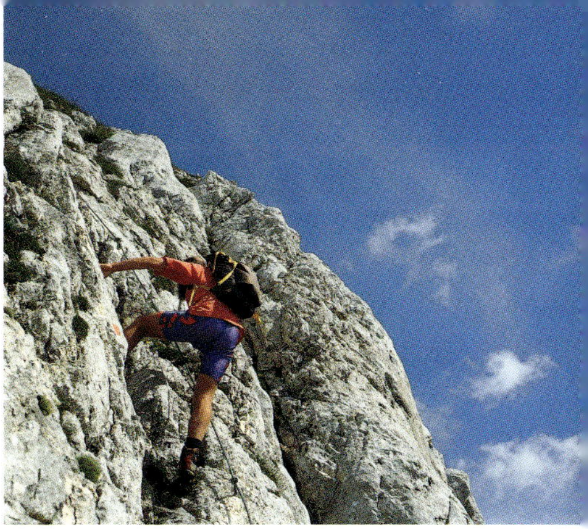

Mayrbergscharte (2053 m; B/C) leitet. Rechts zunächst in ungesichertem Gelände über den Südgrat des Wagendrischlhorns bis zum Beginn der geschlossenen Felswand (2140 m). Hier beginnt markiert und gesichert der Schlussspurt auf den zum Ende hin stärker verflachenden Gipfel des Wagendrischlhorns (2251 m).

Kurz und »schmerzlos«: der Klettersteig auf das Wagendrischlhorn

Links: Bergsteiger queren zum Klettersteig an der Mayrbergscharte.

Von Oberjettenberg Vom Parkplatz am Ende der Fahrstraße wandern wir auf breiter Forststraße (Nr. 474) hinauf zur Holzstube. Kurz dahinter verzweigt sich der Weg: Wir halten uns links und verlassen die Forststraße. Durch Mischwald weiter zur Schreckwiese und hinauf zum Schrecksattel (1607 m), der den Durchstieg durch die steil abfallenden Felsmauern vermittelt. Rechts haltend über die wellige Hochfläche zur Neuen Traunsteiner Hütte (1560 m, 3.30 Std.). Der Weiterweg (Nr. 473) zur Mayrbergscharte erfolgt auf bezeichnetem Steig über die Reiteralpe und durch die Roßgasse (3 Std.). Dann weiter wie oben.

Tipp

Im Gasthaus Auzinger am Eingang ins Klausbachtal können wir gemütlich einkehren und das Flair eines historischen Gasthofs genießen. In dieser Wirtschaft trafen sich im 19. Jahrhundert allsommerlich die Genremaler, um die natürlichen Schönheiten der Berchtesgadener Alpen ins Bild zu setzen.

Abstieg über den Böslsteig Vom Gipfel gehen wir auf leichtem Steig in nordöstlicher Richtung hinunter zum Wandfuß. In gleicher Richtung über den Oberen Plattelkopf (2098 m) zum Rücken des Reiter Steinbergs (2051 m). Dort beginnt rechts der Böslsteig hinab zum Hintersee. Zunächst in Serpentinen durch Latschen ins Wagendrischlkar, dann leitet der Steig über Holztreppen, Stufen und entlang von Seilsicherungen ins Tal (Ende bei 1160 m). Ab der Halsgrube auf einem Almweg hinab zur Hirschbichlstraße.

6 Hochthron-Klettersteig

Über den neuen Klettersteig hinauf und das Mittagsloch hinab

C/D

7.30–8 Std.

1165 Hm

Gipfel/Ziel
Berchtesgadener Hochthron (1972 m)

Charakter/Anforderung
Ein durchwegs fordernder Klettersteig mit langem Zustieg. Teils ziemlich ausgesetzt und sportlich angelegt. Allerdings neu und bestens gesichert (zahlreiche Bügel)

Ausgangspunkt
Parkplatz Ettenberg, 813 m

Anfahrt
Von der Salzburger Autobahn A 10 (Ausfahrt Salzburg-Süd) über die B 305 nach Marktschellenberg. Hier auf einer teils schmalen Straße nach Hinterettenberg

Gehzeiten
Gesamt 7.30–8 Std.
Zustieg 2.30–3 Std., Steig 2 Std., Abstieg 3 Std.

Aufstieg/Abstieg
Zustieg 755 m, Steig 410 m, Abstieg 1165 m

Markierung
Sehr gut

Hütte/Einkehr
Stöhrhaus (1894 m, Tel. 08652/7233); Scheibenkaser (1430 m, nicht immer bewirtschaftet); nur Getränke

Karte
AV BY22 »Berchtesgaden – Untersberg« 1:25 000

Nach dem Pidingerklettersteig ist hier der zweite, wirklich ebenso schöne Klettersteig gelungen. Eine homogene Routenführung, fester Kalk ... was will man mehr? Dazu der imposante Blick auf den Watzmann! Einer der schönsten Klettersteige in Bayern.

Zustieg Vom Parkplatz wandern wir anfangs über die Schotterstraße, dann durch den Wald (Nr. 466) zur kleinen Hütte Scheibenkaser (1430 m, 1.30 Std.). Schon von hier fällt uns die markante Ostwand auf, durch die wir gleich steigen werden. Erst aber müssen wir noch einige Höhenmeter über den Schotter nach oben steigen, bis wir uns in einer kleinen Höhle die Ausrüstung anziehen können (1565 m, 45 Min).

Hochthron-Klettersteig Schon der Einstieg gibt gleich einmal eine Duftmarke ab (C/D–D) und führt über trittarmen Kalk nach oben. Dann leichter über eine Rinne weiter und nach links auf das »Gamsband« (C). Wir queren eine breite grüne Rinne und erreichen über schöne Platten (C) den »Pfeiler« und später das »Genusswandl«. Die folgende kleine Rinne durchsteigen wir kurz ungesichert (Achtung: Bis in den Juli können sich hier Schneereste halten!) und verlassen sie über die steile »Schluchtrampe« (C). Hier ist es nicht mehr weit bis zum »Fotoquergang« (C/D–D): eine Bügelpassage mit Watzmann-Hintergrund! Es wird etwas leichter, und so erreichen wir endlich in der Wandmitte die Schlüsselstelle: die »Hanglschuppe« (C/D–D). Wie der Name schon andeutet, queren wir ein Felsband, wobei wir durch die Seilführung etwas Rückenlage bekommen und uns im wahrsten

Tipp
Um auf dem »Fotoquergang« das optimale Licht zu haben, sollte man sehr früh unterwegs sein.

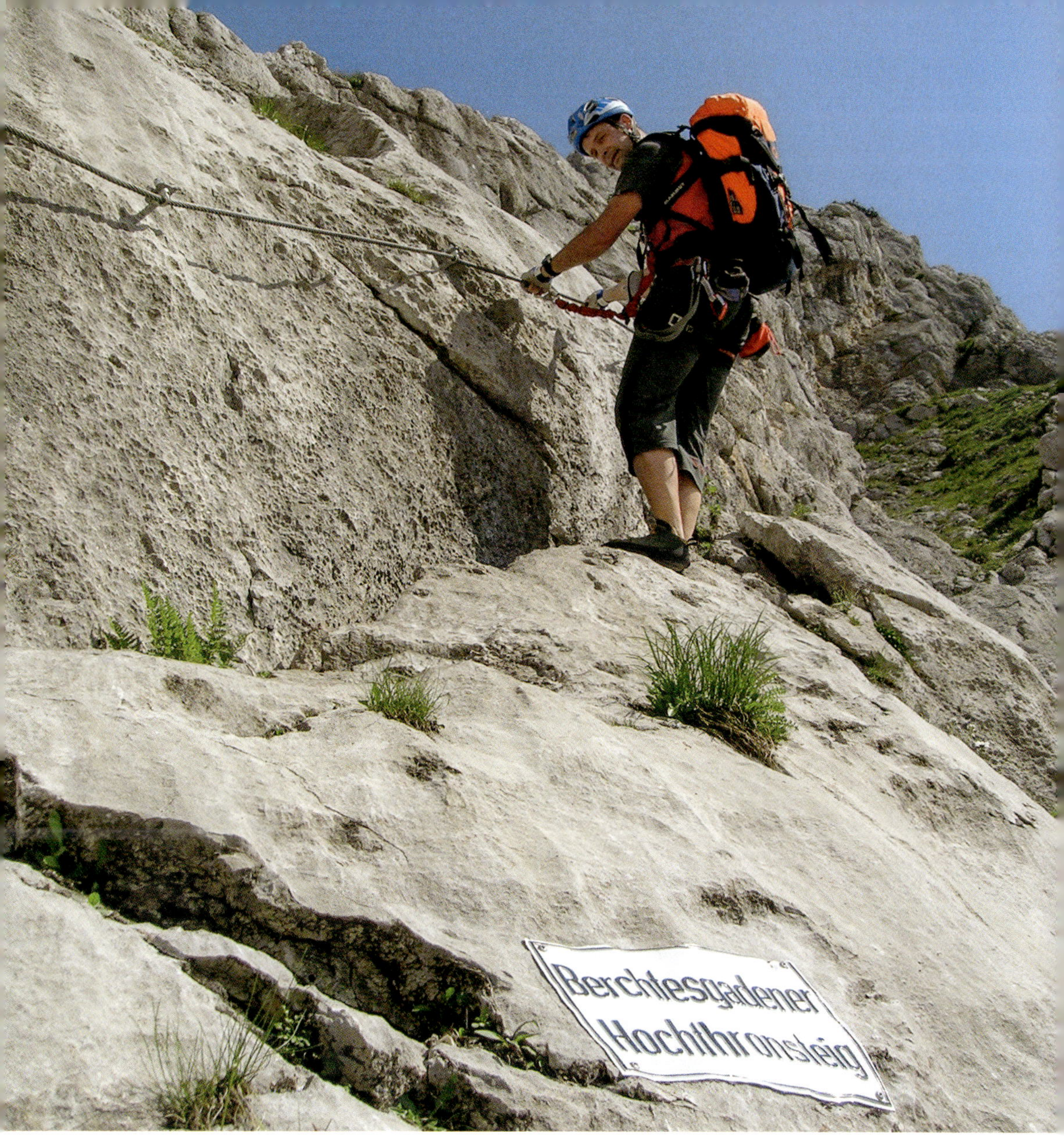

Einstieg zum Hochthron

Sinne des Wortes »entlanghangeln«. Die »Raue Welt« (C/D–D) hat ihren Namen von dem schönen rauen Fels an dieser Stelle. Es folgen das »Latscheneck« (C/D–D) und nach dem Wandbuch die letzte Herausforderung. Der »Ausstiegskamin« (C/D–D) ist zwar recht kurz, fordert aber einen ziemlichen Armzug oder exzellente Steigtechnik (Verschneidung). Danach kann uns auch das »Finale« (C) nicht mehr schocken. Geschafft, aber zufrieden erreichen wir den Ausstieg und gehen in wenigen Minuten nach links zum nahen Gipfel des Hochthrons (1972 m).

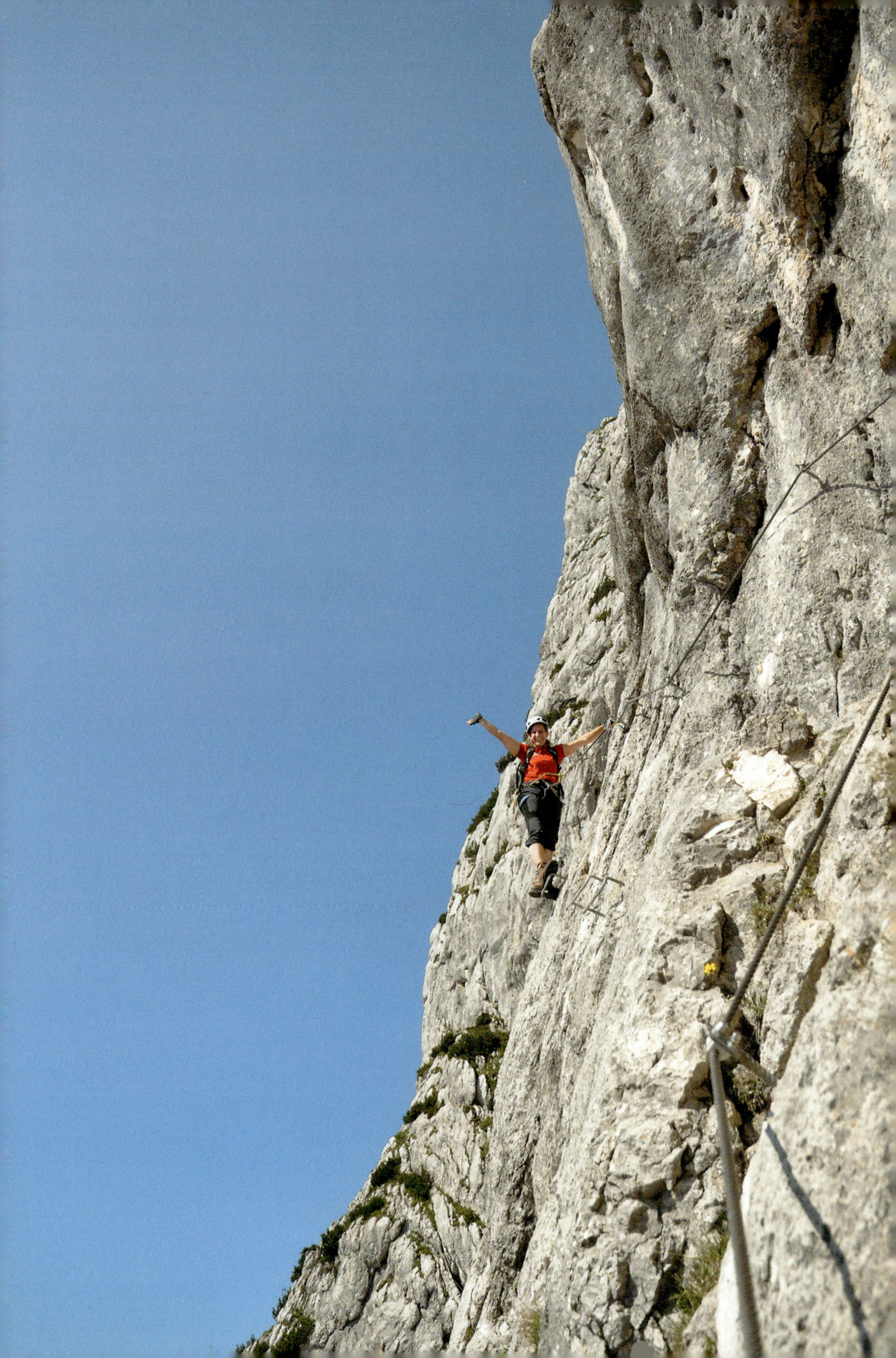

Normalabstieg Vom Gipfel gelangen wir in zehn Minuten zum Stöhrhaus (1894 m). Hier halten wir uns auf dem Weg Nr. 417 nach Süden in Richtung der Leiterl-Scharte (1629 m, 30 Min.). Wir nehmen den linken Abzweig (Nr. 466) und kommen so nach einigen Gegenanstiegen wieder zum Scheibenkaser (1 Std.) und zum Parkplatz (1 Std.).

Mittagslochsteig Wer ein paar ungesicherte Passagen nicht scheut, kann auch über den Mittagslochsteig absteigen. Vom Stöhrhaus kommend achten wir auf den kleinen unscheinbaren Wegweiser, der uns zum engen, dunklen Mittagsloch bringt (1875 m). Eine Leiter führt uns in die Höhle nach unten, dann folgen wir den kurzen Sicherungen (A/B/C; I–II) mal links, mal rechts der Felswand in Richtung Tageslicht. Meist ist der Höhlenboden nass und sehr rutschig. Am Ende der Höhle helfen uns noch einmal ein paar Sicherungen zum Wandfuß des Hochthrons (1700 m). Nun geht es mühsam über Schrofen und Geröll zuerst querend, dann immer steiler abwärts zum Scheibenkaser. Im Prinzip braucht man für beide Varianten gleich lang, wobei der Normalweg fast schneller sein kann.

Linke Seite: Die steile Wandflucht an der Fotoquerung

Zum Teil ist der Steig ganz schön luftig!

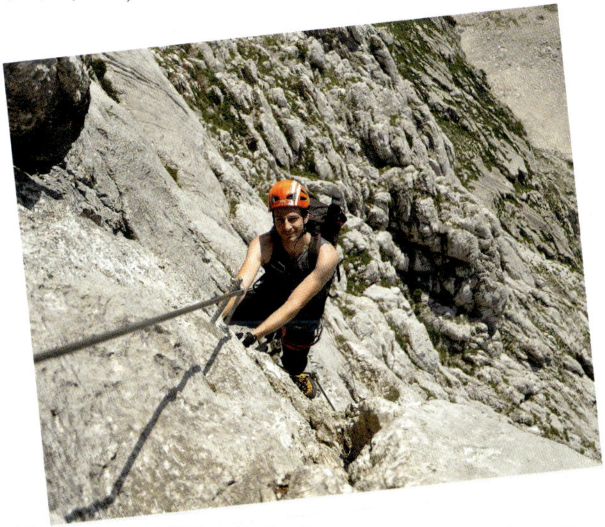

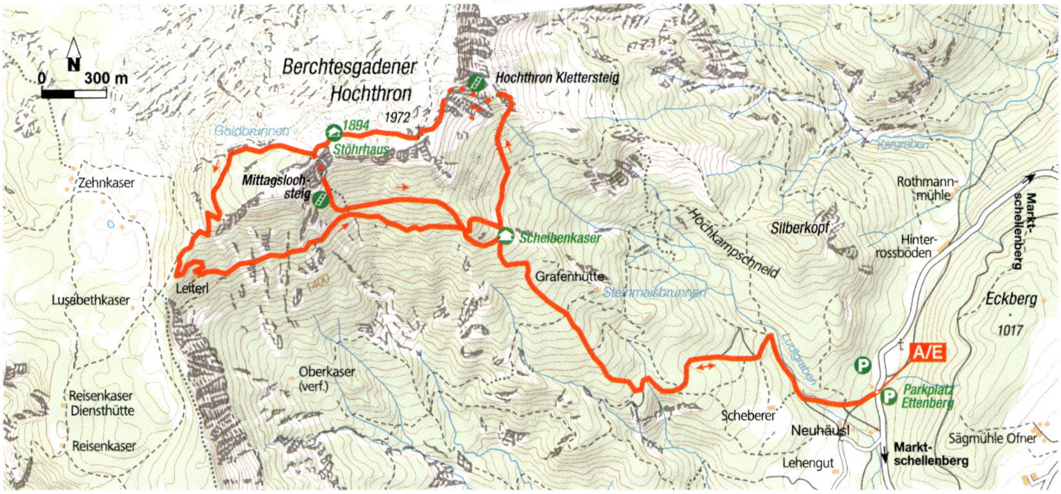

7 Dopplersteig und Thomas-Eder-Steig

Lange Panoramatour am Untersberg

A/B

7–9 Std.

1390 Hm Lift

Gipfel/Ziel
Salzburger Hochthron (1853 m)

Charakter/Anforderung
Viele Stufen aus Holz bzw. Fels und Drahtseilsicherungen am Dopplersteig sowie am Reitsteig (Abstiegsvar.). Am Thomas-Eder-Steig Felstunnel, Treppenstufen und Drahtseilsicherungen

Ausgangspunkt
a) Parkplatz Rositten, 465 m;
b) Parkplatz am alten Paßthurm/Marktschellenberg

Anfahrt
a) A 8 bis Ausfahrt Salzburg-Süd (mautpflichtig), dann über Grödig und Glanegg zum Parkplatz an der Rosittenstraße;
b) über die B 305 und B 160 nach Marktschellenberg

Gehzeiten
Gesamt 7–9 Std.

Aufstieg/Abstieg
Zustieg 855 m, Dopplersteig 150 m, Übergang +385/–220 m, Thomas-Eder-Steig, –100 m, Abstieg 1070 m

Hütte/Einkehr
Zeppezauerhaus (1664 m);
Toni-Lenz-Hütte (1450 m)

Karte
AV BY22 »Berchtesgaden – Untersberg« 1:25 000

Am Untersberg gibt es zwei Klettersteiganlagen, die sich auch zu einer Rundtour verbinden lassen. Der Dopplersteig auf der Ostseite weist etwa 2000 Treppenstufen auf und ist neben dem Thomas-Eder-Steig der reizvollste Anstieg. Als Abstieg kommt auch der Reitsteig infrage. Wer es bequem mag, fährt mit der Untersbergbahn zu Tal und nimmt den Bus nach Glanegg.

Anstieg über den Dopplersteig Vom Parkplatz an der Rosittenstraße wandern wir bergwärts bis zu einer kleinen Bachbrücke. Dort verzweigen sich die Wege. Unser Anstiegsweg führt links weg (Nr. 460). Bei einem alten Steinbruch gehen wir rechts zum ausgeschilderten Steig, der sich bald mit vielen Stein- und Betonstufen über der tief eingeschnittenen Klamm des Rosittenbachs höherschraubt. Wir passieren die verfallene Untere und Obere

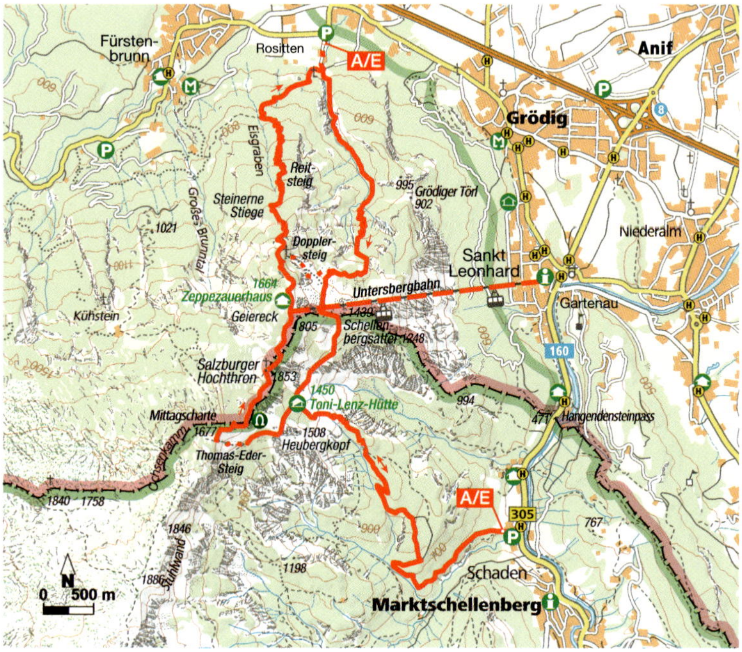

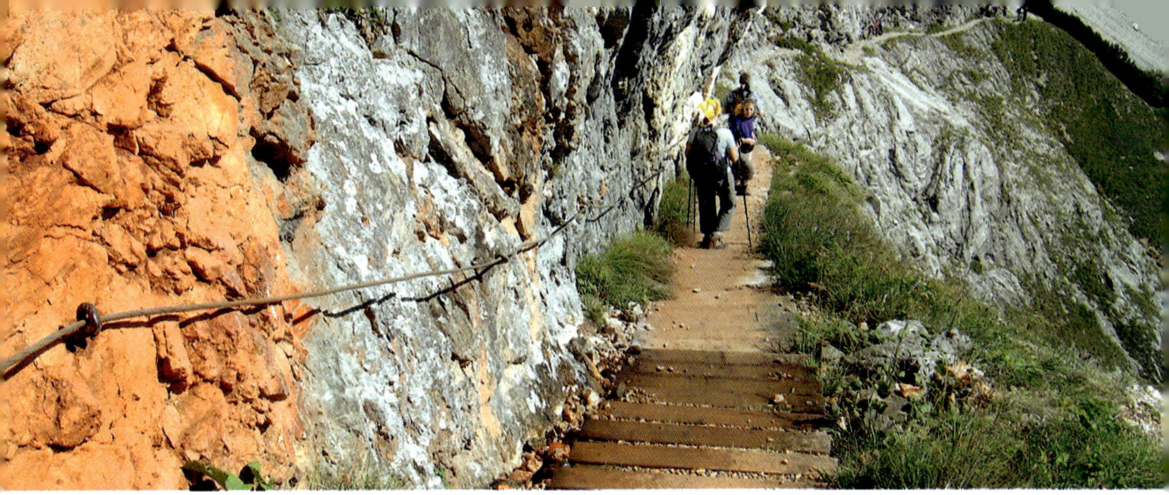

Rosittenalm und steigen über Holzstufen weiter bergan. Oberhalb des letzten Almbodens (1400 m) verzweigt sich der Weg. Wir halten uns rechts, auf die steile, felsige Ostwand des Untersbergs zu (1320 m). Dort führen Hunderte von Fels- und Holzstufen, die meist durch Seile gesichert sind, luftig hinauf zum Nordrücken des Geierecks, den ein Kreuz schmückt. Bald treffen wir auf den Reitsteig, dort links weiter hinauf zum Zeppezauerhaus (1664 m).

Am Thomas-Eder-Steig: Tunnel und gesicherte Stiegen helfen an den schwierigen Passagen.

Abstiegsvariante über den Reitsteig Vom Zeppezauerhaus auf dem Anstiegsweg zurück bis zur Wegkreuzung auf dem Nordrücken. Dort folgen wir links haltend dem Reitsteig, der mit Nummer 417 markiert ist. Über die Steinerne Stiege aussichtsreich in vielen Serpentinen und über zahllose Treppenstufen abwärts, zuletzt durch Wald, zum Ausgangspunkt an der Rosittenstraße.

Tipp

Ein Besuch der Schellenberger Eishöhle am Fuß des Thomas-Eder-Steigs oder ein Abstecher zum Untersbergmuseum in Fürstenbrunn. Dort befindet sich eine restaurierte Kugelmühle.

Abstieg über den Thomas-Eder-Steig Vom Gipfel des Salzburger Hochthrons auf einem Steig südwärts hinab zur Mittagscharte (1637 m), dann auf dem Thomas-Eder-Steig durch Felstunnels und über viele Treppenstufen hinab zum Wandfuß (dort Abstecher zur Schellenberger Eishöhle) und weiter auf leichtem Steig hinunter zur Toni-Lenz-Hütte. Von dort kurz talwärts, dann links auf markiertem und ausgebautem Steig (Wegweiser) wieder bergan zum Schellenberger Sattel (1536 m). Jenseits gelangen wir auf einem Steig über Geröll hinab ins Obere Rosittenkar, wo wir wieder auf den Dopplersteig treffen. Auf ihm zu Tal.

8 Persailhornüberschreitung

Über den Wildental- und den Südwand-Klettersteig

B/C

8 Std.

1530 Hm

Gipfel/Ziel
Persailhorn (2347 m)

Charakter/Anforderung
Wildentalsteig: nahezu durchgehendes Sicherungsseil, Eisenbügel, Leitern; Südwand-Klettersteig: ausgesetzter als der Wildentalsteig, Eisenleitern, Seilsicherungen, teils Eisenstifte

Ausgangspunkt
Saalfelden, Waldparkplatz, Ortsteil Bachwinkl, 820 m

Anfahrt
A 8 bis Ausfahrt Siegsdorf, weiter über Lofer bis kurz vor Saalfelden, links in den Ortsteil Bachwinkl und bis zum Ende der Fahrstraße, dort Parkplatz im Wald. ÖV: Bhf. Saalfelden, dann Bus bis Bachwinkl

Gehzeiten
Gesamt 8 Std.
Zustieg 3 Std., Wildentalsteig 1.30 Std., Südwand-KS 1.30 Std., Abstieg 2 Std.

Aufstieg/Abstieg
Zustieg 1210 m, Steig +/–320 m, Abstieg 1210 m

Hütte/Einkehr
Peter-Wiechenthaler-Hütte (1707 m, Tel. 0043/6582/73489)

Karte
AV 10/1 »Steinernes Meer« 1:25 000

Das Persailhorn weist keinen leichten Normalweg auf. Der alte Weg ist mittlerweile wegen Steinschlaggefahr gesperrt. Der leichteste Anstieg ist heute der Wildentalsteig, eine Variante des alten Steigs, seit 1993 aber mit zahlreichen Sicherungsmitteln versehen. Für Schwindelfreie wurde durch die Südwand ein Klettersteig eingerichtet.

Der Hüttenanstieg Vom Parkplatz zunächst bergwärts über eine kleine Brücke, nach wenigen Minuten links über einen Steg (Infotafel) und rechts weiter. Bald steigen wir in Kehren durch Wald höher auf markiertem Wanderweg (Nr. 412) zur Peter-Wiechenthaler-Hütte (2.30 Std.).

Anstieg über den Wildentalsteig Von dort auf rot bezeichnetem Bergsteig auf den Gipfelaufbau des Persailhorns zu. Nach ei-

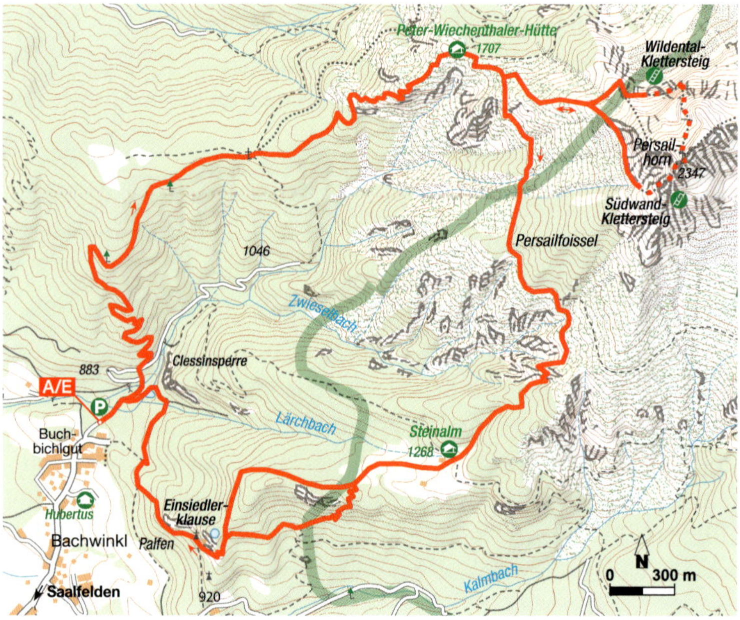

ner halben Stunde verzweigt sich der Weg (Wegweiser). Links geht es zum Einstieg des Wildentalsteigs in der Nordflanke, rechts zum Südwand-Klettersteig. Wir gehen links. Bald beginnt rechts bei einem begrasten Felssporn das Geländerseil (2030 m). Dann steigen wir über schrofiges Gelände hinauf zu einem kleinen Sattel mit Tafel, schließlich links kurz bergab und an einer Felswand (»Wastl-Promenade«) entlang zum Beginn eines steilen Felssporns. Rechts folgt eine anspruchsvolle Stelle über eine glatte Felsrampe mit Eisentritten und -bügeln (B/C), dann geht es rechts am Sporn entlang auf einen Grat zu. Über diesen sehr ausgesetzt zu einer Plattenrampe, über die drei versetzte Leitern führen. Durch einen Kamin und steile Felsrinnen weiter bis zum Südwand-Klettersteig. Dort links – immer mit Seilsicherung – hinauf zum Gipfel (2347 m) mit Kreuz und Gipfelbuch.

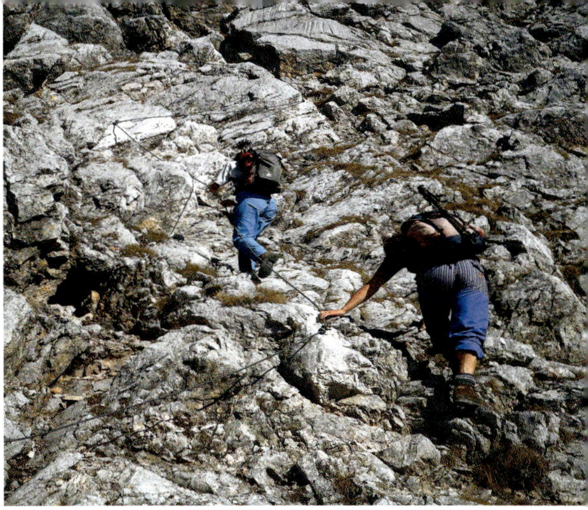

Im Klettersteig

Abstieg über den Südwand-Klettersteig Erst auf dem Anstiegsweg zurück zur Wegverzweigung, dann links zu einer Tafel und über Felsrinnen und eine Gratpassage zu einer ausgesetzten Stelle. Bald geht es über eine senkrechte Leiter (C) hinab und um eine Felskante zur nächsten Leiter. Über die Felsrampe abwärts zu einem nach links absteigenden Band und über eine Wandstufe hinunter zu einer weiteren Gratpassage. Eine letzte Leiter führt senkrecht hinab zum Wandfuß. Nun rechts, auf einem schmalen Steig am oberen Rand des Kars zur Wegverzweigung des Anstiegswegs. Abstieg zur Peter-Wiechenthaler-Hütte (1707 m).

Abstiegsvariante über die Steinalm Kurz vor der Hütte zweigt links der Steig ab, der zur Steinalm führt. Durch Latschenhänge und zwei Sandrinnen gelangen wir zur bewirtschafteten Alm (1269 m). Auf breitem Weg durch die Almwiesen, bald rechts haltend, durch Krummholz und Wald zu einer Wegverzweigung. Den Fuchssteig hinab zur Einsiedelei. Ausgeschildert weiter zum Ausgangspunkt.

Tipp

Am Abstiegsweg über die Steinalm passieren wir die letzte Einsiedelei im Alpenraum. Der Klausner verkauft Getränke und Postkarten. Auf einer Infotafel können wir die Geschichte dieses Orts nachlesen. Dienstag, Freitag und Sonntagvormittag geschlossen.

9 Teufelslöcher und Mooshammersteig

Konditionelle Hammertour in alpinem Ambiente

C

9 Std.

1780 Hm

Gipfel/Ziel
Hochseiler (2793 m)

Charakter/Anforderung
Der Anstieg über die Teufelslöcher ist mit Drahtseilen und Eisenstiften gesichert. Der Mooshammersteig ist naturbelassen, d. h. ohne Eisensicherungen, und erfordert Kletterfertigkeit im II. Schwierigkeitsgrad. (Er kann über den Herzogsteig umgangen werden, der mit Drahtseilen, Eisenbügeln und Stiften gesichert ist; A/B.) Trittsicherheit und alpine Erfahrung unbedingt erforderlich

Ausgangspunkt
Parkplatz Hinterthal, 1016 m

Anfahrt
A 8 bis Ausfahrt Siegsdorf, über Inzell und Lofer nach Saalfelden und weiter über Maria Alm nach Hinterthal

Gehzeiten
Gesamt 9 Std.
Zustieg 3.30 Std., Steig 2 Std., Rückweg 3.30 Std.

Aufstieg/Abstieg
Zustieg 1080 m, Steig 700 m, Abstieg 1780 m

Hütte/Einkehr
Bertgenhütte (1846 m, unbewirt.); Matrashaus (2941 m)

Karte
AV 10/2 »Hochkönig – Hagengebirge« 1:25 000

Der Hochseiler ist mit 2793 Meter Höhe der gewaltigste Felsstock neben dem Hochkönig. Er hat noch eine Attraktion: die Teufelslöcher, zwei riesige Felsenfenster, die den Durchstieg zur Übergossenen Alm ermöglichen. Von dieser Seite führt ein bereits 1903 eingerichteter Klettersteig auf den Hochseiler.

Anstieg zur Bertgenhütte Von Hinterthal auf der rechten Seite des Urschlaubaches auf Forststraße talein, bis wir rechts die Abzweigung (Nr. 431) zur Bertgenhütte erreichen. In Kehren auf Wirtschaftsweg bergwärts zur Poschalm, links auf Bergweg weiter in einen Graben. Erst steigen wir rechts, dann links über einen Latschenhang zur Bertgenhütte (1846 m, 2.30 Std.).

Zu den Teufelslöchern Von der Hütte auf rot markiertem Steig ins Schneekar, wobei wir auf dem Schuttkar höhersteigen

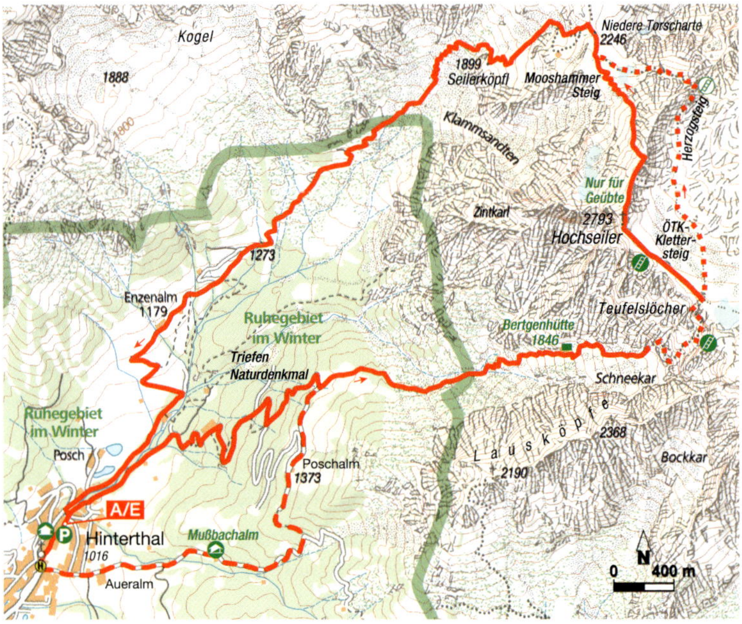

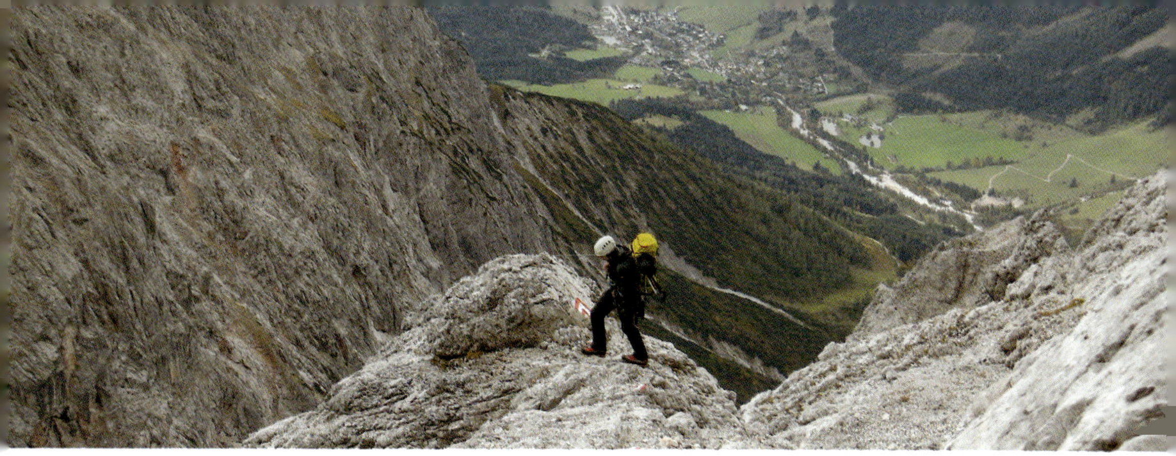

Der Aufstieg auf den Hochsailer führt über einen ausgesetzten Steig, der aber hervorragend markiert ist.

(2200 m, 1 Std.). Wir überwinden die Randkluft und suchen uns am Wandfuß links den Weg durch steil aufragende Felsen. Der Durchschlupf führt durch eine Rinne, dann rechts über ein überdachtes, ungesichertes Band. Nun weiter gesichert (B/C) an der rechten Seite einer Rinne und über mehrere Platten und eine Rinne bis in ein Gehgelände. Wir halten uns links unter einer Wandstufe durch und weiterhin links über ein Gratstück den Teufelslöchern (2686 m, 1 Std.) zu. Der Durchstieg zur Übergossenen Alm befindet sich im rechten Fenster.

Anstieg auf den Hochseiler Hinab zum Firnfeld und links zum Gipfelaufbau des Hochseiler. Der nur mit Eisenstiften gesicherte Steig (B/C; II) führt links hoch in Richtung Scharte, dann rechts über Wandstufen zu einem Kamin. In diesem steigen wir senkrecht mithilfe von Eisenstiften hoch zum Grat (C) und rechts weiter zum Gipfelkreuz (2793 m, 1 Std.).

Tipp

Südlich von Saalfelden liegt der kleine Ritzensee mit Badestrand, den wir zum Ausklang der Tour aufsuchen können.

Über den Mooshammersteig zur Torscharte Eine Überschreitung dieses Gipfels ist nur erfahrenen Bergsteigern zu empfehlen; der Mooshammersteig hinab zur Torscharte ist ungesichert (II) und manchmal vereist. Vom Gipfel den Markierungen folgend in nördlicher Richtung zu einer Scharte und links ungesichert über Wandstufen und geröllbedeckte Felsbänder zum Wandfuß. Weiter zur Niederen Torscharte (2246 m).

Rückkehr über den Herzogsteig Der Abstieg erfolgt bei einer Einsenkung 300 Meter nördlich des Gipfels rechts zum Firnfeld und links zum Herzogsteig, der auf den Mooshammersteig trifft. Auf diesem zur Torscharte. Dann links (Nr. 415) hinab nach Hinterthal.

10 Birgkarsteig

Auf Berchtesgadens Höchsten

A/B

11.30 Std.

1650 Hm

Gipfel/Ziel
Hochkönig (2941 m)

Charakter/Anforderung
Trittsicherheit, Schwindelfreiheit und gute Kondition. Der Klettersteig ist teilweise mit Drahtseilen gesichert. Übernachtung ratsam. Bis zum Frühsommer Altschneereste

Ausgangspunkt
Parkplätze am Birgkarhaus bzw. Parkplatz 500 m westlich davon (Bushaltestelle), 1342 m

Anfahrt
Salzburger Autobahn (A 8) bis Ausfahrt Siegsdorf, über Inzell und Lofer nach Saalfelden, dort über Maria Alm und Dienten zum Dientner Sattel (1342 m). ÖV: Bhf. Saalfelden, mit Bus zum Dientner Sattel

Gehzeiten
Gesamt 11.30 Std.
Zustieg 2.30 Std., Steig 2.30 Std., Abstieg 6.30 Std.

Aufstieg/Abstieg
Zustieg 960 m, Steig 700 m, Abstieg 1650 m

Hütte/Einkehr
Birgkarhaus (1403 m); Erichhütte (1545 m); Matrashaus (2941 m); Arthurhaus (1502 m); Mitterfeldalm (1670 m)

Karte
AV 10/2 »Hochkönig – Hagengebirge« 1:25 000

Der höchste Gipfel der Berchtesgadener Alpen, der Hochkönig, verpasst mit seiner Höhe von 2941 Metern knapp die Dreitausendermarke. Auf ihm steht, was Form und Lage betrifft, eines der interessantesten Unterkunftshäuser in den Alpen: das Matrashaus. Nach Norden breitet sich die Übergossene Alm aus, der letzte Plateaugletscher der Ostalpen; im Süden bricht dieser Gebirgsstock mit 1800 Meter hohen, monumentalen Felswänden ab.

Planung Neben dem langen, aber leichten Normalweg über seine Ostseite bietet der Hochkönig auch eine kürzere, sehr steile und gesicherte Route für den Normalbergsteiger an: den Birgkarsteig. Mit dem Abstieg über den Normalweg summiert sich das Ganze zu einer langen, aber sehr abwechslungsreichen Rundtour.

Anstieg zur Erichhütte Vom Dientner Sattel (1342 m) führt ein Fahrweg in einer halben Stunde hinauf zur Erichhütte (1545 m), die am Südwestfuß der Taghaube liegt.

Der Birgkarsteig Von der Erichhütte auf dem Wanderweg Nr. 432 über Bergwiesen rechts haltend in Richtung Taghaube. Nach einer halben Stunde zweigt links der Steig zur Hochscharte ab, die wir nach einer Stunde erreichen (2300 m). Durch eine steile Rinne (Vorsicht: Altschneereste!) mit Seilsicherungen ins Birgkar hinab, weiter über Schneefelder zum Beginn der Felsen. Über steiles Felsgelände in Kehren empor, stellenweise mit Drahtseilsicherungen. Rechts haltend steigen wir an den Hohen Köpfen und unter dem Kummetstein vorbei, zuletzt über schottrigen Steig mit Schneefeldern (Vereisungsgefahr!). Schließlich in vielen Serpentinen hinauf zum »Fensterl« (2875 m), das den Durchgang zur Übergossenen Alm ermöglicht. Dort rechts an den Schneewechten entlang bis zu deren Ende, dann nochmals rechts auf den Gipfelfelsen und weiter zum Matrashaus (2941 m).

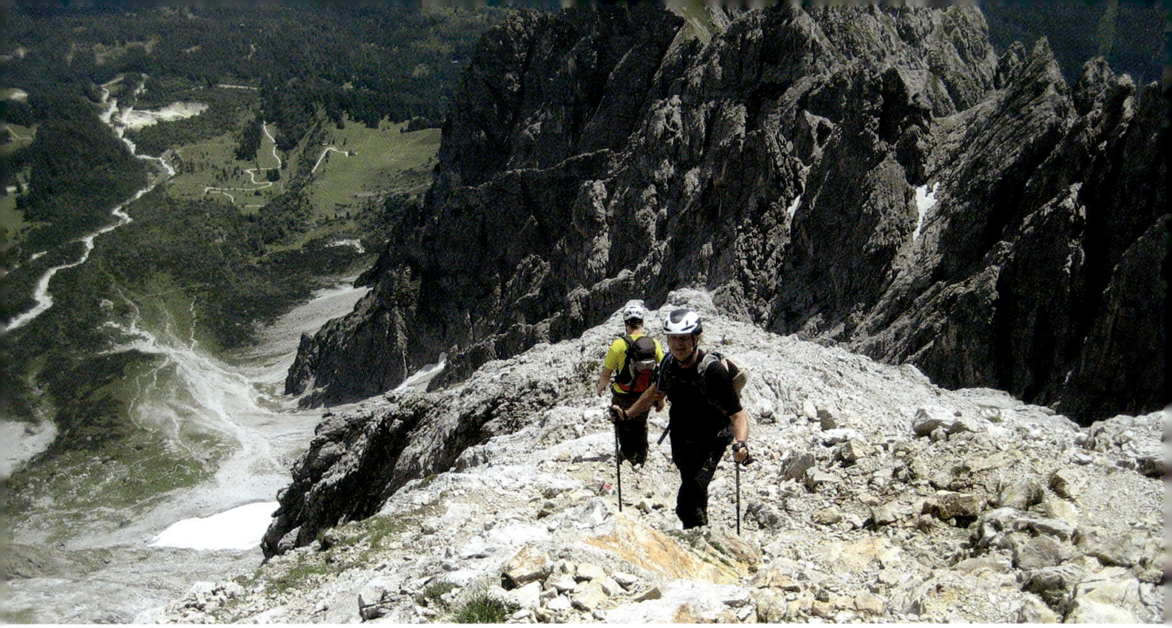

Auf den Gipfel des Hochkönigs

Die Abstiegsrunde Vom Matrashaus folgen wir der ausgeschilderten Route (Nr. 430) durch eine gesicherte Felsklamm hinab zum Schneefeld der Übergossenen Alm (zur Orientierung: hohe Stangen). Dann geht es rechts eben weiter (Wegtafeln) über den Firn und hinab zum Schartensteig, der uns durch Schutt und Blockwerk zum Fuß der gewaltigen Torsäule bringt. Weiter bergab ins Ochsenkar und durch einen reizvollen Lärchenbestand zur Mitterfeldalm (1670 m) und zum Arthurhaus (1502 m, 3.30 Std.). Von dort führt ein fast ebener Wanderweg (Nr. 436) unter den Felswänden der Mandlwand und der Bratschenköpfe über die Wiedersbergalm zum Birgkarhaus (3 Std.).

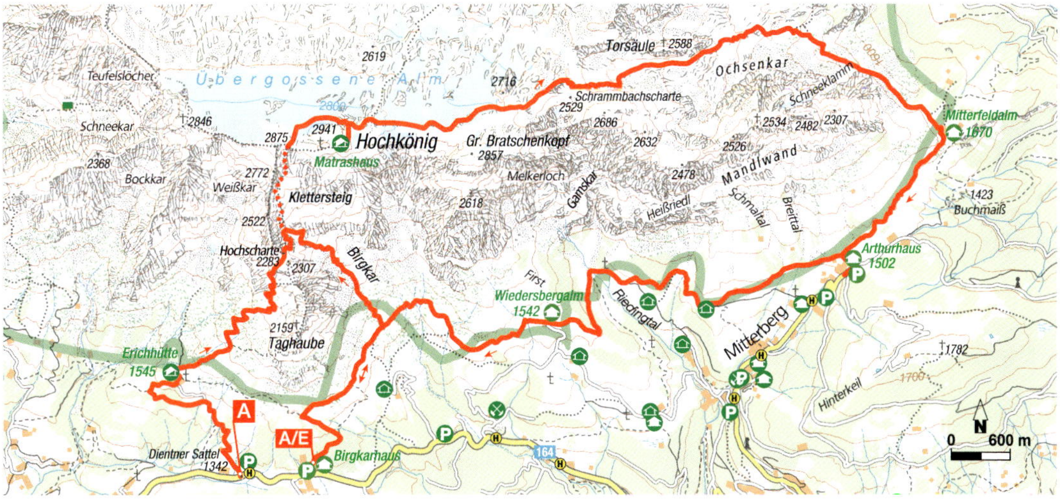

11 »Nackter Hund« und Südwestgrat

Überschreitung des Großen Hinterhorns

C/D — 9–10 Std. — 1600 Hm

Gipfel/Ziel
Großes Hinterhorn (2506 m)

Charakter/Anforderung
Lange Anstiege (auf der Loferer Seite bereits mit Drahtseil gesichert). Der »Nackte Hund« ist ein kurzer, anspruchsvoller und sehr ausgesetzter Klettersteig (C/D–D), teils senkrecht. Der Südwestgrat (B/C) ist leichter.

Ausgangspunkt
a) Loferer Hochtal (905 m);
b) Parkplatz bei Weißleiten, am Eingang ins Lastal (960 m)

Anfahrt
a) A 8 bis Siegsdorf, über Schneizlreuth und Lofer, in Richtung Waidring, am Pass Strub ins Loferer Hochtal;
b) A 93 bis Oberau nach St. Ulrich/Pillertal, hier zur Jausenstation Weißleiten

Gehzeiten
Gesamt 9–10 Std.
Zustiege 3–4.30 Std., KS 1–1.30 Std., Südwestgrat 1 Std., Abstieg je 3 Std.

Aufstieg/Abstieg
Zustieg 1260–1315 m, Steig 240 m, Abstieg 1545–1600 m

Hütte/Einkehr
Von-Schmidt-Zabierow-Hütte (1966 m)

Karte
AV 9 »Loferer und Leoganger Steinberge« 1:25 000

Der 1988 eingerichtete Klettersteig auf der Ostseite des Großen Hinterhorns gehört zu den rassigen neuen Routen. Kraft in den Armen und Schwindelfreiheit sind ein Muss. Seinen Namen hat der Steig von einem Felsgipfel in Hundeform im Gratverlauf. Der Klettersteig über den Südwestgrat wurde bereits 1979 eingerichtet.

Anstiege zum Wehrgrubenjoch a) Vom Loferer Hochtal auf langem Hüttenweg zur Von-Schmidt-Zabierow-Hütte (3 Std.), dann in westlicher Richtung auf markiertem Weg zur Wehrgrube hinab. Über verkarstete Felsstufen zum Wehrgrubenjoch (2216 m) zwischen »Nacktem Hund« und Westlichem Reifhorn (1.30 Std.); b) von Weißleiten (Nr. 613) ins Lastal. Zuerst flach durch Wald, dann allmählich ansteigend über einen Latschenkamm zu einer Jagdhütte. Über eine Rinne hinauf in die Schneegrube und

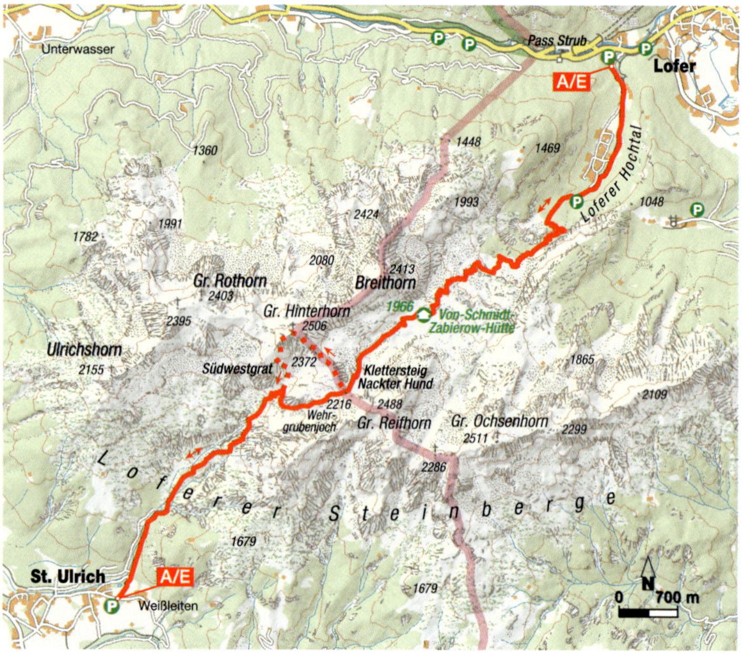

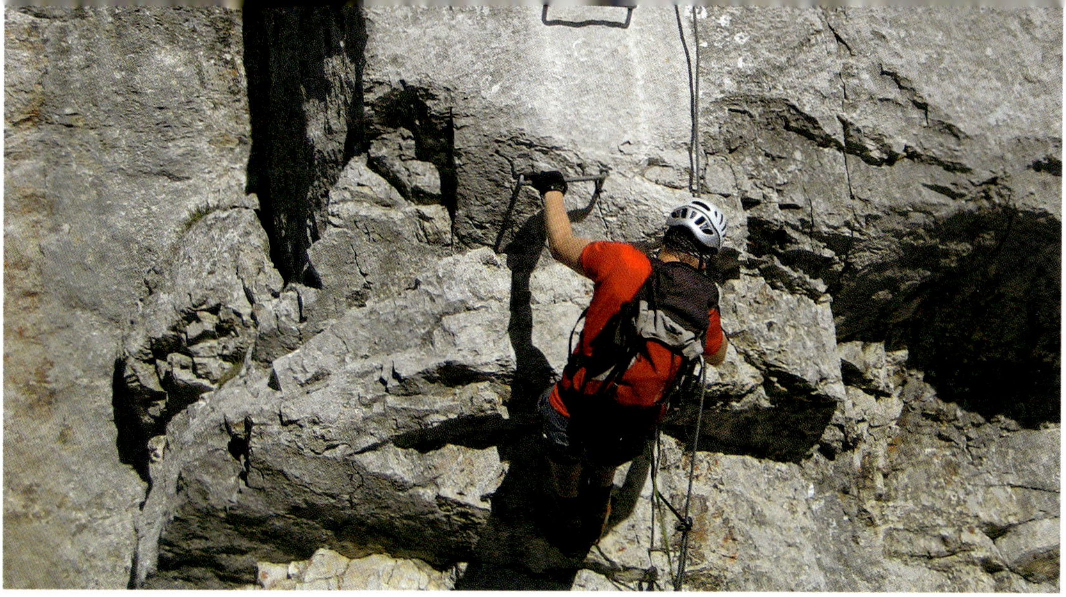

Die Bügelpassage am »Nackten Hund«

weiter zu einer Wegteilung (Tafel). An der Scheibenwand entlang, dann über die Ulricher Grube hinauf zum Wehrgrubenjoch (3.30–4 Std.).

Anstieg über den »Nackten Hund« Vom Wehrgrubenjoch steigen wir eine Viertelstunde hinauf zum Einstieg des Klettersteigs, der mit einem rotem Pfeil gekennzeichnet ist. Zunächst rechts etwas absteigen, dann bergan über schrofige Bänder auf die Nordseite (zwei Steinmänner) des Grats. Im Auf und Ab queren wir zur kleinen Scharte auf der Nordseite des »Nackten Hundes« mit dem Namen »Heinrich und der Löwe«. Von dort mit künstlichen Tritten und Drahtseilsicherung (C/D) über einen Felssporn zu einem überdachten Band. Über weniger steile Felsaufschwünge zum Großen Hinterhorn (2506 m). Möglicher Abstieg über »Waidringer Nieder« (nördlich) zur Von-Schmidt-Zabierow-Hütte (1966 m).

Tipp

Im Pillersee bei St. Ulrich können wir den anstrengenden Tag mit einem erfrischenden Bad ausklingen lassen. Badestrand und Einkehrmöglichkeit sind vorhanden.

Abstieg Südwestgrat Zunächst gehen wir zum südwestlich vorgelagerten Gipfel des Mitterhorns und folgen hier den grünen Markierungen. Dort 200 Höhenmeter hinab ins Lastal. Die vielen Felsbänder werden dabei im Wechsel von Traversen und luftigen Abstiegen über Eisenleitern bewältigt (C). Zuletzt über leichte Schrofen und Bänder zum Abstiegsweg ins Lastal (1 Std.). Von hier für beide Rückwegvarianten ca. drei Stunden.

12 Nurracher Höhenweg

Beeindruckende Kammüberschreitung

B/C — 10.30 Std. — 1900 Hm

Gipfel/Ziel
Großes Hinterhorn (2506 m), Rothörndl (2409 m)

Charakter/Anforderung
Ungesicherte Passagen. Die Klettersteigpassagen befinden sich am Großen Hinterhorn (Leitern, Eisenbügel und Drahtseilsicherungen) und am Rothörndl (Seilsicherungen) sowie am Seehorn und Ulrichshorn.

Ausgangspunkt
a) Loferer Hochtal (905 m);
b) Parkplatz bei Weißleiten, am Eingang ins Lastal (960 m)

Anfahrt
a) A 8 bis Ausfahrt Siegsdorf, über Schneizlreuth und Lofer in Richtung Waidring, am Pass Strub ins Loferer Hochtal;
b) A 93 bis Ausfahrt Oberau und über Kössen nach St. Ulrich/Pillertal, hier zur Jausenstation Weißleiten

Gehzeiten
Gesamt 10.30 Std.
Zustieg 6 Std., Steig 1.30 Std., Rückweg 3 Std.

Aufstieg/Abstieg
Zustieg 1700 m, Steig 200 m, Abstieg 1200 m

Hütte/Einkehr
Von-Schmidt-Zabierow-Hütte (1966 m)

Karte
AV 9 »Loferer und Leoganger Steinberge« 1:25 000

Der Nurracher (auch Nuaracher) Höhenweg in den Loferer Steinbergen gilt als einer der schönsten Höhenwege im nördlichen Alpenraum. Klettersteigstellen erwarten uns auf dieser langen Tour am Mitterhorn, Rothörndl, Seehorn und Ulrichshorn.

Voraussetzungen Wir bewegen uns vorwiegend in einer Höhe zwischen 2000 und 2500 Metern auf einem exponierten, langen Grat mit sieben selbstständigen Gipfeln, die wir – mit Ausnahmen – auch überschreiten. Gutes Wetter und lange Tage sowie eine Übernachtung auf der Von-Schmidt-Zabierow-Hütte sind dabei vonnöten.

Anstieg zur Von-Schmidt-Zabierow-Hütte Vom Loferer Hochtal führt ein gut ausgeschilderter, aber langer und serpentinenrei-

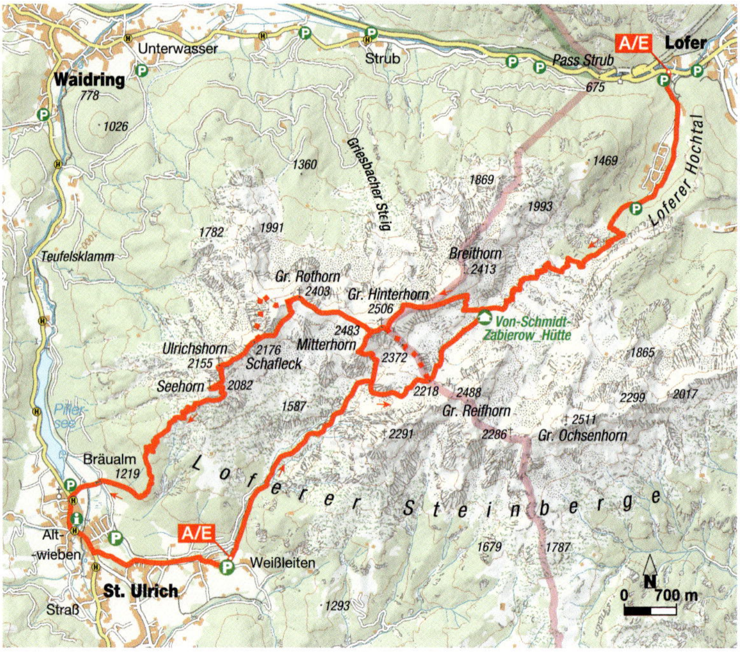

cher Hüttensteig zum Unterkunftshaus (1966 m, 3 Std.).

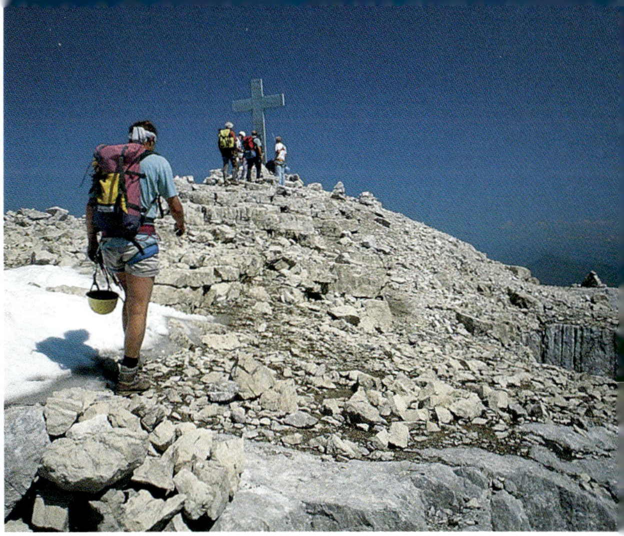

Der Nurracher Höhenweg Der Start zum Nurracher Höhenweg sollte möglichst frühzeitig erfolgen, denn wir haben einen langen Tag vor uns. Wir steigen von der Von-Schmidt-Zabierow-Hütte hinauf zur Waidringer Nieder, der Einsattelung zwischen Breithorn und Hinterhorn, über die auch der von Waidring heraufführende Hüttenweg kommt. Dabei genießen wir den ersten freien Blick ins Tal Richtung Norden auf die prallen Wände der Steinplatte in den Chiemgauer Alpen, während im Südosten die Gipfel der Berchtesgadener Alpen auftauchen. Der Anstieg verläuft durch die Südseite des Breithorns und ist trotz einiger ausgesetzter Stellen relativ leicht zu begehen. Das erste Etappenziel, das Große Hinterhorn (2506 m, 1.30 Std.), der zweithöchste Gipfel der Loferer, wird über den links abzweigenden, markierten Steig erklommen.

Wer die beiden Klettersteigtouren verbinden möchte, steigt über das Wehrgrubenjoch an und erreicht über den »Nackten Hund« das Hinterhorn.

Tipp

Nahe Lofer befindet sich ein Naturdenkmal besonderer Art: die Lamprechtsofenhöhle. Der Eingangsbereich ist erschlossen und kann besichtigt werden. In der Höhle gibt es sogar einen Wasserfall. Der Zugang liegt direkt an der Bundesstraße, einen Kilometer vor Weißbach.

Gipfel Am Gipfelaufbau haben wir zwei Möglichkeiten: Entweder nehmen wir den leichten Normalweg zum Kreuz oder – interessanter – die kleine Klettersteigeinlage (die letzte Passage des Klettersteigs »Nackter Hund«), indem wir den Gipfelaufbau links umgehen, bis wir zu den grünen Markierungen gelangen. Rechts nun mithilfe von Eisenklammern, Eisenstiften und Sicherungsseilen zum Gipfel hinauf.

Übergang Der Abstieg vom Großen Hinterhorn zum Mitterhorn (2483 m) und zur Ulricher Nieder (2315 m) bereitet zu Beginn ein Orientierungsproblem, doch bald ist die nach rechts führende Markierung entdeckt (beim Mitterhorn zweigt links der seilgesicherte Steig über den Südwestgrat ins Lastal ab). Über Felsbänder und durch tief eingefressene Karrenfelder zieht sich der Steig, der erhöhte Aufmerksamkeit verlangt. Der Anstieg zu den

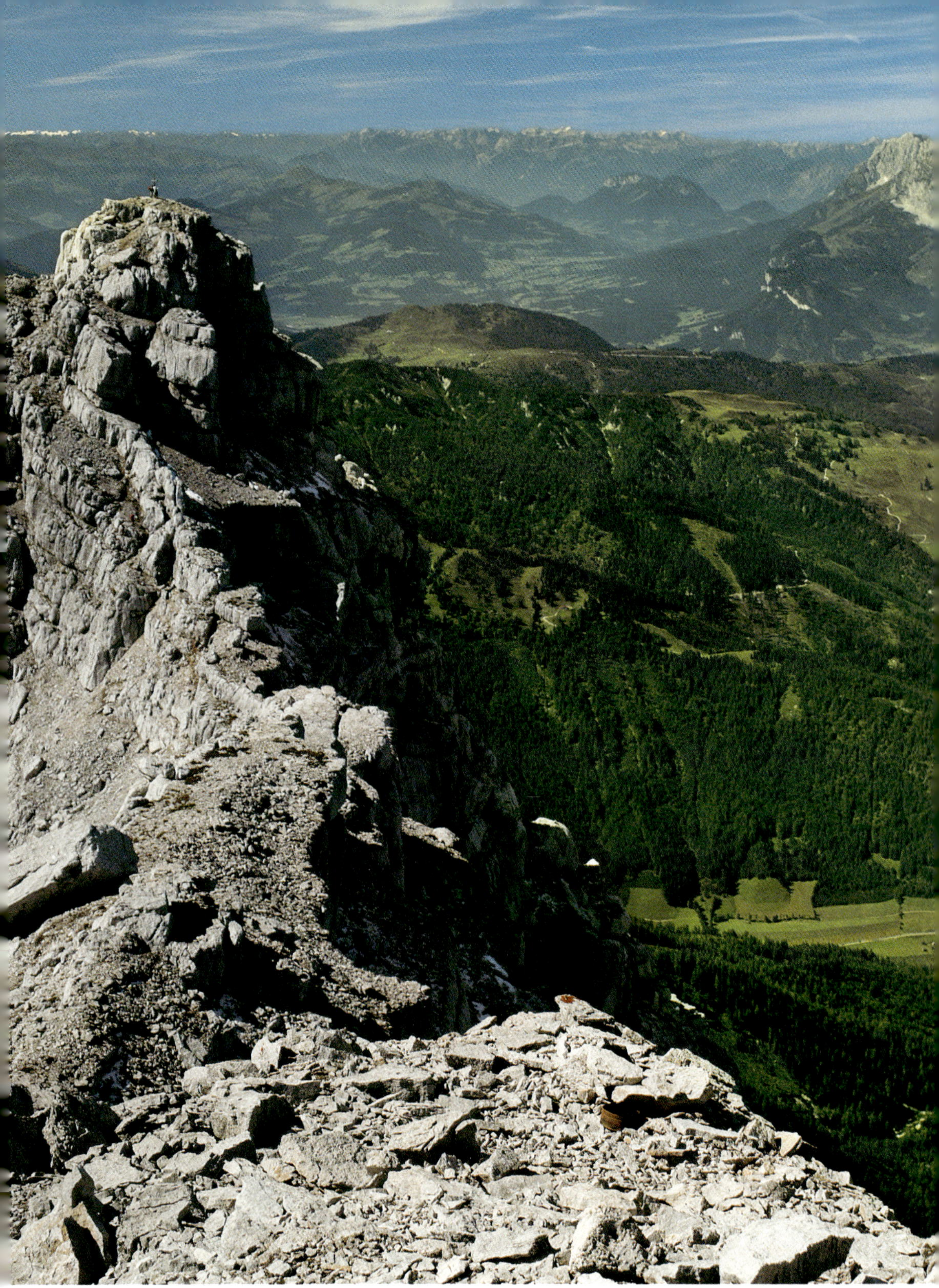

Rothörnern (Östliches Rothorn, 2402 m; Großes Rothorn, 2409 m) verläuft auf der Südseite des Ostgrats, wobei das letzte Stück bequem zu gehen ist. Der erste Gipfel weist nur einen Steinmann auf, während der Hauptgipfel ein Kreuz trägt (1.30 Std.). Steil geht es nun hinab in die jochartige Einsenkung zwischen Rothörndl und Großem Rothorn, die Rothörndlscharte.

Hier gibt es wieder eine Klettersteigvariante: von der Scharte kurz hinauf bis zum Gipfel des Rothörndls (2359 m), dann jenseits auf dem markierten Rothörndl-Klettersteig (Drahtseilsicherungen) hinunter und zum Schafleck (2176 m) hinüberqueren. Der Normalweg führt an fantastischen Felsformationen vorbei und durch einen anschließenden Felskessel. Durch die Südostflanke des Rothörndls erreichen wir wieder bequem das Schafleck und die Adolarischarte.

Die anschließende Etappe auf dem breiten Grat ist vergleichsweise lang und bei Wind recht auskühlend. Vor dem Ulrichshorn (2155 m, 2 Std.) wird der Grat jedoch exponiert, und das letzte Stück zum Gipfel steigen wir durch eine gesicherte Rinne hinauf. Vom Gipfelkreuz dann weiter immer in Richtung Westen. Anschließend mithilfe von Seilsicherungen hinab zum Felssockel und an diesem entlang bis zu dem Pfad, der zum Seehorn (2082 m, 30 Min.) führt. An der bald folgenden Wegverzweigung halten wir uns links und erreichen den letzten bedeutenden Gipfel auf dieser langen Kammwanderung. Noch ein Blick auf den tief unterhalb blinkenden Pillersee, dann geht's an den Abstieg.

Linke Seite: Blick vom Großen Rothorn zum Rothörndl

Schöne Aussicht am Nurracher Höhenweg

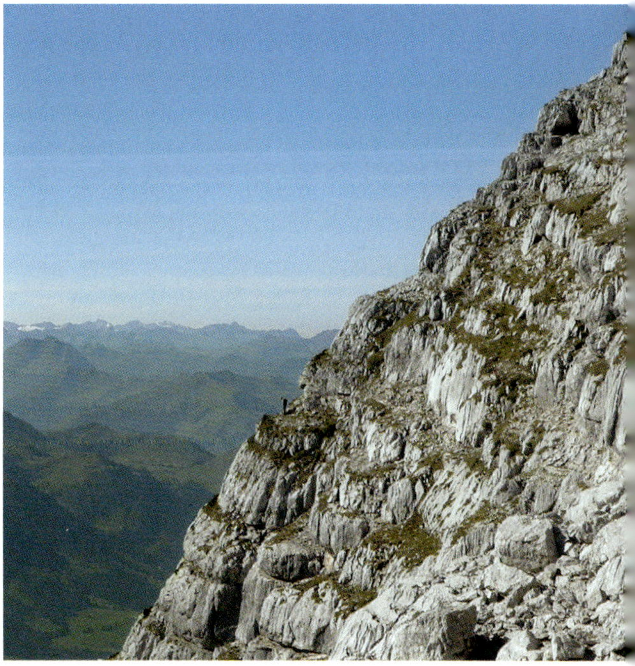

Abstieg Durch drahtseilgesicherte Bänder und Rinnen sowie in zahlreichen Serpentinen steigen wir durch Latschenfelder abwärts und kommen zu der reizvoll gelegenen, aber leider unbewirtschafteten Bräualm (1219 m). Die letzte halbe Stunde schlendern wir dann nur noch durch Wald und erreichen schließlich St. Ulrich am Pillersee. Rückkehr zum Ausgangspunkt per Autostopp, oder aber von vornherein die Anfahrt mit zwei Autos vornehmen.

13 Schuastagang'l-Klettersteig

Klettersteig mit Dinosauriern

C/D

4.30 Std.

490 Hm

Gipfel/Ziel
Steinplatte (1869 m)

Charakter/Anforderung
Schöne und recht anspruchsvolle kurze Ferrata. Stahlseil, Bügel, eine ausgesetzte Variante mit Miniseilbrücke und ein knackiger Schlussteil. Einige C-Passagen. Bei Nässe nicht begehen! Alternativ auch von der Bergstation über Berggasthof Kammerköhr über den Gamssteig zum Wandfuß (30 Min. kürzer; B/C im Abstieg). Der Klettersteig könnte am Einstieg rechts über den Wieslochsteig (A/B) umgangen werden.

Ausgangspunkt
Parkplatz Steinplatte, 1374 m

Anfahrt
Von Waidring über die Mautstraße (Automat) bis zum großen Parkplatz »Steinplatte«

Gehzeiten
Gesamt 4.30 Std.
Zustieg 1.30 Std., Steig 1.30 Std., Rückweg 1.30 Std.

Aufstieg/Abstieg
Zustieg 330 m, Steig 160 m, Abstieg 490 m

Hütte/Einkehr
Gasthof Kammerköhr (1775 m); Stallenalm (1422 m)

Karte
AV BY18 »Chiemgauer Alpen Mitte« 1:25 000

In grauer Vorzeit war der Klettersteig unter Wasser und die ganze Steinplatte ein großes Riff. Zumindest kann man das den Infotafeln entnehmen, die im Triassic Park aufgestellt sind. Nur, bis wir uns den Dinosauriern zuwenden, verweilen wir erst noch in der »Eisenzeit«.

Zustieg Auf dem Zustieg vom Parkplatz haben wir schon einen schönen Blick auf die steil abfallenden Südwände der Steinplatte – im Sommer ein beliebtes Ziel von Kletterern und Klettersteiglern. Im Winter tummeln sich auf der anderen Seite die Skifahrer. Bis zur Stallenalm noch über die Asphaltstraße, dann geht's nach rechts in Richtung Grünwaldalm. Kurz vor dieser zweigt ein kleines Steiglein nach links. Durch den Wald steigen wir teils etwas steil bis an den Wandfuß und können rechter Hand bald den Einstieg erkennen (1705 m; Tafel).

S'Schuastagang'l Die ersten Bügel sind etwas weit auseinander angebracht (B/C), aber mit etwas Hilfe geht es weiter. Auch der Kamin »Himmelsleiter« (C) ist gut mit Bügeln bestückt, verlangt aber schon mehr Einsatz. Leichter geht es zu einer erdigen Rampe (B/C), dann über die »Kanzel« am Grat bis zur Wegteilung an einem Felsturm. Wagemutige wählen die rechte Variante, den »Knieschläderer«, und steigen ziemlich ausgesetzt (C) um den Turm herum, meistern die Miniseilbrücke hinter einem Klemmblock (B/C) und treffen in einer Scharte wieder auf den normalen Klettersteig. Zugegeben, bei dieser Ausgesetztheit schlottern so manchem die Knie. Vor dem Schlussteil heißt es noch einmal gut durchatmen: Ein schwerer Steilaufschwung (C) verlangt vollen Einsatz. Noch eine Rampe (C; Bügel), und geschafft steigen wir am Gipfelkreuz aus (1869 m). Hier haben wir einen schönen Blick auf das Kaisergebirge und die Loferer Steinberge.

Abstieg Schon im Abstieg zum Gasthof Kammerköhr werden wir auf die Infotafeln aufmerksam, und von oben sticht der große

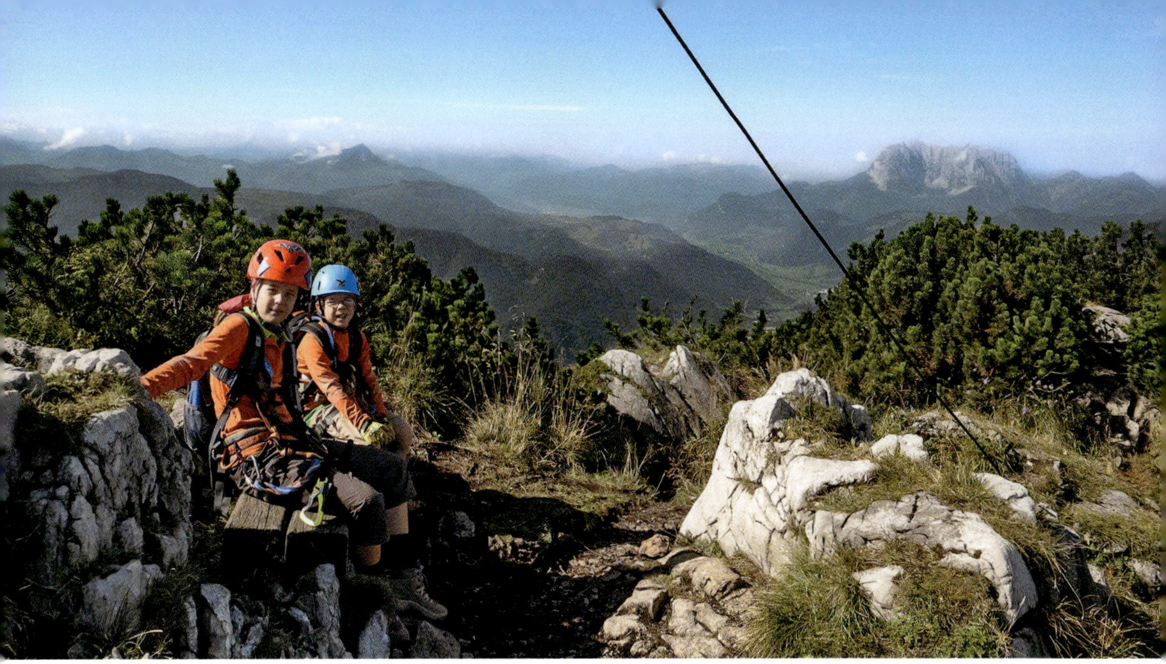

»Badesee« ins Auge. Plötzlich bilden sich auf dem See Blasen und ein großer Stamm hebt sich empor. Der »Stamm« entpuppt sich beim Näherkommen als Urzeitechse und ist Teil des Triassic Parks, der hier oben gebaut wurde (www.triassicpark.at). Gelungen wird hier eine Mischung aus Freizeitpark für Kinder und Urzeitinformationen angeboten. Sozusagen ein »Playmobil-Land auf hohem Niveau«. Nach einem kurzen Abstecher auf die Aussichtsplattform entfliehen wir dem Trubel – besonders im Sommer mit dem Abstieg zum Parkplatz.

Auf dem Gipfel der Steinplatte mit Blick auf den Kaiser

Einstieg zum Klettersteig

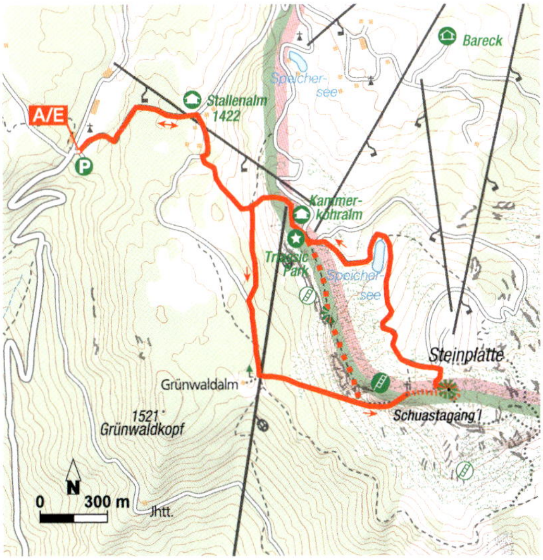

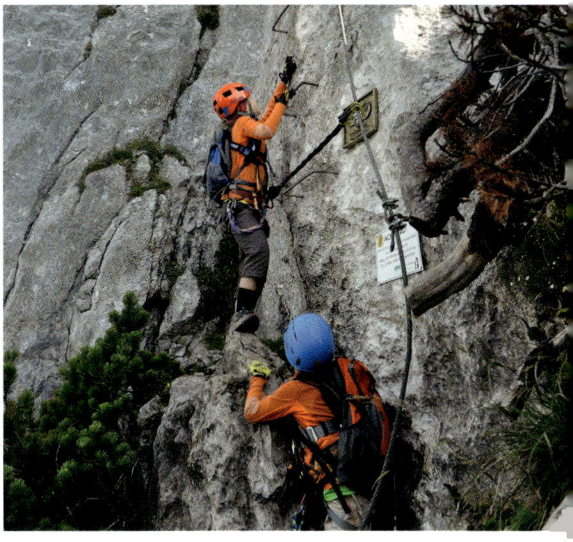

14 Simwel-Klettersteig

Kurzer Steig für Einsteiger

A/B

5–5.30 Std.

880 Hm

Gipfel/Ziel
Großer Pölven (1595 m)

Charakter/Anforderung
Leichter Klettersteig mit kurzen ausgesetzten Stellen. Drahtseilsicherung, ein paar Eisenstifte und Bügel, eine 10 m lange Eisenleiter

Ausgangspunkt
Parkplatz im Ortsteil Burg bzw. bei Anfahrt mit öffentlichen Verkehrsmitteln in der Ortsmitte von Bad Häring, 710 m

Anfahrt
Inntalautobahn (A 93) bis Ausfahrt Kirchbichl, über Kirchbichl nach Bad Häring, in der Ortsmitte links zur Kirche und vor der Kirche rechts hinauf zum Ortsteil Burg; kleiner Parkplatz rechts bei der Linkskehre (1 km ab Kirche). ÖV: Mit der Bahn bis Kirchbichl, von dort mit dem Bus nach Bad Häring

Gehzeiten
Gesamt 5–5.30 Std.
Zustieg 1.30 Std.,
Steig 45 Min., Rückweg 3 Std.

Aufstieg/Abstieg
Zustieg 630 m, Steig 250 m, Abstieg 880 m

Hütte/Einkehr
Entlang der Route keine

Karte
Kompass Blatt 8 »Kaisergebirge« 1:50 000

Oberhalb von Kirchbichl liegt Bad Häring, der Ausgangsort für einen leichten Klettersteig auf den Großen Pölven. Das Pölvenkreuz, auf einem Bergvorsprung platziert, lässt sich vom Ort aus mit freiem Auge erkennen. Verbinden wir den Anstieg mit einer Rundtour, wird daraus ein tagesfüllendes Bergerlebnis.

Die Route Vom Parkplatz gehen wir auf dem nach links führenden Wirtschaftsweg (Wegweiser »Juffinger Jöchl«, Nr. 6) unter einer Stahlbetonbrücke durch und in einigen Kehren durch Wald hinauf bis zu einer Bergwiese mit Jagdhütte. Hier beginnt links bei einer Sitzbank der Aufstieg zum Großen Pölven. Entlang des rot-weiß markierten Bergsteigs durch dichten Nadelwald steigen wir sehr steil bergauf, links unter uns plätschert ein Bergbach. Nach einer halben Stunde passieren wir den Hinweis auf die Bachquelle. Steil bergan, dann durch Mischwald und felsendurchsetztes Gelände zu einem Rastplatz (etwa 1 Std. ab Parkplatz). Wenige Meter oberhalb befindet sich eine Gedenktafel für den Heimatforscher Prof. Simwel, nach dem der folgende kurze Klettersteig (auch Lengerer Steig) benannt ist.

Der Steig Die erste, mit Drahtseilen gesicherte Passage verläuft links leicht abwärts über das obere Ende eines Bachgrabens, dann weiter ansteigend an den Fuß des oberen Teils der Südwestwand, die durch ein terrassenartiges Band geteilt ist und durch die der Anstieg führt. Über das diagonal hoch ziehende Band links höher, bis der schwierigste Teil des Anstiegs beginnt. Erst seilgesichert aufwärts, dann über eine Eisenleiter über die schwierigste Stelle; es folgt ein seilgesicherter Quergang nach links, zuletzt helfen zwei Eisenklammern über einen kleinen Absatz. Nun auf ungesichertem Bergsteig in zehn Minuten auf den breiten Buckel des bewaldeten Pölvengipfels zu einer Brotzeitbank mit herrlicher Aussicht.

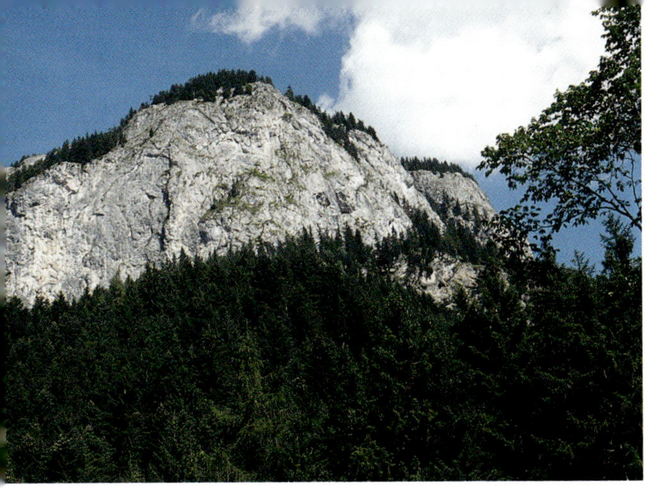

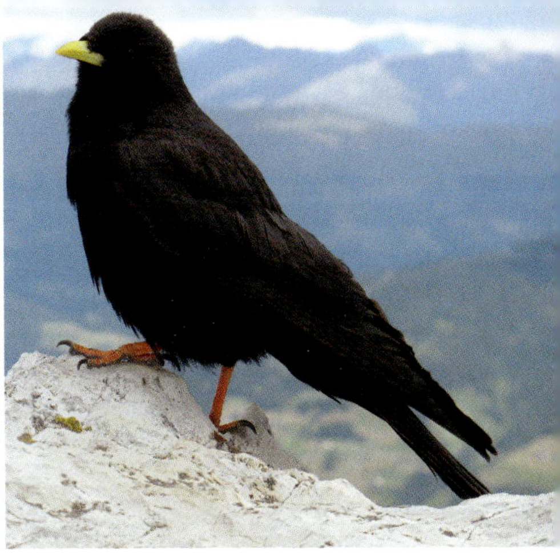

Bergdohlen trifft man häufig in den Kitzbüheler Alpen.

Links: Die Südwestwand des Großen Pölven

Der Abstieg Auf bequemem Bergweg bis zu einer Wegverzweigung. Links in wenigen Minuten zum eisernen Pölvenkreuz. Falls wir nicht auf dem Anstiegsweg absteigen wollen, gehen wir zurück zur Weggabelung und halten uns links (Wegweiser) durch Nadelwald über den bewaldeten Gipfelrücken. Schließlich steigen wir in den Sattel ab, der den Großen vom Kleinen Pölven trennt (30 Min.). Rechts auf steilem Steig (Nr. 5) hinunter zur Reiteralm (1155 m). Von dort auf einem Wirtschaftsweg hinab zu den Bauernhöfen von Reith, dann rechts, wieder ansteigend, hinauf zur Lenger Kapelle und in die Lengau (Nr. 15). Weiterhin rechts haltend erreichen wir den Sattel zwischen Pölven und Paisslberg. Auf Wirtschaftsweg durch Bergwiesen, vorbei am obersten Bauernhof, hinab zum Ausgangspunkt oberhalb von Bad Häring.

Tipp

Der Kurort Bad Häring, unser Ausgangsort, der sich auf einer Hangterrasse oberhalb des Inntals befindet, verfügt über ein Freibad.

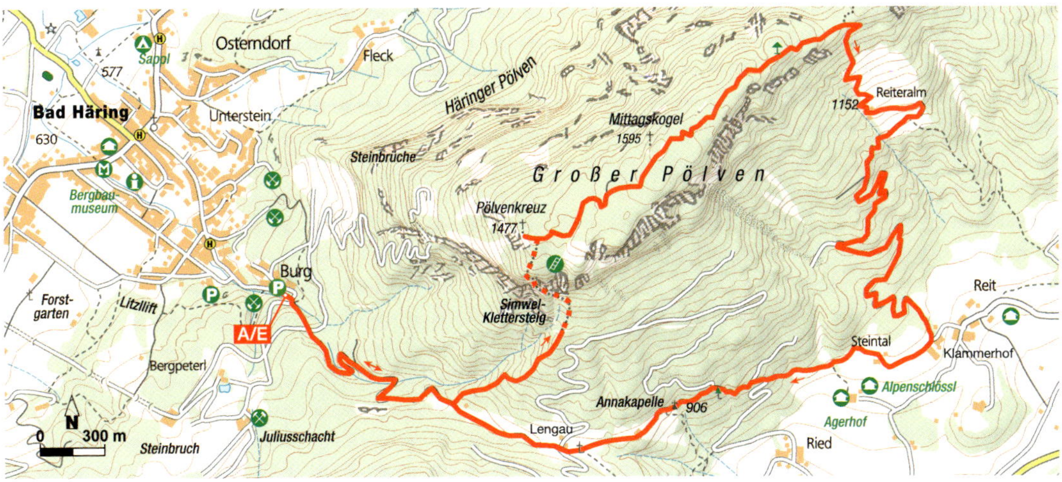

15 Pidinger Klettersteig

Fast schon ein Klassiker in Bayern

C/D

7–7.30 Std.

1300 Hm

Gipfel/Ziel
Hochstaufen (1771 m)

Region
Chiemgauer Alpen

Charakter/Anforderung
Sehr schwieriger und langer Klettersteig mit teils sehr sportlicher Wegführung. Trotz einiger Tritthilfen sind Erfahrung und Ausdauer (Kraft) notwendig. Auch weiter oben wird der Steig nicht leichter.

Ausgangspunkt
Parkplatz Urwies, 511 m

Anfahrt
Von der Autobahn München–Salzburg (A 8) nach der Ausfahrt Piding gleich wieder nach Westen Richtung Urwies abbiegen. Hinter dem kleinen Ort geht es ausgeschildert nach links zu einem nahen Waldparkplatz.

Gehzeiten
Gesamt 7–7.30 Std.
Zustieg 1.30 Std., Steig 3–3.30 Std., Abstieg 2.30 Std.

Aufstieg/Abstieg
Zustieg 570 m, Steig 730 m, Abstieg 1300 m

Hütte/Einkehr
Reichenhaller Haus (1749 m); Steineralm (1027 m)

Karte
AV BY19 »Chiemgauer Alpen Ost – Sonntagshorn« 1:25 000

Mit dem Bau dieses Klettersteigs ist einer der schönsten Klettersteige in den letzten Jahren gelungen. Sehr fordernd und abwechslungsreich zieht die Führe durch die Nordabstürze des Hochstaufens. Sicherlich einer der Top-Steige in diesem Buch.

Geschichte Der Steig wurde 2003 durch Sepp Reichenberger aus Piding eingerichtet. Die Route folgt dabei einer etwas unbekannteren Kletterroute von Willo Welzenbach (1921), der 1934 bei der Tragödie der deutschen Expedition am Nanga Parbat ums Leben kam. Der Klettersteig vereinigt gelungen eine natürliche Routenführung mit sportlichen Aspekten. Ein Umstand, den gerade viele neue Klettersteige vermissen lassen. So findet man zwar immer wieder mal ein paar Bügel, allerdings lädt der kompakte Fels geradezu dazu ein, sich nicht nur am Stahlseil »hochzuhangeln«. Eine wahre Genusstour und trotz seiner zehn Jahre jetzt schon ein Klassiker.

Zum Einstieg Um nicht schon am Einstieg anzustehen, starten wir recht früh in Urwies. Bei unseren häufigen Begehungen hat sich gezeigt, dass ein Einstieg vor acht Uhr in die Wand ideal ist. So nimmt man schon die ersten Sonnenstrahlen mit und kommt gerade vor den Mountainbikern an. Wir wandern über die Schotterstraße, an der »Moaralm« vorbei (842 m, 45 Min.), zu einer größeren Lichtung (924 m, 15 Min.; Wegweiser). Hier geht es nun steiler (Geröllserpentinen!) nach links zum Einstieg (1080 m). Um dem Steinschlag aus dem Weg zu gehen, ziehen wir die Ausrüstung schon etwas früher an.

Erster Teil Schon der Einstieg gilt als Gradmesser (C/D–D), und wer sich hier schwertut, sollte lieber umkehren. Steil geht es über kleine Tritte und Leisten über das Einstiegswandl. Nach einem kurzen Gehstück kommt die zweite Hürde: ein teils brüchiger, schwerer Felsaufbau (C/D). Geschafft erreichen wir leichte-

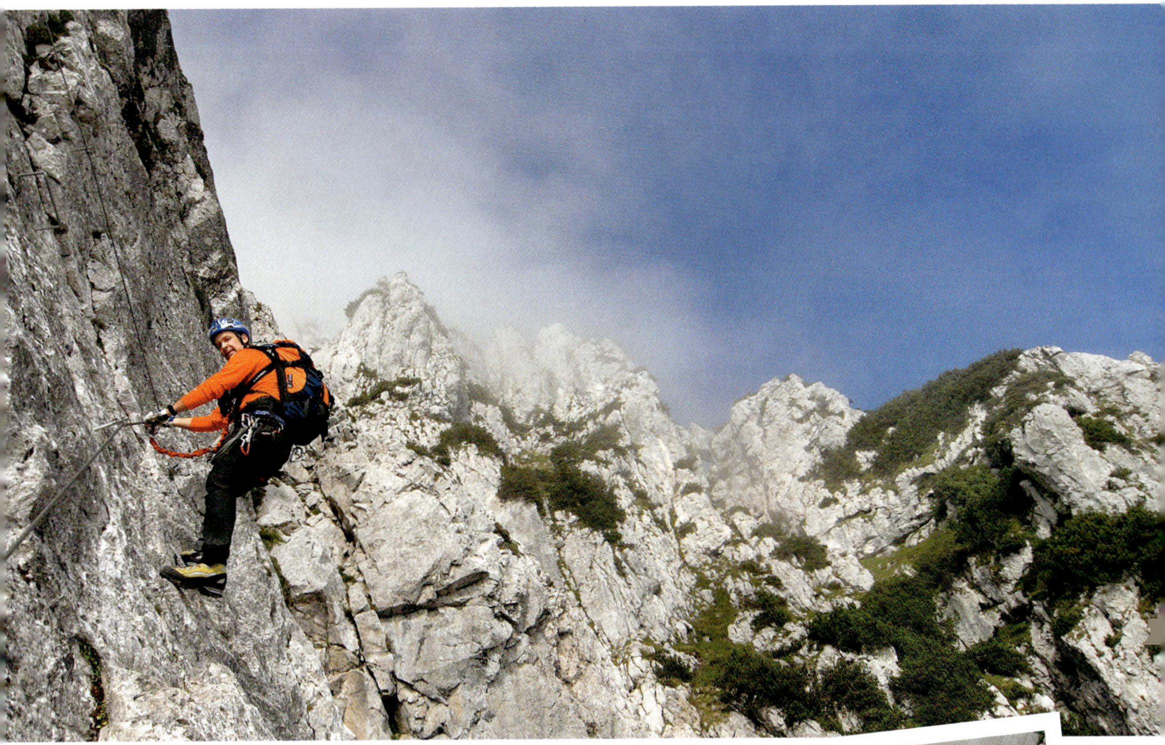

res Gelände und steigen durch ein ausgetrocknetes Bachbett (B/C). Allerdings dürfen wir keine Steine lostreten, da diese bis zum Einstieg donnern würden. Bei Nässe hat man hier die meisten Probleme (oder bei Altschnee). An einer Tafel verlassen wir das Bachbett und gehen durch Latschen und Wald nach rechts zum nächsten Teil. Hier hätten wir noch die Möglichkeit, nach rechts auf den Normalweg auszuweichen.

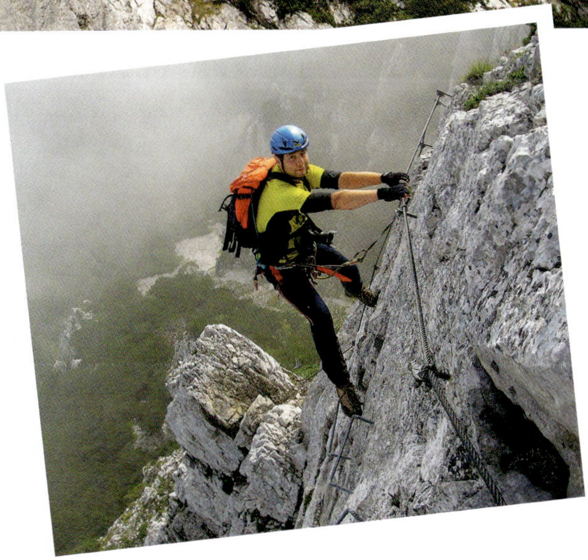

Perfekte Reibungstechnik

Ganz oben: Schöne Routenführung im kompakten Fels

Zweiter Teil Der nun folgende Wandaufbau ist fast senkrecht, wenn auch mit Bügeln entschärft (C/D–D). Möchte man hier nicht schon seine ganze Kraft verpulvern, ist eine gute Klettertechnik von Vorteil. Genussvoll nehmen wir die Hürde, genießen die Aussicht in Richtung Salzburg und steigen dann wieder leichter zum zweiten Notausstieg.

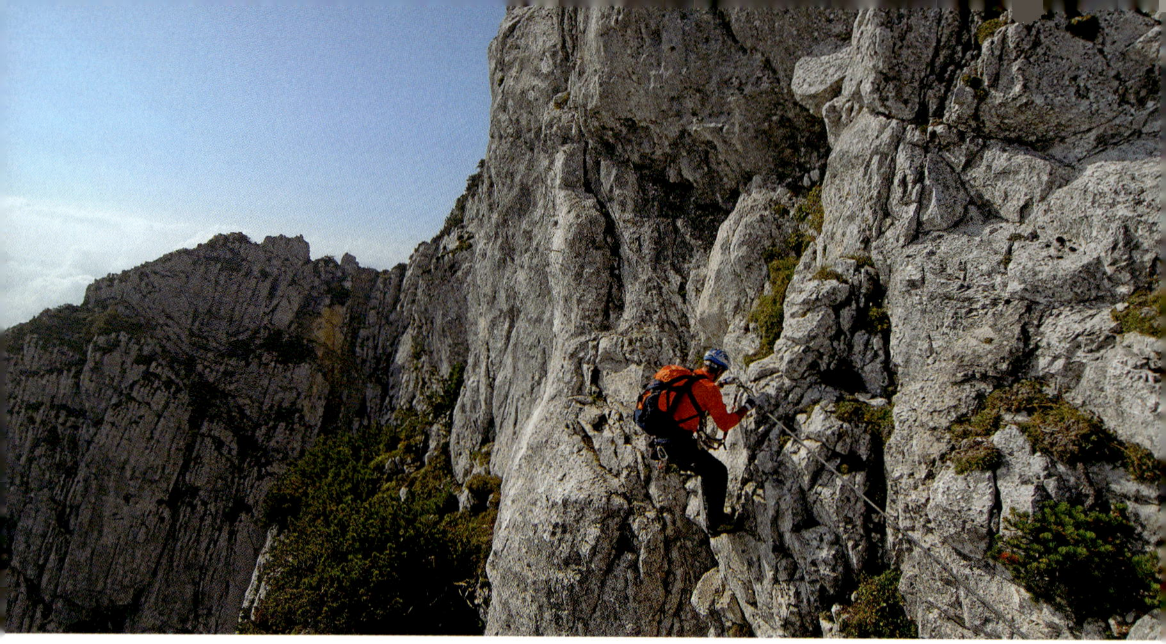

Im oberen Teil wird es deutlich luftiger.

Dritter Teil Wir folgen nun etwas länger einem markanten Pfeiler (C). Teils schon etwas luftig und mit schönen Querungen erreichen wir so eine kleine Scharte. Hier geht es überraschend nach links, vorbei an einer kleinen Schutzhöhle und dann leicht abwärts. Eine neuere Wegführung zieht auf Reibung gehend über glatte Platten zu einem großen Geröllkessel, der meist als Rastplatz genutzt wird (1571 m). Die Zeit dazu nehmen wir uns auch gerne, denn der folgende Pfeiler ist noch einmal sehr steil und fordernd. Zudem immer ausgesetzter! Kurz darauf erreichen wir schließlich die Schlüsselstelle: ein ganz kurzer Überhang (D), den wir mit einem beherzten Armzug meistern. Direkt dahinter tragen wir uns im Wandbuch (1705 m) bei einer kleinen Scharte

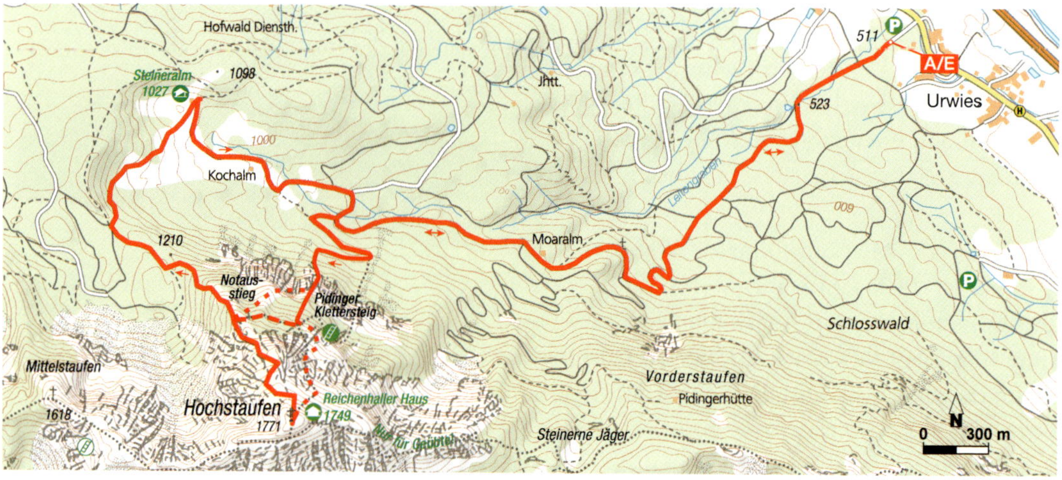

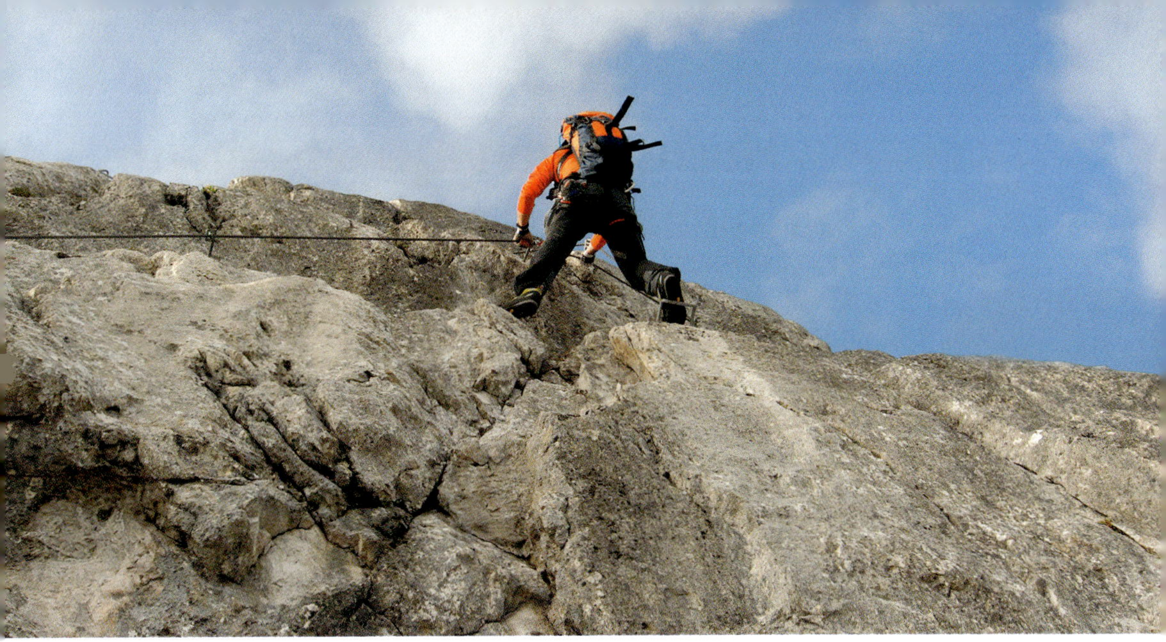

ein. Die letzten Meter bis zum Ausstieg (1742 m) sind wieder extrem ausgesetzt und fordernd (C/D–D). Allerdings auch äußerst fotogen (siehe Titelbild), und so lassen wir uns auch hier entsprechend Zeit. Nach dem Ausstieg bleiben uns nur noch wenige Meter, die wir gemütlich zum Gipfel bummeln (1771 m).

Die schwere Einstiegswand am Pidinger

Abstieg Nach einem kurzen Abstecher zum aussichtsreichen Reichenhaller Haus auf der Südseite (1749 m) gehen wir wieder auf den Gipfel und wählen den nördlichen Abstieg zur Steineralm. Anfangs ist auch diese Variante sehr steil (und teils gesichert; A/B). Trittsicherheit ist hier unerlässlich! Unterwegs stoßen die beiden Notausstiege auf unseren Weg, und wir haben immer wieder Einblicke in den Klettersteig. Zuletzt erreichen wir den Wald und die nahe Alm, die nochmals zu einer Brotzeit einlädt (1027 m, 1.30 Std.). Ab der Alm über die Schotterstraße wieder zum Parkplatz.

Tipp

Möchte man den Steig genießen und seine Ruhe haben, sollte man sehr früh einsteigen. Oder – bei ausreichender Erfahrung – einen sehr späten Einstieg wählen. Gerade im Sommer bieten sich so der Nachmittag und ein Sonnenuntergang auf dem Gipfel an (Abstieg beachten!).

Alternative Man könnte auch vom Reichenhaller Haus über den Steinernen Jäger zur Moaralm absteigen (siehe Tour 16). Das sieht zwar auf der Karte kürzer aus, täuscht aber, da man sich in sehr steilem Gelände befindet (I) und stets hoch konzentriert sein muss. Im Endeffekt brauchen wir so etwas mehr Zeit, haben aber dafür einen schönen sonnigen Abstieg.

16 Hochstaufenüberschreitung

Lange Bergfahrt über fünf Gipfel

A/B/C

11–12 Std.

1675 Hm

Gipfel/Ziel
Hochstaufen (1771 m), Mittelstaufen (1615 m), Zennokopf (1756 m), Zwiesel (1782 m), Gamsknogel (1751 m)

Charakter/Anforderung
Die Klettersteigstellen am Mittelstaufen und Gamsknogel sind mit älteren Drahtseilen gesichert. Auf dem Steinernen Jäger keine Sicherungen

Ausgangspunkt
Wanderparkplatz bei der Padingeralm, 667 m

Anfahrt
A 8 bis Ausfahrt Bad Reichenhall, weiter in Richtung Inzell, dann nach Nonn und hinauf zur Padingeralm (ausgeschildert). ÖV: Bhf. Bad Reichenhall, dann zu Fuß

Gehzeiten
Gesamt 11–12 Std.
Zustieg 2 Std., Gipfelüberschreitungen 5 Std., Rückweg 3.30–4 Std.

Aufstieg/Abstieg
Zustieg 725 m, Steig +950/–335 m, Abstieg 1340 m

Hütte/Einkehr
Reichenhaller Haus (1750 m); Zwieselalm (1386 m)

Karte
AV BY19 »Chiemgauer Alpen Ost – Sonntagshorn« 1:25 000

Die Hochstaufengruppe mit ihren vier ausgeprägten Gipfeln – Gamsknogel, Zwiesel, Mittelstaufen, Hochstaufen – bildet den östlichen Abschluss der Chiemgauer Alpen. Eine kräftezehrende Route mit leichten Klettersteigen verbindet den Gipfelgrat zu einer herrlichen Runde. Hier empfiehlt sich eine Übernachtung im Reichenhaller Haus.

Anstieg auf den Hochstaufen Vom Wanderparkplatz Padingeralm wandern wir die Forststraße bergauf zu einer Wegverzweigung. Wir halten uns rechts. Ein Schild weist auf den Klettersteig hin (1389 m). Der Weg verengt sich. Wir steigen über den Buchmahd hinauf bis zum Ostgrat des Hochstaufens. Nun geht es über den Steinernen Jäger links auf den Grat, dann etwas unterhalb weiter. Über gestuftes, leichtes Klettergelände erreichen wir auf markiertem Steig das Reichenhaller Haus (1750 m, 1.30 Std.) unterhalb des Hochstaufengipfels (1771 m).

Übergang zum Zwiesel Vom Reichenhaller Haus erst auf dem westwärts verlaufenden Steig abwärts, dann unterhalb des Grats Richtung Mittelstaufen zur Scharte, die Hochstaufen und Mittelstaufen trennt (30 Min.). Bei einem Felsaufschwung macht uns ein kleines Schild rechts auf den Klettersteig (A/B) aufmerksam. Wir orientieren uns an den Markierungen und den Drahtseilen hinauf zum höchsten Punkt des Mittelstaufens (1618 m, 20 Min.). Dann folgen wir weiter dem Gratverlauf und steigen hinab in die Roßkarscharte unterhalb des Zennokopfs. Jenseits wieder hinauf auf markiertem Steig und vorbei an steilen Felszähnen zum Zennokopf (1756 m) und auf leichtem Weg zum Zwiesel (1782 m, 1.30 Std.).

Übergang zum Gamsknogel Der Weiterweg zum Gamsknogel führt fast nur über die felsige Gratschneide. Vom Zwieselgipfel über einen gut markierten Steig in westlicher Richtung durch

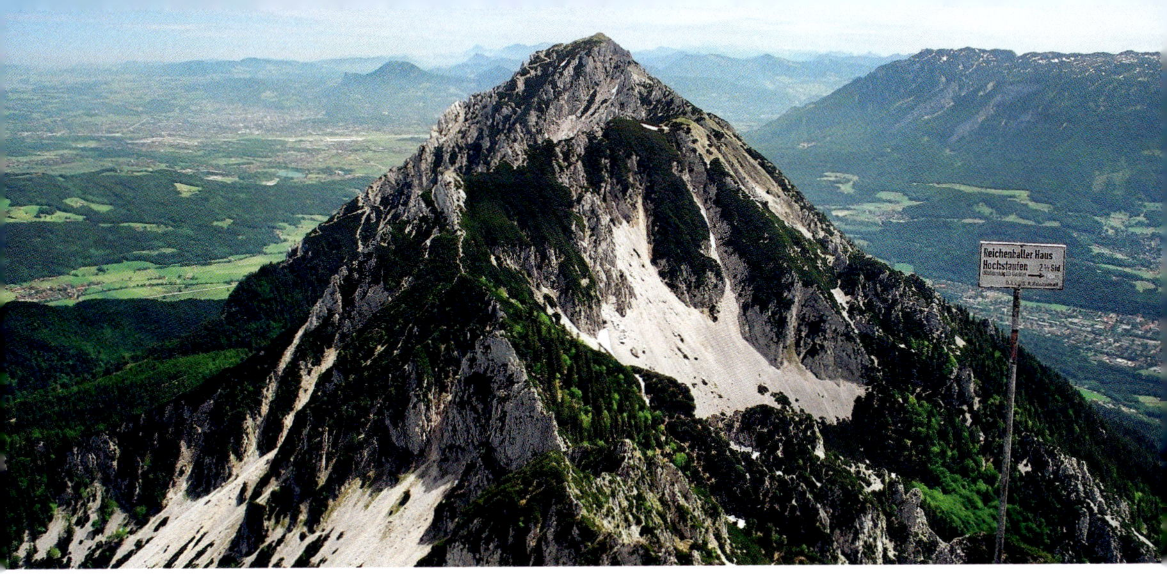

Blick nach Westen über die Staufenkette

Latschen in die tiefste Einsenkung zwischen beiden Gipfeln, dann auf dem nun felsigen Grat hinauf zum Gipfel des Gamsknogels (1750 m, 1 Std.).

Abstiegsrunde über die Zwieselalm Vom Gamsknogel führt ein schrofiger Steig westlich hinab zur Kohleralm. Kurz vor Erreichen der Almhütte zweigt links der Pfad zur Zwieselalm (1386 m) ab. Von der Einkehrstation geht es dann direkt hinab in Richtung Nonn, wo wir bald auf eine Wegverzweigung stoßen. Dort links in leichtem Auf und Ab in östlicher Richtung hinüber zur mittlerweile überwachsenen Bartlmahd und rechts weiter hinab zum Ausgangspunkt.

Tipp

Ein erfrischendes Bad im Thumsee (kleine Badeanstalt mit Kiosk und Liegewiese) gleich nebenan. An Wochenenden im Sommer ist es dort allerdings oft überfüllt.

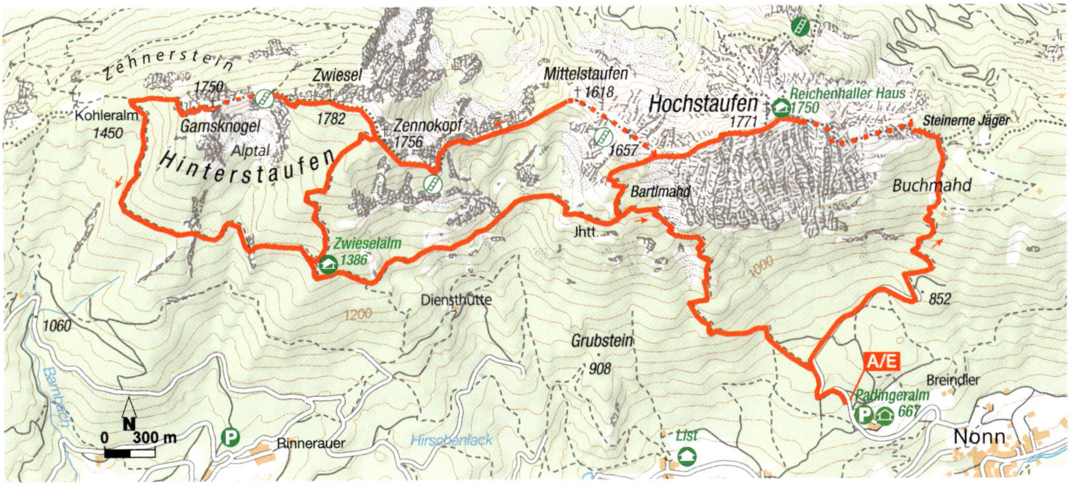

17 Hausbachfall-Klettersteig

Neuer Klettersteig im Chiemgau

C

1.45 Std.

200 Hm

Gipfel/Ziel
Hausbachfall (890 m)

Charakter/Anforderung
Neuer und relativ kurzer Sportklettersteig über einem Wasserfall. Mittelschwer und teils glatt. 400 m Kletterlänge, mit Leiter, Klammern, Holzbalken und Seilbrücken garniert. Nach Regen unangenehm!

Ausgangspunkt
Parkplatz am Festsaal in Reit im Winkl, Tiroler Straße 37

Anfahrt
Von der Autobahn München–Salzburg (A 8) über die Ausfahrten Frasdorf oder Grabenstätt und weiter nach Reit im Winkl; oder über Kössen (Westen) bzw. Ruhpolding (Osten) kommend im Ort zum Festsaal fahren. ÖV: Mit dem Bus (RVO) nach Reit im Winkl

Gehzeiten
Gesamt 1.45 Std.
Zustieg 15 Min., Steig 1 Std., Rückweg 30 Min.

Aufstieg/Abstieg
Zustieg 30 m, Steig 170 m, Abstieg 200 m

Hütte/Einkehr
Einkehrmöglichkeiten im Ort

Karte
AV BY18 »Chiemgauer Alpen Mitte – Hochgern, Hochfelln« 1:25 000

2013 wurde mit dieser Steiganlage einer der ersten TÜV-geprüften Klettersteige in Deutschland gebaut. So turnt man gut gesichert, wenn auch teils etwas rutschig, oberhalb des Hausbachfalls hinweg. Ein kurzes, aber durchaus spannendes Vergnügen.

Zustieg Vom Parkplatz gehen wir hinter der Kirche am Grünbühel zum Natur-Barfußpark. Rechts haltend erreichen wir eine Infotafel sowie eine am Bach eingerichtete Übungsstrecke (A/B). Nachdem wir den Bach überquert haben, weist ein Schild nach links zum nahen Einstieg, den wir über einen etwas steilen Wiesenhang erreichen.

Klettersteig Die ersten, noch sehr leichten Sicherungen führen uns zu einer Höhle am Wandfuß. Schon von hier sieht man den Charakter des Steigs: Meist steigt man querend über glatte Wand-

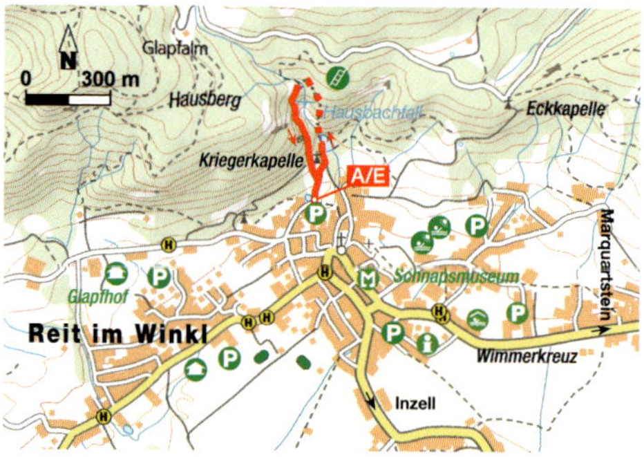

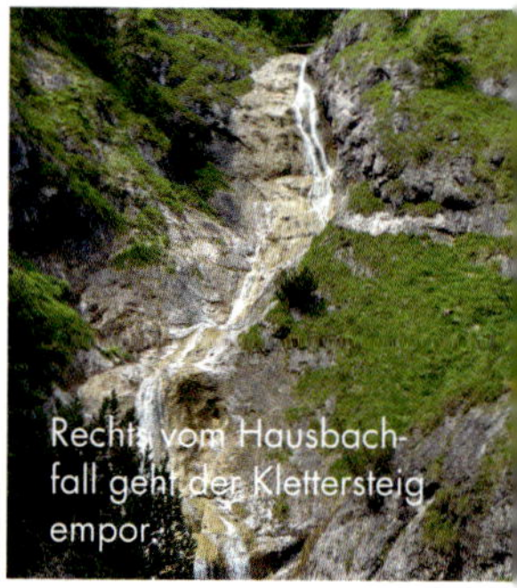
Rechts vom Hausbachfall geht der Klettersteig empor.

flächen mit wenig Höhengewinn nach oben. Nach der Einstiegsleiter (3 m; B/C) kommt mit einer steilen Querung (C) der erste Prüfstein. Kurz darauf helfen drei Holzbalken über eine glatte Wandstelle hinweg. Beim folgenden Steilaufschwung (C) ist das Seil ungünstigerweise etwas zu tief für uns angebracht (ideal für kleine Leute!), dann stehen wir auf einem schönen Rastplatz vor der luftigen Dreiseilbrücke (B/C).

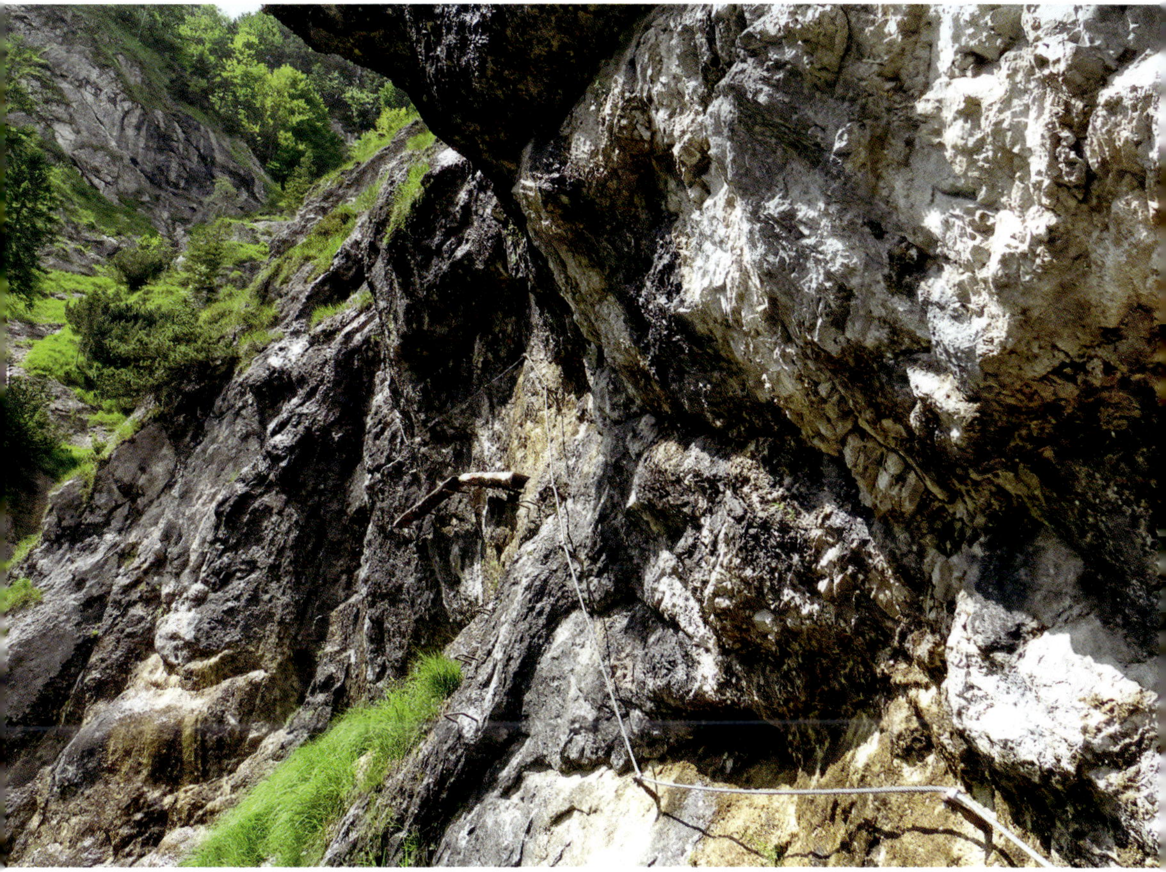

Pfiffige und luftige Routenführung, manchmal etwas nass

Der Weiterweg ist ab hier nicht mehr so schwer. Wir queren mäßig ansteigend einige Platten sowie gestufte Felsen. Zuletzt prüft uns noch einmal ein kurzer, knackiger Steilaufschwung (C), der zudem ziemlich ausgesetzt ist. Über das letzte »Hindernis«, eine Baumstammbrücke, überqueren wir den Hausbachfall und erreichen so den Ausstieg.

Tipp

Der Klettersteig befindet sich mitten in einem Biotop. Daher sollten wir immer darauf achten, dass die ausgeschriebenen Wege nicht verlassen werden dürfen. Zudem herrscht auf dem ganzen Steig absolutes Rauchverbot. – Reit im Winkl bietet im Sommer durch seine zahlreichen Museen weitere Besuchsziele an (www.reitimwinkl.de).

Abstieg Schon seit über 100 Jahren gibt es diesen Wanderweg, über den wir wieder nach unten steigen. Teils etwas alpin angelegt, aber ohne Probleme erreichen wir so die Kriegerkapelle im Natur-Barfußpark und gehen schließlich zurück zum Parkplatz.

18 Kampenwand-Steig

Gesichert über den Ostgipfel

A/B/C

4.30–5 Std.

830 Hm
Lift

Gipfel/Ziel
Kampenwand (1664 m)

Charakter/Anforderung
Leichte Wege bis zum Gipfelaufbau. Am Gipfel zwei seilgesicherte Passagen und eine waagrechte Eisenbrücke über einer Felsspalte

Ausgangspunkt
Letzter Parkplatz in Hintergschwendt, 837 m

Anfahrt
A 8 bis Bernau, dann in Richtung Aschau bis Außerkoy und am Sailerhof vorbei hinauf nach Hintergschwendt bis zum Ende der Fahrstraße, hier Parkplatz. ÖV: Evtl. Kampenwandbahn (von Bhf. Prien oder Bernau mit dem RVO-Bus zur Talstation) und 30 Min. Fußweg zur Steinlingalm

Gehzeiten
Gesamt 4.30–5 Std.
Zustieg 2–2.30 Std., Steig 20 Min., Rückweg 2 Std.

Aufstieg/Abstieg
Zustieg 810 m, Steig +/–20 m, Abstieg 810 m

Hütte/Einkehr
Steinlingalm (1473 m); Schlechtenbergalm 500 m); Gorialm (1250 m)

Karte
AV BY17 »Chiemgauer Alpen West« 1:25 000

Die Kampenwand gilt als alpines Wahrzeichen des Chiemgaus. Der Ostgipfel ist durch mit Eisen gesicherte Stellen für Nichtkletterer gangbar gemacht worden. Auch wenn dieser Gipfelanstieg gemeinhin nicht unter »Klettersteig« einzustufen ist, weist er doch einige entsprechende Merkmale auf: Seilsicherungen an ausgesetzten Stellen und am Gipfel sogar eine Eisenbrücke. Ideal als Tour für »Einsteiger«.

Anstieg zur Steinlingalm Vom Parkplatz Hintergschwendt wandern wir rechts der Forststraße durch Hochwald aufwärts, bis der Ziehweg in Richtung Steinlingalm abzweigt. Diesem folgen wir entlang eines Baches, treffen auf eine querende Forststraße, gehen diese fünf Minuten nach links, dann rechts auf Abkürzer (rot markiert) bergan. Auf der Forststraße weiter bis zu einem

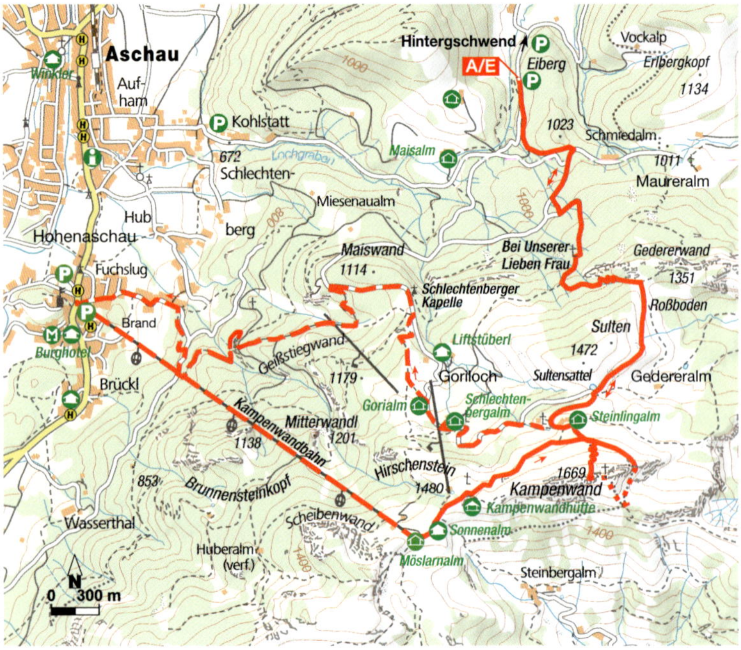

Holzlagerplatz. Wir folgen dem linken Abzweiger (Nr. 38), bis dieser endet und in einen Ziehweg mündet. Bei der Wegverzweigung links und durch ein kleines Bachtal hinauf zum Roßboden (1270 m, 1 Std; Brotzeitplatz) und nun über freies Gelände rechts um den Sulten herum. Hier haben wir einen schönen Blick auf die Kampenwand. Bald treffen wir auf die von rechts kommende Almstraße, die hinauf zur Steinlingalm führt.

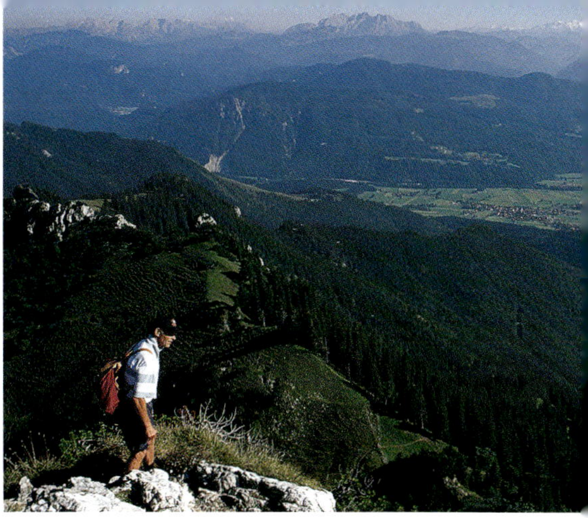

Kurz unter dem Ostgipfel der Kampenwand

Über den Kampenwand-Ostgipfel Von der Steinlingalm zieht ein breiter Weg steil zu den Gipfelfelsen hoch. Dort steigen wir links haltend über Felsstufen (leichte Kletterei!) durch die »Kaisersäle«, eine Felsschlucht, die den Zugang zum Gipfel erheblich erleichtert. Ab dem letzten Felsaufschwung wird es ernster. Vom weiten Platz unterhalb gehen wir links; ein Drahtseil (A/B) leitet an ausgesetzter Stelle einige Meter hinab. Im Rechtsbogen in Richtung Kampenwand-Ostgipfel (1664 m). Das Gipfelkreuz erreichen wir über eine seilgesicherte kurze Eisenbrücke.

Für den Rückweg zur Steinlingalm gibt es noch eine Drahtseileinlage: Auf dem Gipfelgrat gehen wir ein Stück zurück bis zur Biegung des Steigs nach links, dann rechts haltend steil an den neuen Drahtseilen hinunter (A/B/C) und rechts durch Schrofen und Latschen auf die Südseite des Gipfels bis zu einer Wegverzweigung. Links etwas abwärts, dann wieder ansteigend über den schrofigen Ostausläufer des Gipfels über Serpentinen auf die Nordseite und durch Latschen zurück zum Gipfelweg, den wir knapp oberhalb der Steinlingalm erreichen.

Tipp

Aschau und Bernau verfügen über Hallen- und Freischwimmbäder. Zudem ist Hohenaschau mit seinem stolzen Schloss (Museum) sehr sehenswert.

Abstieg nach Hintergschwendt Von der Steinlingalm führt ein breites Almsträßchen (teilweise geteert) in einer weiten Kehre zunächst hinab zur Schlechtenberg- und Gorialm und weiter talwärts. Wir wandern immer durch Wald auf breitem Fahrweg, um die Maiswand herum, bei der nächsten Wegverzweigung links, bei der Wegkreuzung geradeaus und hinab zum Wanderparkplatz in Hintergschwendt.

19 Widauersteig

Am westlichen Rand des Wilden Kaisers

A/B/C

10 Std.

900 Hm
Lift

Gipfel/Ziel
Scheffauer (2111 m)

Charakter/Anforderung
Der Widauersteig ist mit Drahtseilen und ein paar Eisenklammern und -stiften gesichert. Auch auf dem südlichen Abstieg gibt es einige Drahtseile.

Ausgangspunkt
Talstation des Wilder-Kaiser-Lifts in Sparchen, 501 m

Anfahrt
Innsbrucker Autobahn (A 93) bis Ausfahrt Kufstein Nord; nach der Abfahrt rechts in die Stadt, bis die Route zur Talstation des Wilden-Kaiser-Lifts ausgeschildert ist; dort gebührenpflichtiger Parkplatz. ÖV: Vom Bhf. Kufstein zu Fuß bis zum Parkplatz (20 Min.)

Gehzeiten
Gesamt 10 Std.
Zustieg 2.30 Std., Steig 1.30 Std., Rückweg 6 Std.

Aufstieg/Abstieg
Zustieg 510 m, Steig 390 m, Abstieg 1720 m

Hütte/Einkehr
Kaindlhütte (1293 m); Brentenjochalm (1272 m); Steiner-Hochalm (1257 m); Walleralm (1171 m)

Karte
AV 8 »Kaisergebirge« 1:25 000

Der Scheffauer ist der westliche Endpunkt der drei Kilometer langen Felsmauer, die den Hauptkamm des Wilden Kaisers bildet. Von Süden führt der einfachste Steig empor, der bereits Trittsicherheit und Schwindelfreiheit erfordert. Anspruchsvoller ist die Nordroute.

Zugang zur Kaindlhütte Nach Auffahrt zum Brentenjoch (1272 m) mit dem Wilder-Kaiser-Lift stehen wir vor der schroffen Nordseite. Auf dem Almsträßchen hoch über dem Gaisbachtal in weitem Rechtsbogen zur Steinbergalm mit Kapelle und der Kaindlhütte (1293 m, 1.30 Std.).

Über den Widauersteig zum Scheffauer Von der Kaindlhütte folgen wir dem rot markierten Wanderweg, der direkt auf die Felsen zuhält. Dann geht es links durch lichten Wald, vorbei an der

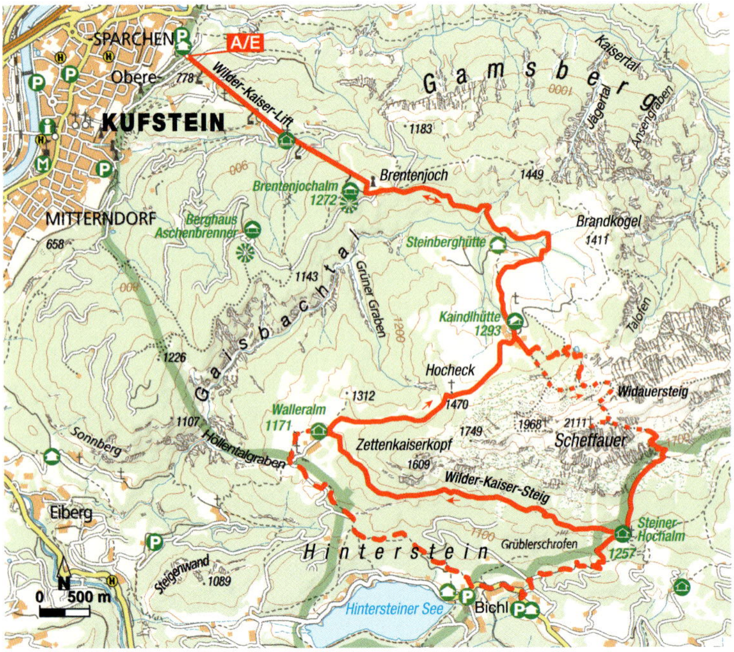

Hirschlacke, in Serpentinen und über zwei Geländestufen in das »Großer Friedhof« genannte Kar direkt unter der 400 Meter hohen Nordwand des Scheffauers. Am Beginn des Kars links weiter und über Geröll zum linken oberen Ende des Kars, wo sich der Einstieg zum Klettersteig (Tafel) befindet (1760 m, 1 Std.). Erst links haltend durch eine Felsrinne hoch zu einem Sattel, rechts um einen Felspfeiler und teilweise gesichert zum Beginn einer langen Querung. Über ausgesetzte Felsbänder erreichen wir die Felsrinne oberhalb ihres Abbruchs. Erst links der Rinne über Wandstufen höher, dann in der Rinne (Steinschlaggefahr!) in die Einsattelung (Wegweiser) zwischen Westlichem Hackenkopf und Scheffauer. Rechts durch eine Mulde und zum Scheffauergipfel (2111 m).

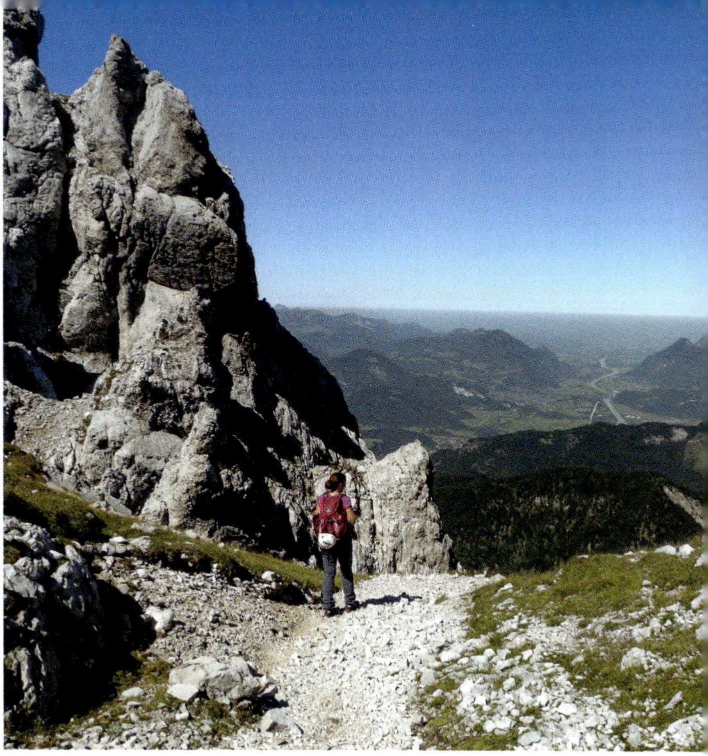

Blick ins Inntal

Abstieg zur Steiner-Hochalm Zurück zur Einsattelung, rechts durch Rinnen und über eine plattige Felsstufe hinunter zum »Hochofen«. Durch schrofiges Gelände und Latschen bis zu einer Wegverzweigung, rechts über Geröll, durch Wald und über Almwiesen zur Steiner-Hochalm (1257 m, 1.30 Std.).

Rückweg über den Wilder-Kaiser-Steig Von der kleinen Einkehrstelle Steiner-Hochalm folgen wir der Ausschilderung »Jägersteig« (Nr. 15) in Richtung Westen zur Walleralm (1171 m), erreichen über das Hocheck (1470 m) die Kaindlhütte (2 Std.) und schließlich das Brentenjoch (1.30 Std.).

Tipp

Ein Abstecher zum kleinen, waldgesäumten Hechtsee – mit Badeanstalt und Einkehrmöglichkeit –, nur wenige Kilometer von Kufstein entfernt, bringt die nötige Erfrischung nach der Tour.

Abstieg ins Tal Kurz vor der Brentenjochalm wandern wir bei einem Durchstich nach rechts auf dem Fahrweg hinab ins Tal (1.30 Std.).

20 Klammlsteig

Mit zwei Sektionen und einer Zweiseilbrücke

B/C/D

2.45 Std. — 1080 Hm

Gipfel/Ziel
Gruttenkopf (1617 m)

Charakter/Anforderung
Kurzer, aber nicht leichter Steig. Mit Klammern, Treppen und Ketten gesichert; die zwei Sektionen des Klettersteigs sind mittels einer Zweiseilbrücke verbunden. Einige Passagen jedoch ohne Tritthilfe. Besonders im zweiten Teil bei Nässe unangenehm

Ausgangspunkt
Wochenbrunner Alm (1087 m)

Anfahrt
Innsbrucker Autobahn (A 93) bis Kufstein Süd (mautpflichtig), weiter nach Ellmau; dort führt links eine Mautstraße hinauf zur Wochenbrunner Alm.

Gehzeiten
Gesamt ca. 2.45 Std. Anstieg zur Gaudeamushütte 30 Min., Zustieg zum Klettersteig 30 Min., Klammlsteig 45 Min., Abstieg 1 Std.

Aufstieg/Abstieg
Zustieg 430 m, Steig 120 m, Abstieg 530 m

Hütte/Einkehr
Wochenbrunner Alm (1087 m); Gaudeamushütte (1267 m); Gruttenhütte (1620 m)

Karte
AV 8 »Kaisergebirge« 1:25 000

Der Klamml-Klettersteig wurde im Jahr 2013 eingerichtet und ist eine Ergänzung zum Gamsänger- und zum Jubiläumssteig auf der Südseite des Wilden Kaisers. Der Steig besteht aus zwei Sektionen und wurde mittels einer Zweiseilbrücke miteinander verbunden. Ziel ist der Gruttenkopf. Von dort ist es nicht mehr weit bis zur Gruttenhütte, dem Stützpunkt des DAV.

Zustieg Vom Wanderparkplatz bei der Wochenbrunner Alm folgen wir zunächst dem Hüttenfahrweg (Mark.-Nr. 812) und wandern durch Wald und steile Almwiesen hinauf in Richtung Gaudeamushütte bis zu einer Wegverzweigung (ca. 30 Min.). An dieser seitlich vorbei und nun dem Wegweiser zum Klettersteig Klamml folgen. Die beiden nächsten Wegabzweigungen ignorieren wir. Nach einer weiteren Viertelstunde biegt unser Zustiegs-

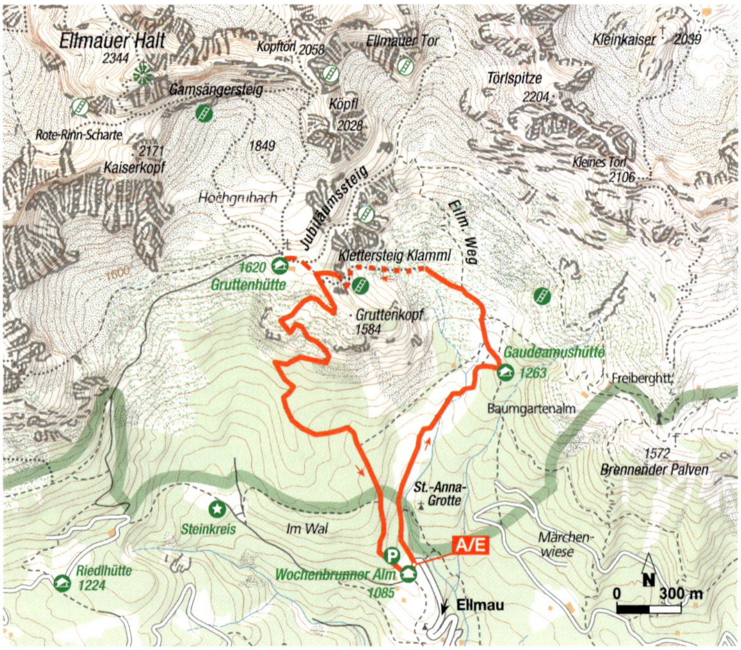

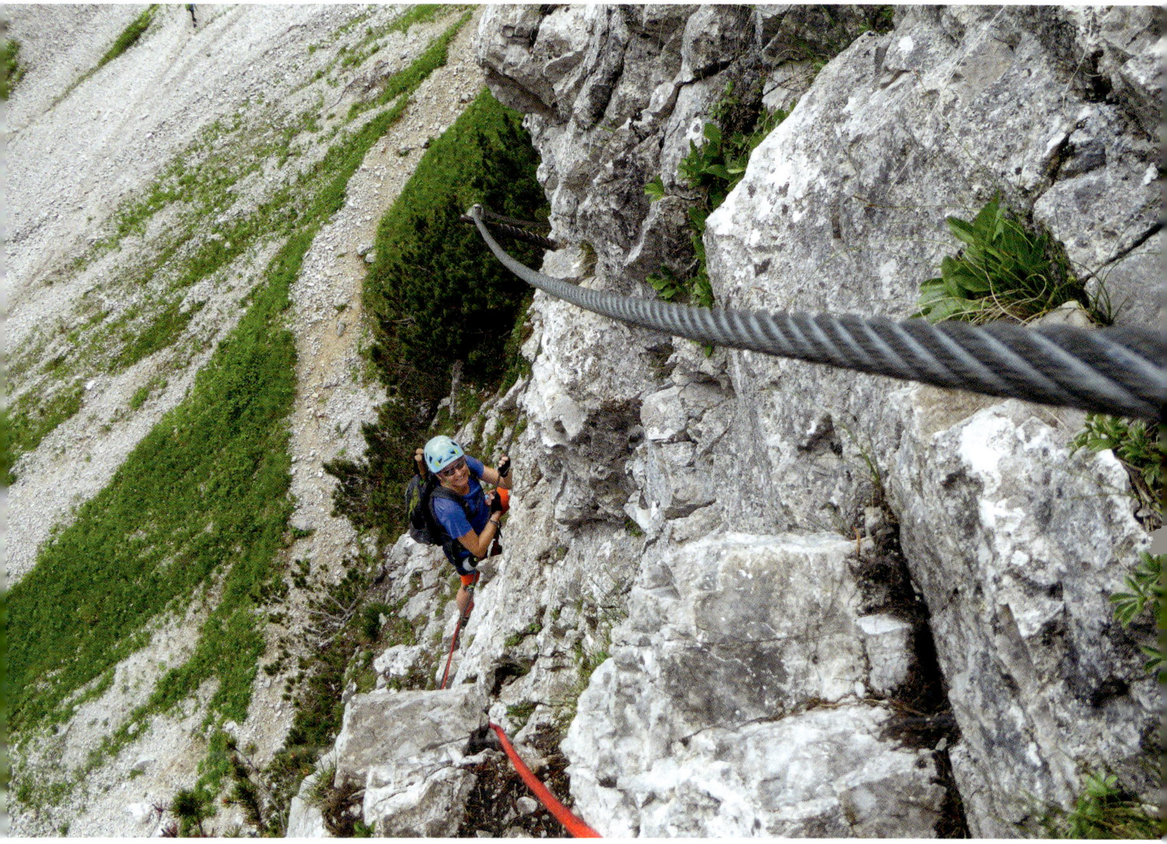

Die ersten Höhenmeter ab dem Klammlweg

weg nach links in Richtung Gruttenhütte ab. Wir folgen nun dem Klammlweg, der vorbei an einigen Kletterfelsen in Richtung des Bachbetts verläuft. Der letzte Abschnitt bis zum Einstieg des Klettersteigs ist nun mit Klammern, Treppen und Leitern gesichert. Der eigentliche Einstieg (1522 m) zum Klamml-Klettersteig befindet sich wenige Meter entfernt vom Klammlweg. Dort finden wir auch eine Infotafel.

Klammlsteig Die erste Sektion des Klettersteigs beginnt moderat (C), doch müssen wir fast ohne Steighilfen auskommen, auch gibt es erdige Passagen und das Gestein ist nicht immer fest; doch hilft uns ein durchgehendes Sicherungsseil. Kurz vor der Zweiseilbrücke, die die beiden Sektionen miteinander verbindet, gibt es eine Ausstiegsmöglichkeit zum Klammlweg. Nun über die schwankende Seilbrücke hinüber zur zweiten Sektion, die uns gleich mit einer steilen Wandpartie empfängt – bei Nässe sehr heikel, auch Gefahr von Steinschlag! Über diese Wand mit-

Rechte Seite oben: Entspannung nach der Tour auf der Gruttenhütte; unten: Kurz vor der Seilbrücke, die beide Sektionen verbindet

tels einiger Tritthilfen und guter Armkraft hinauf (C/D). Dann wird es auch schon leichter, und um eine Biegung herum erreichen wir den Ausstieg auf dem Gruttenkopf (1617 m).

Tipp

Nach diesem schweißtreibenden Ausflug in die Felsenlandschaft des Wilden Kaisers kommt uns eine kleine Erfrischung gerade recht: In Ellmau befindet sich das Kaiserbad für den sommerlichen Badebetrieb – und falls es schon kühler ist, gibt es gleich nebenan ein Erlebnis-Hallenbad mit Kletterwand zum Nachtrainieren.

Abstieg Vom Gipfel des Gruttenkopfs auf Steigspuren durch Latschen hinab. Nach wenigen Minuten stoßen wir auf einen Wanderweg; dort rechts weiter zum nahen Klammlweg. Hier müssen wir uns entscheiden: entweder rechts haltend weiter auf dem Klammlweg hinab zum Einstieg des Klettersteigs und auf dem Zustiegsweg zurück zum Ausgangspunkt bei der Wochenbrunner Alm. Oder wir halten uns links zum Hüttenweg der Gruttenhütte, der wir nach der anstrengenden, wenn auch nicht sehr langen Tour einen Besuch abstatten wollen, denn von der Terrasse hat man einen großartigen Ausblick. Um in diesen Genuss zu kommen, müssen wir allerdings etwas ansteigen. Anschließend geht es auf dem Hüttenweg wieder zurück und schließlich weiter hinab bis zur Wochenbrunner Alm.

Bei einigen Passagen benötigen wir auch Armkraft.

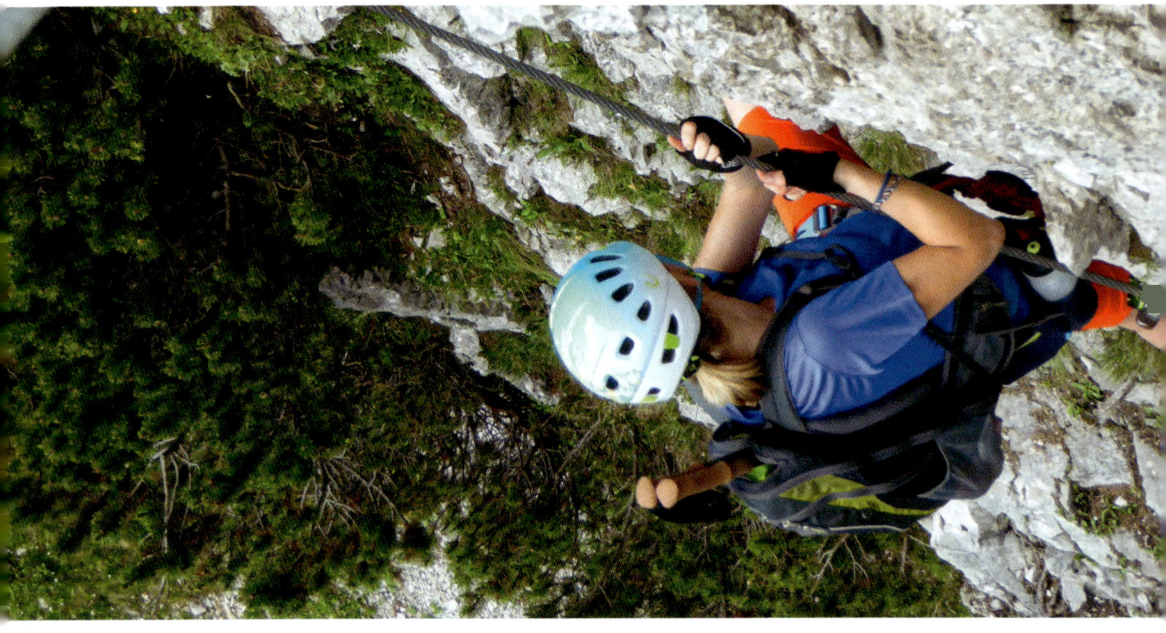

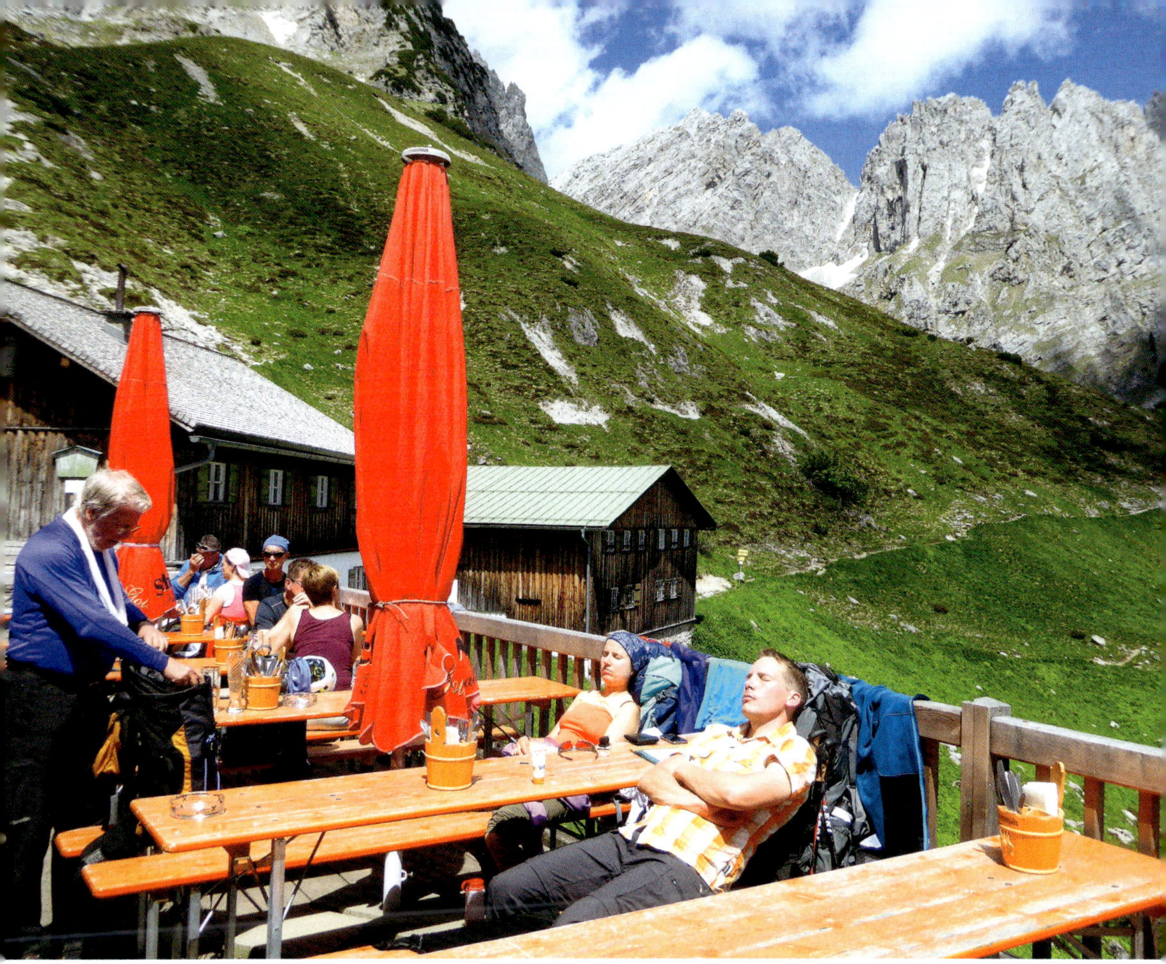

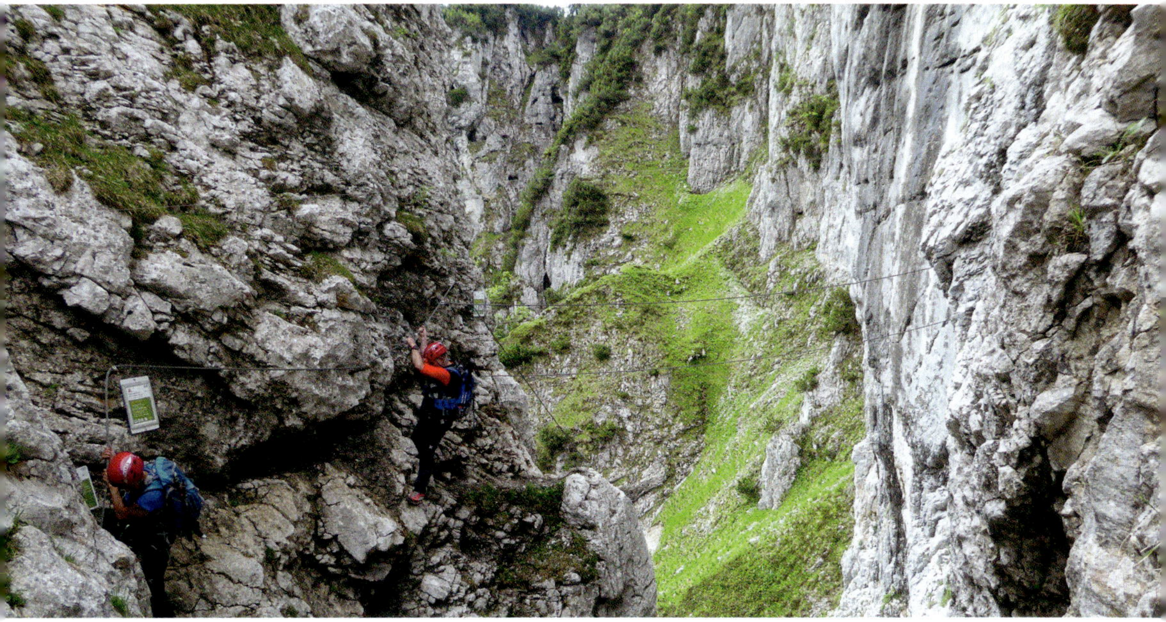

21 Gamsänger-Klettersteig

Der Hauptweg auf die Ellmauer Halt

B/C

6.30 Std.

1260 Hm

Gipfel/Ziel
Ellmauer Halt (2344 m)

Charakter/Anforderung
Der Gamsängersteig ist mit Drahtseilen, Eisenstiften und einer Eisenleiter gesichert. Erhebliche Steinschlaggefahr. Bis in den Frühsommer Altschneefelder (Steigeisen und Pickel empfehlenswert). Teils ungesichert

Ausgangspunkt
Wochenbrunner Alm, 1087 m

Anfahrt
Innsbrucker Autobahn (A 93) bis Ausfahrt Kufstein Süd (mautpflichtig), weiter nach Ellmau; dort führt links eine Mautstraße hinauf zur Wochenbrunner Alm mit großem Wanderparkplatz.

Gehzeiten
Gesamt 6.30 Std.
Zustieg 2 Std., Steig 1.30 Std., Abstieg 3 Std.

Aufstieg/Abstieg
Zustieg 710 m, Steig +/ –550 m, Abstieg 710 m

Hütte/Einkehr
Wochenbrunner Alm (1087 m); Gruttenhütte (1619 m, Tel. 0043/5358/2242)

Karte
AV 8 »Kaisergebirge« 1:25 000

Der Wilde Kaiser mit seinen Felsschluchten und steil aufragenden Gipfeln ist im Wesentlichen das Reich der Kletterer. Sein höchster Gipfel, die Ellmauer Halt, ist jedoch mithilfe zweier Klettersteige – dem Gamsängersteig auf der Südseite und dem Kaiserschützensteig auf der Nordseite – auch für Normalbergsteiger zugänglich.

Anstieg zur Gruttenhütte Vom Parkplatz bei der Wochenbrunner Alm (Wegtafel) gehen wir links haltend auf dem bequemen Weg über Almböden, dann durch Buchenwald hinauf zu den Abhängen des Gruttenplateaus. Zuletzt über Latschenhänge zur schön gelegenen Hütte (1620 m, 1.30 Std.).

Anstiegsroute über die Gamsänger Von der Gruttenhütte folgen wir zunächst dem markierten und beschilderten Steig in einer großen Linksbiegung ins Hochgrubachkar, direkt am Fuß der Südabstürze der Ellmauer Halt. Hier ist der Einstieg zum Klettersteig (ca. 1800 m), dessen Verlauf bis zum Gipfel mit roten Punkten markiert ist. Zunächst steigen wir ein Stück in direkter Linie gesichert bergan, queren dann in westlicher Richtung und gelangen so in die Gras- und Schrofenbänder der Gamsänger (Vorsicht: Steinschlaggefahr, besondere Vorsicht bei der Querung der Gamsänger!).
Nach einer Passage durch blockiges Gelände erreichen wir ein erstes Highlight: die Querung der glatten Jägerwand, die wir am Drahtseil gesichert (B/C) über eine Treppe aus Eisenstiften überwinden. Über eine lehmige Passage hinauf bis zur Einmündung

Tipp

In Ellmau, dem Talort unserer Tour, befindet sich das neue Kaiserbad für den sommerlichen Badebetrieb und gleich nebenan, für kühle Tage, ein Erlebnishallenbad mit Kletterwand.

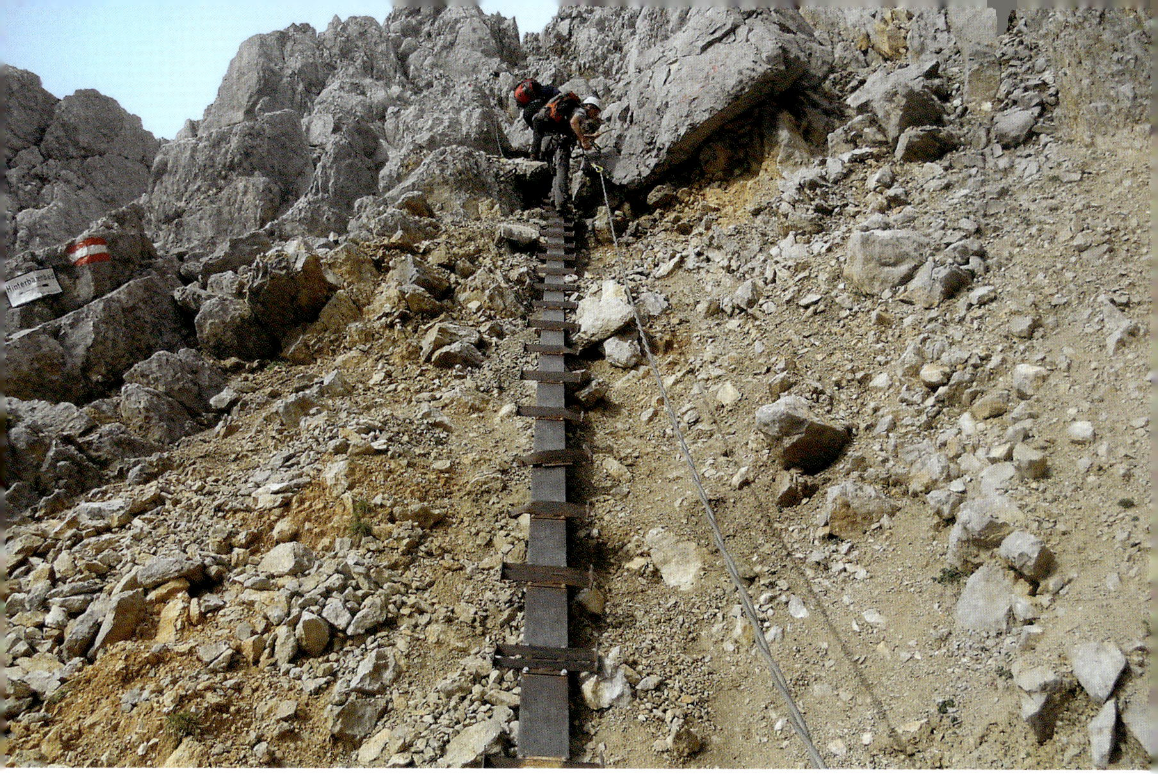

Gesicherte Passage kurz nach der Jägerwand

des Anstiegs, der über die Rote-Rinn-Scharte von Hinterbärenbad heraufführt (2099 m; siehe Tour 22). Dort rechts steil aufwärts zu einem auffälligen Felskopf. Über Felsgelände weiter empor, durch eine große Rinne bis unter einen Felsturm zur sogenannten Achselrinne. Hier steigen wir rechts exponiert, aber gesichert, in einer plattigen Verschneidung weiter (B/C) oder links durch einen schmalen Kamin via Leiter (B/C) hinauf zum breiten Schuttband der »Maximiliansstraße«. Drahtseilsicherungen begleiten uns auf dem breiten Grat zur Babenstuberhütte (nur Unterstand, bei Gewitter meiden), die sich etwas unterhalb des Gipfels befindet. Dann zum höchsten Punkt der Ellmauer Halt (2344 m), die ein eisernes Kreuz schmückt. Am Gipfel ist der Platz knapp, so packen wir unsere Brotzeit lieber weiter unten aus.

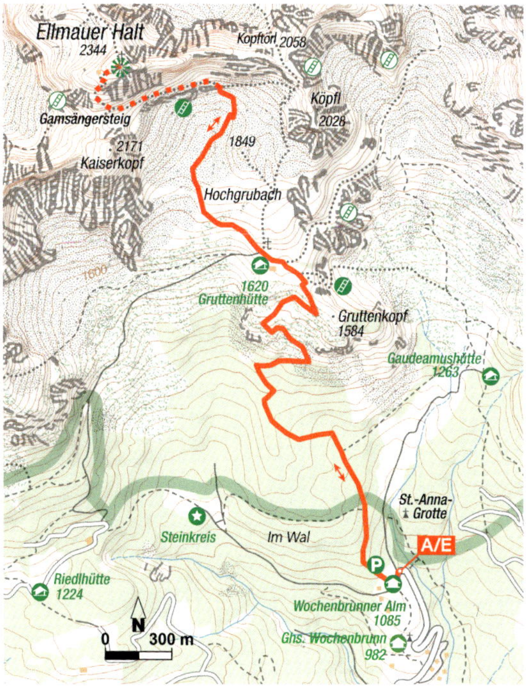

Abstieg Der Abstieg erfolgt schließlich wieder auf dem Anstiegsweg.

22 Kaiserschützensteig und Rote-Rinn-Scharte

Wilde nördliche Variante auf die Ellmauer Halt

C | 13 Std. | 1830 Hm

Gipfel/Ziel
Ellmauer Halt (2344 m)

Charakter/Anforderung
Der Kaiserschützensteig verläuft über stark ausgesetzte Passagen und ist zudem nur an den anspruchsvollsten Stellen gut gesichert. Die Rote-Rinn-Scharte ist etwas leichter, aber auch nur an den wesentlichen Stellen gesichert. Steinschlaggefahr auf beiden Routen. Im Frühsommer evtl. noch Altschnee. Teils ungesichert!

Ausgangspunkt
Wanderparkplatz am Eingang ins Kaisertal, 510 m

Anfahrt
Innsbrucker Autobahn (A 93) bis Kufstein Nord (mautpflichtig), dann bis zum Wanderparkplatz am Eingang ins Kaisertal (gebührenpflichtig)

Gehzeiten
Gesamt 13 Std.
Zustieg 5 Std., Steig 2.30 Std., Abstieg 5.30 Std.

Aufstieg/Abstieg
Zustieg 1190 m, Steig 640 m, Abstieg 1830 m

Hütte/Einkehr
Anton-Karg-Haus (829 m); Kaisertalhaus (936 m)

Karte
AV 8 »Kaisergebirge« 1:25 000

Die Ellmauer Halt ist nicht nur der höchste Gipfel im Wilden Kaiser, sie liegt auch im Zentrum des Gebirges. Drum herum gruppieren sich berühmte Klettergipfel wie Fleischbank, Karlspitze und Kleine Halt. Die Rote-Rinn-Scharte stellt einen natürlichen Übergang von Norden nach Süden dar und wurde bereits um 1900 mit Sicherungen versehen.

Geschichte Im Jahre 1986 hat man dann auch für Klettersteigfreunde eine anspruchsvolle Route installiert, den Kaiserschützensteig. Er führt über eine frühere Kletterroute aus dem Scharlinger Boden über die Kleine Halt und die Gamshalt zur Ellmauer Halt. Die Sicherungen an der Rote-Rinn-Scharte wurden erneuert und somit eine Rundtour möglich gemacht, die hinsichtlich Schwierigkeit und Bergerlebnis zu den eindrucksvollsten in diesem Gebiet zählt. Aufgrund der Tourlänge und der zu bewältigenden Höhenmeter – schon der Anmarsch durchs Kaisertal hat es in sich – ist eine Hüttenübernachtung einzuplanen.

Anstieg durch das Kaisertal Vom Parkplatz Kufstein-Sparchen (510 m) auf gesperrtem Fahrweg (ausgeschildert) durchs Kaisertal über den Pfandlhof zum Anton-Karg-Haus (829 m, 2.30 Std.) oder weiter zum Kaisertalhaus.

Aufstieg zum Kaiserschützensteig Vom Anton-Karg-Haus zunächst auf dem Kaisertalweg talein, bis kurz vor dem Kaisertalhaus der Steig nach rechts in den Scharlinger Boden abzweigt. Der markierte Weg führt durch lichten Wald in das latschenbewachsene, lange Kar, das eindrucksvoll von den Steilwänden der drei Halten eingerahmt wird. Über das Mirakelbrünndl (1239 m) erreichen wir den Unteren Scharlinger Boden auf einer Höhe von etwa 1400 Metern. Über gras- und latschenbewachsene Geländestufen sind wir in einer weiteren Viertelstunde am Oberen Scharlinger Boden. Hier macht ein Hinweis nach links auf den Einstieg zum

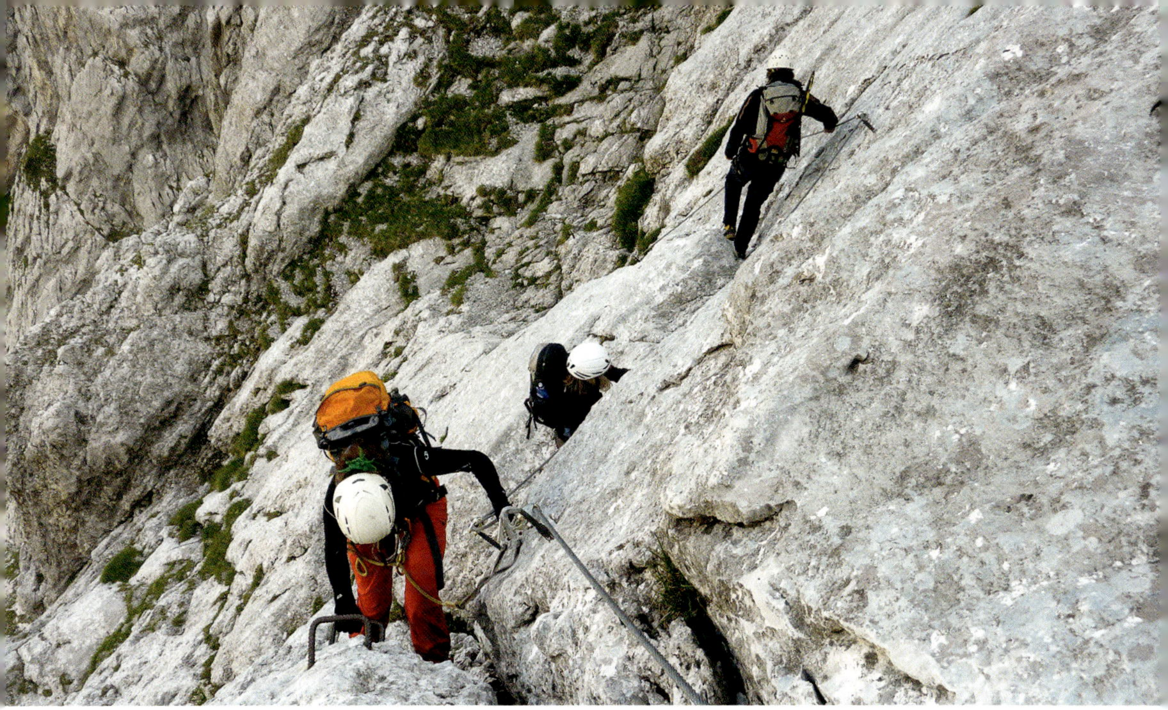

Kaiserschützensteig aufmerksam, der sich auf einer Höhe von etwa 1670 Metern befindet (2.30 Std.).

Schöne Kalkplatten auf dem Kaiserschützensteig

Kaiserschützensteig Schon der Auftakt stellt eine erste Herausforderung dar, die uns zeigt, ob wir der Tour gewachsen sind: Steil und exponiert geht es über die Haltplatte (C), eine kompakte Felszone, hinweg, bei der uns gut verankerte Stahlseile Sicherheit geben. Dann über einen kurzen Riss hinab und um einen ausgesetzten Felsvorsprung herum.

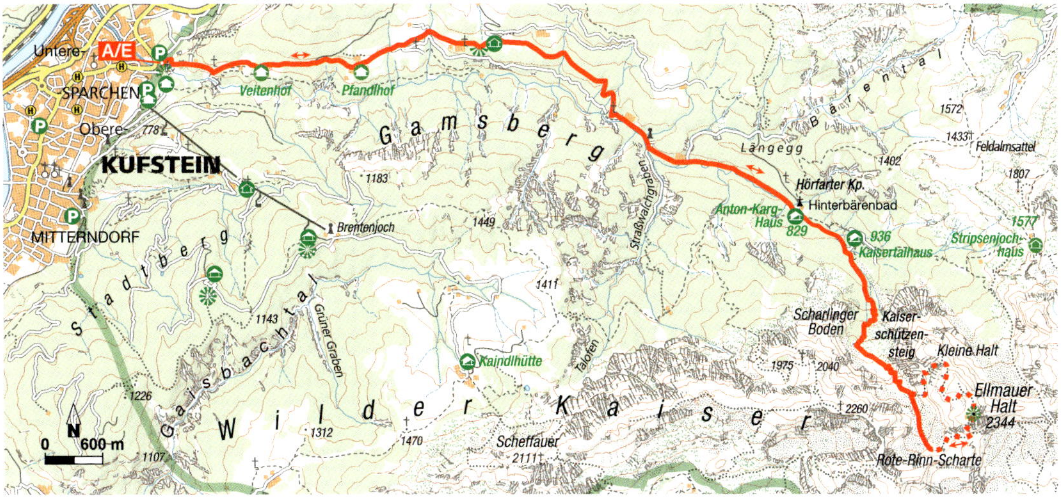

Rechte Seite: Die Babenstuberhütte unterhalb des Gipfels der Ellmauer Halt

Über gesicherte Bänder erreichen wir die Grüne Rinne, eine Felsschlucht, die zwischen Kleiner Halt und Gamshalt herabzieht. In dieser steinschlaggefährdeten Rinne über Schrofen und brüchiges Gestein (erst im oberen Bereich wieder Sicherungen!) aufwärts zu einer Verzweigung. Links führt der Steig, zum Teil drahtseilgesichert, hinauf zur Kleinen Halt (2116 m). Wir halten uns jedoch rechts und steuern auf die Gamshalt zu.

Dabei steigen wir über gesicherte Felsplatten und -stufen bis zu einem Felsaufschwung weiter (C), dann rechts – drahtseilgesichert – durch eine Felsrinne zu einem schönen Aussichtsplatz. Nun kurz hinunter (nicht weiter aufwärts) über eine seilgesicherte Felsrippe zur steilen, aber ungesicherten Wiesenmulde, die sich zwischen Gamshalt und Ellmauer Halt erstreckt. Bis zur Kammhöhe und zum letzten Felsaufschwung des Hauptgipfels folgt Gehgelände (C). Zuletzt wieder gut gesichert, aber ausgesetzt, über den Grat zur Ellmauer Halt (2344 m) hinauf.

Tipps

Vom Kaisertalweg empfiehlt sich auf unserem Rückweg noch ein Abstecher in die Sparchenklamm oder eine Einkehr in einem der prächtigen Bauernhöfe, dem Pfandlhof oder dem Veitenhof.

In der Festung Kufstein können wir die größte Orgel der Welt, die Heldenorgel, besichtigen. Sie ist im Burgturm untergebracht und erklingt täglich um 12 Uhr und um 18 Uhr.

Abstieg über die Rote-Rinn-Scharte (2093 m) Vom Gipfelkreuz der Ellmauer Halt kurz hinunter zur kleinen Babenstuberhütte, dann über die »Maximiliansstraße«, ein breites Schuttband, in einer knappen Viertelstunde hinab zur Achselrinne.

Dort gibt es zwei Möglichkeiten: entweder durch diese mit Eisenstiften und einer Eisenleiter gesicherte Felspassage (B/C) oder links über eine ebenfalls gesicherte Felsplatte hinab (B/C). Auf dem Grat weiter abwärts, dann durch eine große Rinne hinunter zur Jägerwand. Hier verzweigt sich die Route (2099 m). Zur Rote-Rinn-Scharte nun rechts über die Wand hinunter, dann ausgesetzt leicht aufwärts und zur Scharte hinüberqueren. Eine Seilsicherung führt uns auf der Scharlinger Seite etwa 20 Meter hinab.

Von dort steigen wir über die rechte Seite der Rinne zu einem Felsblock ab, dann am südlichen Rand des Kars hinunter und auf gutem Pfad hinab in den Oberen Scharlinger Boden. Auf dem Anstiegsweg schließlich wieder zurück zum Anton-Karg-Haus (3.30 Std) und zum Parkplatz (2 Std.).

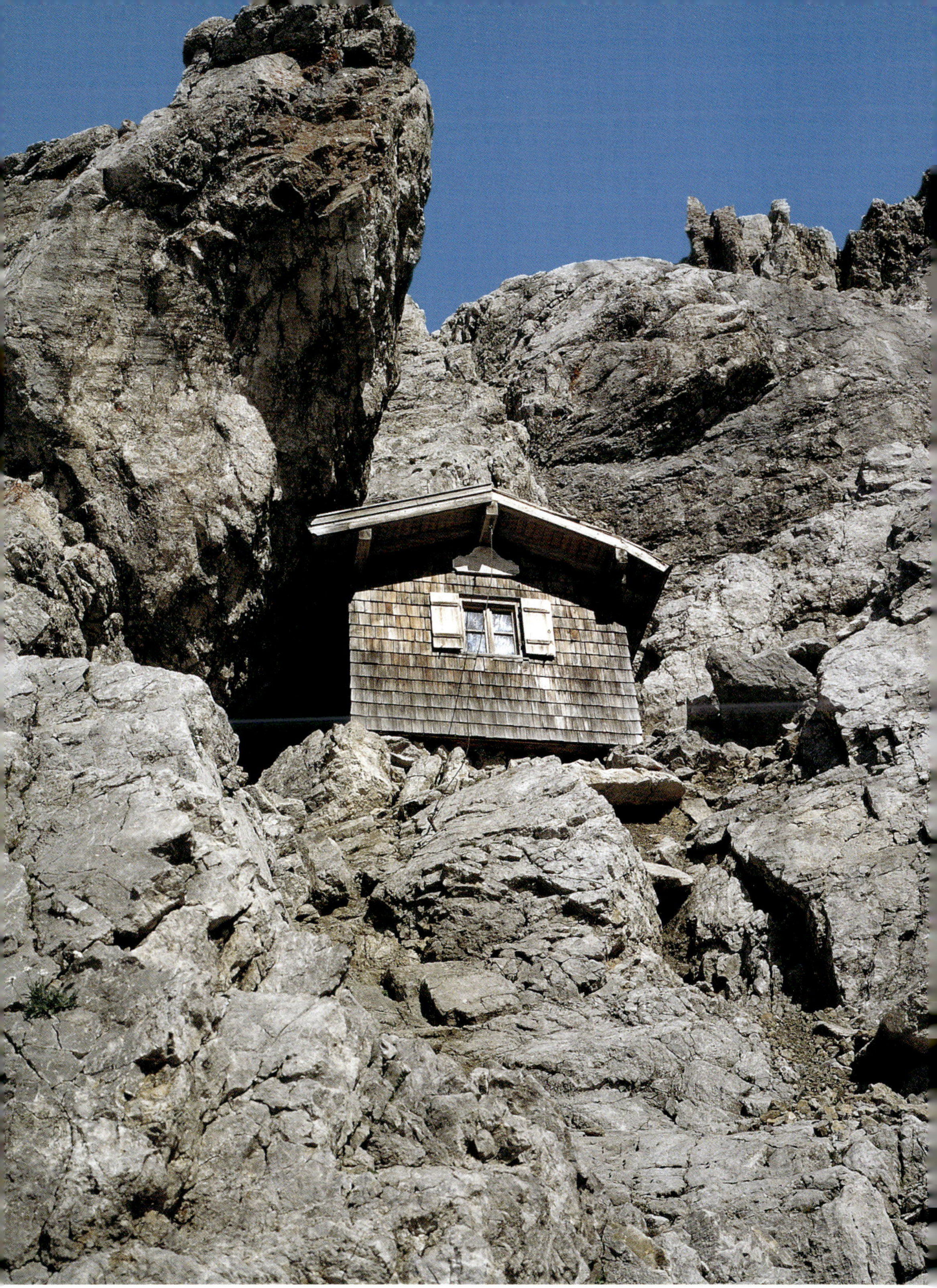

23 Klettersteige Stripsenkopf

Verschiedene Varianten in Hüttennähe

C/D/E

6.30 Std.

815 Hm

Gipfel/Ziel
Stripsenkopf (1807 m)

Charakter/Anforderung
Kurze, gut gesicherte Übungsklettersteige, die aus drei Sektoren bestehen (beliebig kombinierbar) (C–E; je Sektor ca. 30 Min.). Für Personen unter 150 cm schwierig (Querung in 2. Sektor). Zweiseilbrücke kann ausgelassen werden. In 3. Sektor eine extreme Variante (E) oder Bügelumgehung. Bei Nässe sehr gefährlich!

Ausgangspunkt
Großer Parkplatz an der Griesner Alm, 988 m

Anfahrt
In Griesenau ins Kaiserbachtal abbiegen (Mautstraße mit Automat) und dort bis zum Ende

Gehzeiten
Gesamt 6.30 Std.
Zustieg 2.30 Std., Steig 1.30 Std., Rückweg 2.30 Std.

Aufstieg/Abstieg
Zustieg 715 m, Steig 100 m, Abstieg 815 m

Markierung
Sehr gut (an jeder Sektion)

Hütte/Einkehr
Griesner Alm (988 m); Stripsenjochhaus (1580 m)

Karte
AV 8 »Kaisergebirge« 1:25 000

Für Kletterer war das Kaisergebirge immer schon erste Wahl. Die bisherigen Klettersteige dort sind zwar Klassiker, aber merklich angejahrt. Die neuen Stripsenkopfsteige dagegen sind modern und gut angelegt. Ideal zum Üben im mittelschweren Bereich.

Zwischen den Kaisern Eindrucksvoll bauen sich die Wände des Predigtstuhls, der Fleischbank und des Totenkirchls vor uns auf. Wände, in denen Klettergeschichte geschrieben wurde. Im Morgengrauen steigen wir langsam zum Stripsenjochhaus (1580 m) auf und genießen die Szenerie. Von der Hütte ist es nur noch ein Katzensprung (15 Min.) bis zum sichtbaren Einstieg am Hundskopf (1700 m) genau zwischen Wildem und Zahmem Kaiser.

1. Sektor (Hundskopf, C/D) Fast senkrecht geht's los (C). Kurz danach kann man nach links auf den anderen Turm queren (B/C), diesen besteigen (C) und über die Zweiseilbrücke wieder auf den Hundskopf gelangen. Wir nehmen die leichtere Variante und erreichen nach einem kurzen Aufschwung (C) ebenfalls das kleine Gipfelkreuz. Nach ein paar Metern ungesicherten Abstiegs (I) gelangen wir wieder auf den Wanderweg, über den man ebenfalls die einzelnen Sektionen umgehen könnte, und steigen zum nächsten Teil.

2. Sektor (C) Dieser beginnt mit einer schönen Querung (B/C), die man mehr auf Reibung gehen muss. Der folgende Aufschwung (C; Bügel) bietet einen prächtigen Tiefblick. Eine schöne Platte mit anschließender Verschneidung (bis B/C) endet mitten in den Latschen, und wir gehen weiter zum nächsten Teil.

3. Sektor (B/C–E) Über einen anfangs erdigen, steilen Pfad nach links zum Einstieg (B/C). In der Wand gabelt sich der Weg. Wir gehen links ziemlich steil (C), aber mit Bügeln garniert, weiter. Noch eine letzte leichte Felsstufe (B/C), und wir stehen vor dem

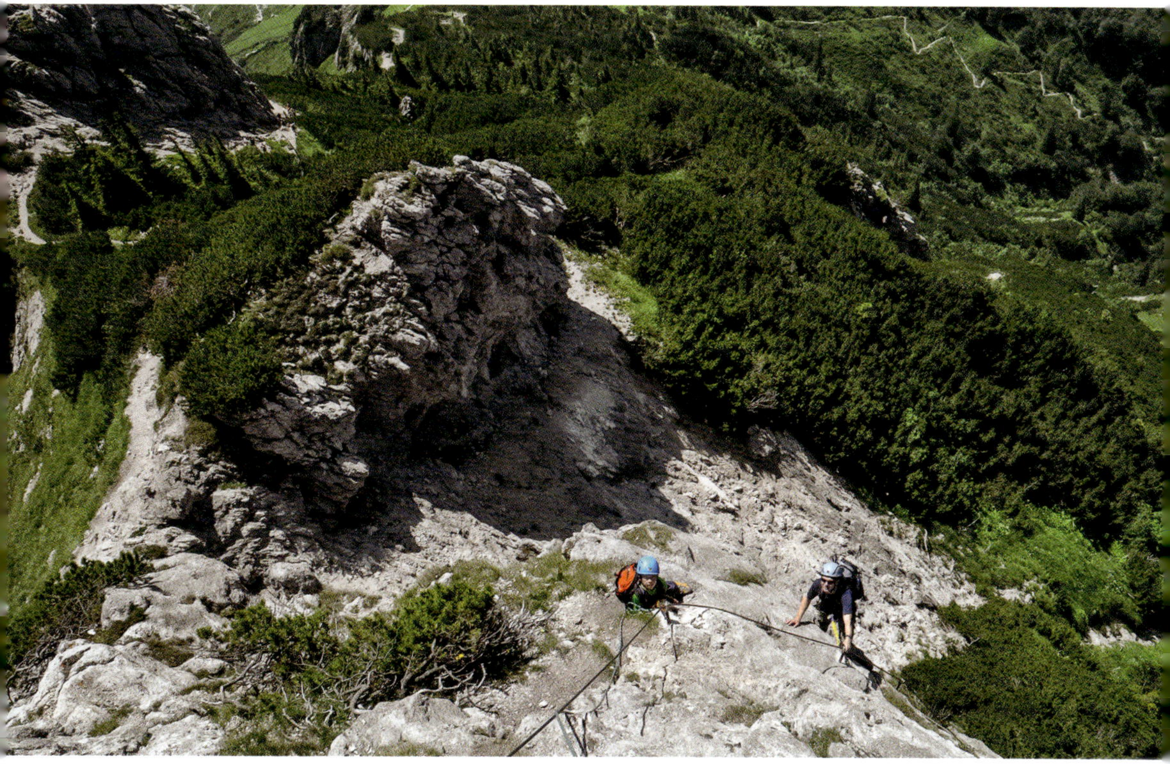

Einstieg zum Stripsenkopf

Gipfelpavillon mit Panoramatafeln. Rechts hätten wir die extrem kraftraubende und leicht überhängende Variante (E) machen können.

Abstieg Über die »Umgehungswege« zurück zur Hütte und auf bekanntem Weg zum Auto.

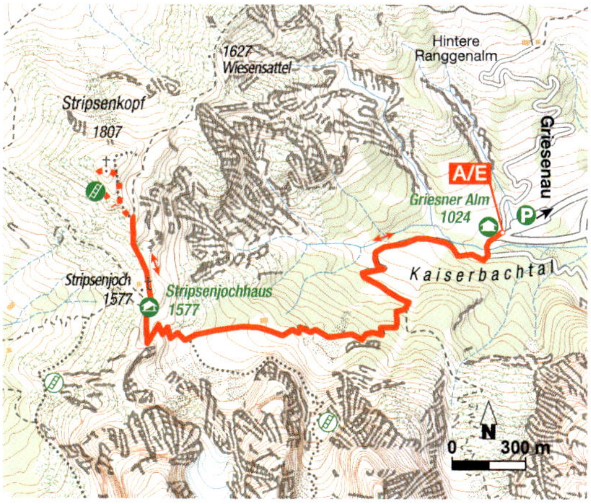

Tipp

Kufstein bietet für jeden etwas: Freizeitzentrum Zahmer Kaiser/Walchsee (www.zahmerkaiser.com), Festung Kufstein (www.festungsarena.at), Riedel Glas (www.riedel.com, Manufakturführung), diverse Schwimmbäder (Kufstein, Bad Häring etc.).

24 Eggersteig und Jubiläumssteig

Zwei Routen zum Ellmauer Tor und zur Goinger Halt

B/C | 7 Std. | 1255 Hm

Gipfel/Ziel
Hintere Goinger Halt (2192 m)

Charakter/Anforderung
a) Der Eggersteig ist mit Drahtseilen gesichert und hat künstliche Felsstufen. Bis in den Frühsommer Schnee möglich.
b) Der Jubiläumssteig ist mit Drahtseilen, Stufen und zwei Leitern ausgestattet. Nicht bei Nässe begehen. Der Aufstieg zur Hinteren Goinger Halt erfordert ebenfalls Schwindelfreiheit.

Ausgangspunkt
a) Griesner Alm (1006 m);
b) Wochenbrunner Alm (1087 m)

Anfahrt
a) siehe Tour 23; b) siehe Tour 21

Gehzeiten
Gesamt 7 Std.
Zustieg 1.30 Std., Steig 2 Std., Gipfel 1.30 Std., Rückweg 2 Std.

Aufstieg/Abstieg
Zustieg 470–540 m, Steig 380–585 m, Gipfel 200 m, Abstieg 1175–1255 m

Hütte/Einkehr
Griesner Alm (1006 m); Stripsenjochhaus (1577 m); Gruttenhütte (1620 m); Gaudeamushütte (1263 m)

Karte
AV 8 »Kaisergebirge« 1:25 000

Das Ellmauer Tor liegt im Herzen des Wilden Kaisers mit seinen atemberaubenden Felsschluchten und pittoresken Felswänden.

Der leichteste Zugang erfolgt von Süden über die Gaudeamushütte, der anspruchsvollere Jubiläumssteig bildet die Variante für Klettersteigenthusiasten. Von Norden verläuft der Zustieg über den Eggersteig und die Steinerne Rinne. Krönender Abschluss ist die Ersteigung der Hinteren Goinger Halt, die auch für den Normalbergsteiger machbar ist.

Über den Eggersteig zum Ellmauer Tor a) Der Anstieg zum Stripsenjochhaus (1577 m) erfolgt auf dem Hüttenweg. Wer im Unterkunftshaus nicht einkehren will, schwenkt am Beginn der ersten Serpentinen nach links auf den Eggersteig ein (1460 m, 1.30 Std.). Dieser leitet uns erst an den Fuß der berühmten Fleischbank und führt leicht bergan über den hier plattigen Nordgrat, dann etwas absteigend in die Steinerne Rinne (B/C). Auf der linken Seite der schmalen Rinne in schmalen Kehren über plattige Felsstufen (Seilsicherungen, künstliche Tritte; A/B) zum Ende der Rinne. Die letzte Stunde geht es in weniger steilem Gelände bergan (1995 m).

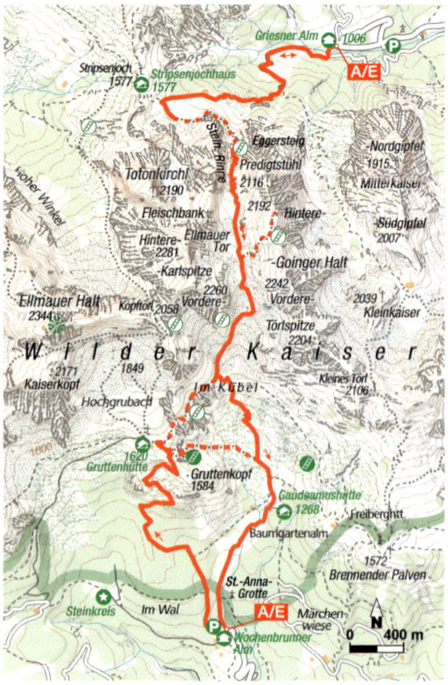

Über den Jubiläumssteig zum Ellmauer Tor b) Vom Parkplatz bei der Wochenbrunner Alm folgen wir dem Wanderweg zur Gruttenhütte (1620 m, 1.30 Std.).

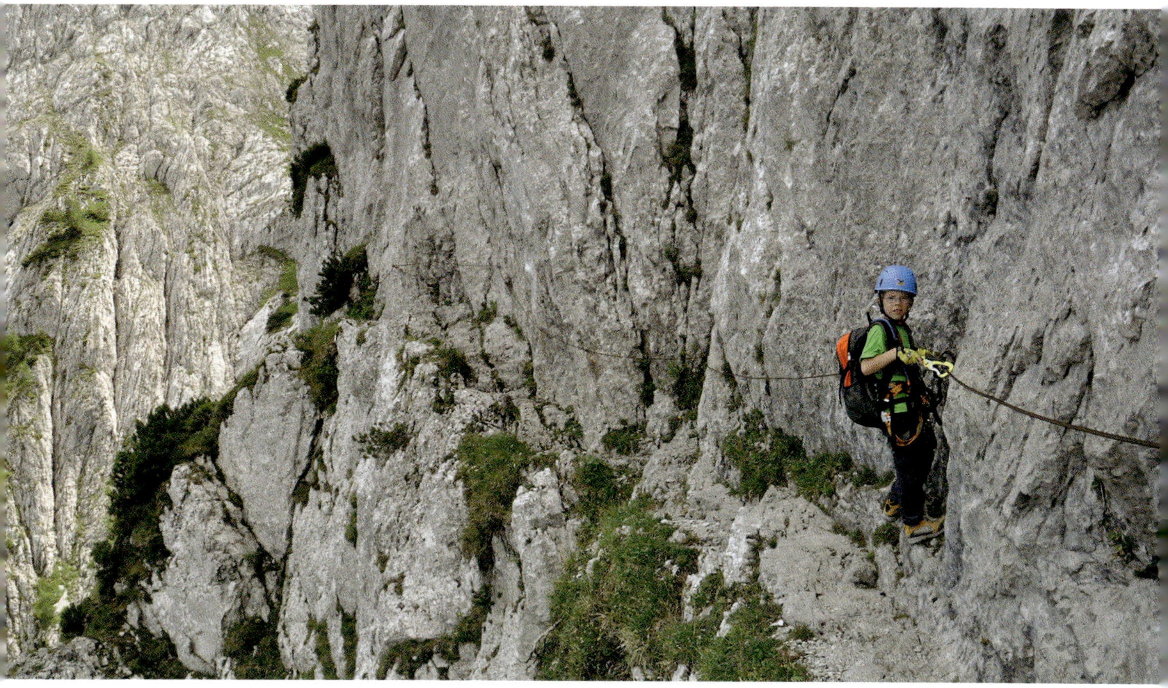

Der Beginn des Eggersteigs

Kurz vorher zweigt rechts die Route durch das Wilde Gschloß ab, eine abenteuerliche Dolomitlandschaft, deren Durchquerung eine halbe Stunde Gehzeit erfordert. Wir wandern in östlicher Richtung zum Einstieg und steigen seilgesichert (A/B) über eine Felswand hinab und weiter auf dem Steig zu einem Felsturm. Nach einer Leiter in eine Rinne und über eine weitere Leiter hinauf zu einer Scharte (B/C). Dann queren wir viele Gräben und Rinnen mittels verankerter Bretter und langer Drahtseile, schlüpfen durch ein Felsentor und erreichen das Kübelkar. Über Geröll aufwärts zum breiten Ellmauer Tor (1995 m).

Zur Hinteren Goinger Halt Direkt vom Ellmauer Tor führt ostwärts der steile, aber gut begehbare Steig hoch zur Hinteren Goinger Halt. Beim Anstieg von Süden beginnt der Steig bereits zehn Minuten unterhalb des Ellmauer Tors. Über Schutt und eine drahtseilgesicherte Rinne, dann über eine Gratschneide und leichte Felsstufen begleiten uns die Markierungen zum Gipfel mit Gipfelkreuz (2192 m).

Abstieg Über die jeweiligen Varianten wieder zurück zum Parkplatz.

25 Kufsteiner Klettersteig

Neuer alpiner Klettersteig im Kaiser

C/D/E

10.30 Std.

1465 Hm

Gipfel/Ziel
Unteres Gamskarköpfl (1975 m)

Charakter/Anforderung
Schöner alpiner Klettersteig mit wenigen Tritthilfen und einer natürlichen Routenführung. Die Schlüsselstelle kommt erst am Ende. Länge der Tour beachten. Durch die Nordseite bedingt bis in den Frühsommer Altschneereste

Ausgangspunkt
Wanderparkplatz am Eingang ins Kaisertal, 510 m

Anfahrt
Innsbrucker Autobahn (A 93) bis zur Ausfahrt Kufstein Nord, dann bis zum Wanderparkplatz am Eingang ins Kaisertal (gebührenpflichtig). ÖV: Bhf. Kufstein und Bus bis Kaisertal

Gehzeiten
Gesamt 10.30 Std.
Hütte 2.30 Std., Zustieg 1.30 Std, Steig 2.30 Std., Abstieg 4 Std.

Aufstieg/Abstieg
Zustieg 1105 m, Steig 360 m, Abstieg 1465 m

Hütte/Einkehr
Anton-Karg-Haus (829 m); Kaisertalhaus (936 m)

Karte
AV 8 »Kaisergebirge« 1:25 000

Der neue Kufsteiner Klettersteig führt durch die Nordwände des Wilden Kaisers und stellt durch seine alpine Routenführung einen starken Kontrast zu den sonstigen Neubauten dar. Eine wirklich gelungene Anlage, allerdings nichts für Anfänger. Erfahrung und Klettertechnik stehen hier im Vordergrund.

Anstieg durch das Kaisertal Vom Parkplatz Kufstein-Sparchen (510 m) auf gesperrtem Fahrweg (ausgeschildert) durchs Kaisertal über den Pfandlhof zum Anton-Karg-Haus (829 m, 2.30 Std.). Hier folgt man erst dem Bettlersteig (30 Min.), bis der Güttlersteig nach links abzweigt (Hinweis »Klettersteig«). Bei 1550 Metern verlassen wir den Steig und steigen über ein Geröllfeld und eine leichte gesicherte Rinne zum Wandfuß (1615 m; Einstieg mit Tafel).

Kufsteiner Klettersteig Zuerst gehen wir noch gemütlich über gestuftes Felsgelände (A/B) leicht nach oben. Die erste Prüfung wird »Schwarze Wand« genannt. Und so baut sich vor uns ein ziemlich dunkler und steiler Klotz auf (C/D). Wer hier Probleme hat, sollte vielleicht doch besser wieder umkehren. Konzentriert steigen wir durch diese Passage, immer wieder die natürlichen Griffe und Tritte nutzend, und erreichen so das breite Geröllband, welches an der Wand entlang über leichtes Gehgelände nach links führt. Eine ideale Rastmöglichkeit.
Am Ende des Bandes geht es steil weiter auf den »Latschenkopf« (C). Es folgt ein markanter Kamin, und wir stehen an der Schlüsselstelle, wo ein Pfeiler sehr luftig nach oben zieht (C/D/E)! Wenig künstliche Tritthilfen, aber jede Menge Kletterspaß (wenn man die entsprechende Technik hat). Über das schmale Band »Adlerhorst« (C) geht es anregend weiter, wobei auch ein paar leichtere Passagen dabei sind. Der ansteigende »Götterquergang« (C) leitet schließlich den Schlussspurt ein. Nach einem letzten schweren und sehr ausgesetzten Steilaufschwung (C/D–D)

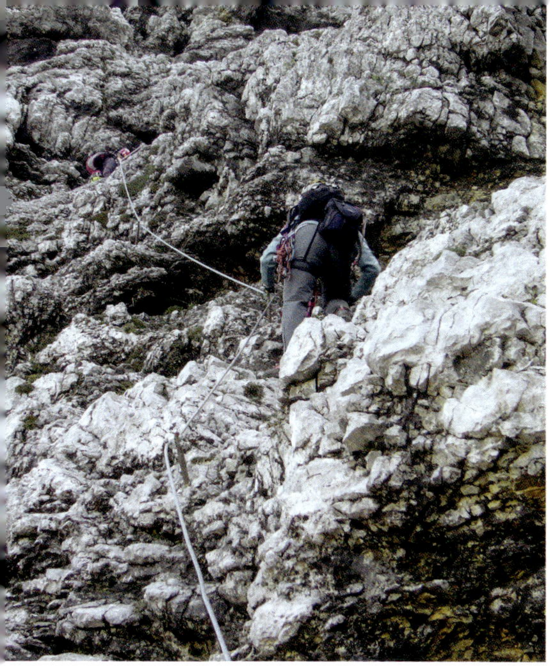

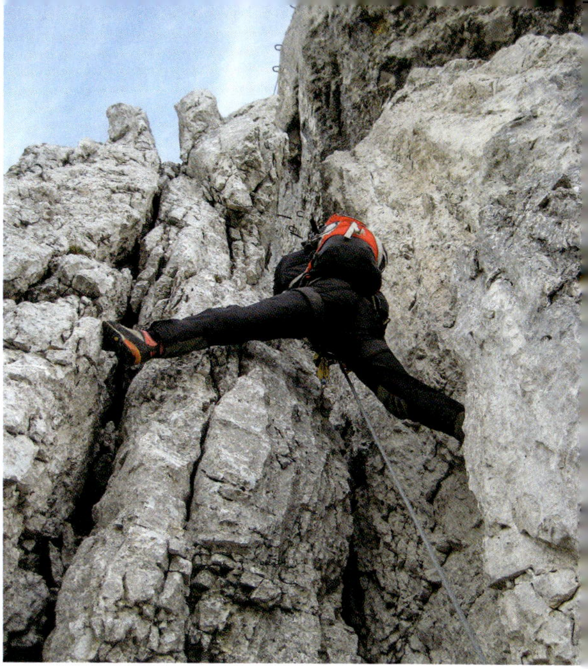

Kamintechnik an der schweren Verschneidung

Links: Anfangs noch über leichten, aber kalten Nordwandfels

erreichen wir über den leichten Gipfelgrat (A/B) endlich den höchsten Punkt.

Abstieg Wir folgen noch etwas dem Grat am Gipfel und steigen schließlich nach wenigen Metern wieder auf den nahen Güttlersteig. Auch hier finden wir noch ein paar Sicherungen (A/B), als wir wieder nach unten steigen. Nach weiteren 30 Minuten gehen wir wieder an der Abzweigung zum Einstieg vorbei und folgen schließlich dem bekannten Weg zur Hütte (1.15 Std.) und zum Parkplatz (2 Std.).

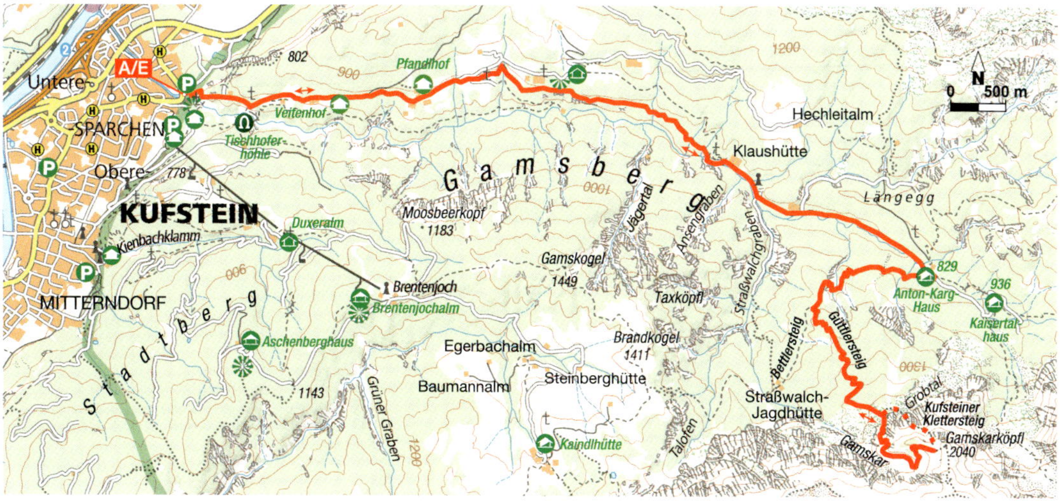

26 Guffert-Nordanstieg

Einer der beliebtesten »Hausberge«

A/B/C

7 Std.

1165 Hm

Gipfel/Ziel
Guffert (2194 m)

Charakter/Anforderung
Am Einstieg zur Nordwand befindet sich eine 15 m lange, drahtseilgesicherte Passage, dann noch weitere Drahtseilsicherungen. Im oberen Bereich leichtes Gehgelände. Am Gipfelgrat Seilsicherungen

Ausgangspunkt
Parkplatz beim Gasthaus Oberbergalm (1029 m)

Anfahrt
Von Norden über Tegernsee und die Achenpassstraße bis kurz vor Achenkirch, dann links hinauf in Richtung Steinberg am Rofan; nach etwa 6 km Parkplatz beim Gasthaus Oberbergalm. Bei der Runde über die Gufferthütte bereits 2 km vorher beim Köglboden (963 m) parken

Gehzeiten
Gesamt 7 Std.
Zustieg 3.30–4 Std., Steig 1 Std., Rückweg 2.30 Std.

Aufstieg/Abstieg
Zustieg 965 m, Steig +/–200 m, Abstieg 965 m

Hütte/Einkehr
Unterwegs keine. Evtl. Gufferthütte (1475 m)

Karte
AV BY14 »Mangfallgebirge Süd« 1:25 000

Der Guffert steht isoliert zwischen den südlichen Gipfeln der Tegernseer Berge und dem Hauptmassiv des Rofangebirges, dem er geografisch zugerechnet wird. Der einfachste Anstieg führt von Steinberg auf die Südseite des Berges, aber auch der Anstieg durch die schroffe Nordflanke, der mit einigen Sicherungen gangbar gemacht wurde, bildet für den Normalbergsteiger keine große Herausforderung.

Zugang von der Oberbergalm Vom Parkplatz beim Gasthaus gehen wir auf markiertem Wanderweg durch Wald um die Westseite des Guffert herum zur Stubachalm (1371 m). Weiter über einige Gräben unter den felsigen Nordabbrüchen in Richtung Issalm (2 Std.). Auf den grasigen Kamm vor der Issalm (1465 m), dann rechts hoch zum Einstieg bei einer kleinen Höhle (ca. 1960 m, 1.30 Std.).

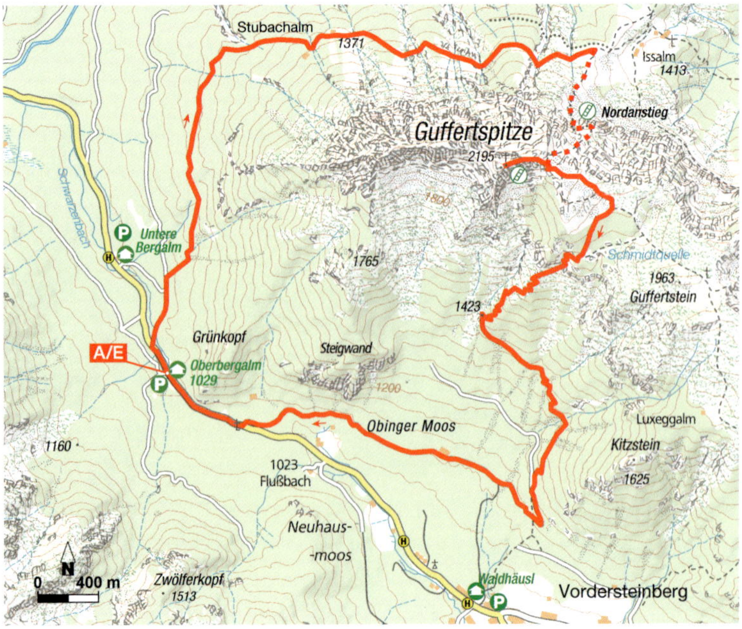

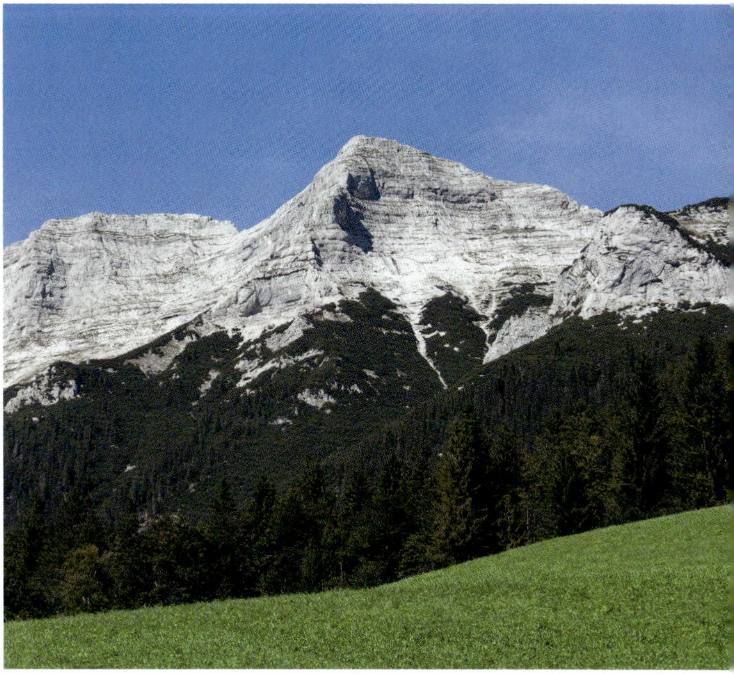

Der markante Gipfel des Guffert (links der Westgipfel) über Steinberg

Zugang von der Gufferthütte
Die Gufferthütte (1475 m) wird vom Parkplatz am Köglboden auf einem Wirtschaftsweg erreicht (2.15 Std.). Von dort aus folgen wir dem ausgeschilderten Bergweg zur Issalm (1.15 Std.). Vor der Alm rechts hinauf zum Einstieg.

Die Gipfelroute Der Beginn des gesicherten Steigs wird durch eine rote Markierung angezeigt. Haben wir erst einmal die Schlüsselpassage – einen 15 Meter hohen Felsabsatz – überwunden, die uns gleich zu Beginn erwartet, dürfte dem Gipfelerfolg nichts mehr im Wege stehen. Die Route wird im oberen Teil zunehmend leichter. Wir steigen durch eine sich zu einem Felskessel weitende Rinne empor. Dort links haltend gehen wir aufwärts zu einem markanten Felsvorsprung, dem Tremelkopf. Dann über schrofige Passagen – zuletzt noch mal Seilsicherungen – hinauf zum Gipfelkamm und rechts über gestuften Fels zum höchsten Punkt mit Gipfelkreuz (2194 m).

Tipp

Nach der Tour lohnt sich ein Badeabstecher an den Achensee, am besten zum Nord- oder Ostufer.

Abstieg Der Abstieg erfolgt auf der Südseite des Guffert. Wir wandern auf dem Gipfelkamm zurück bis zur Wegabzweigung und setzen die Route über eine grasige Felsterrasse in Richtung Osten fort (Wegweiser »Steinberg«). Nun über schrofiges Gelände weiter abwärts. An der ersten Abzweigung geht es nach rechts über Geröll und durch Latschen hinunter; bei den Ausläufern der von der Südkante herabziehenden Felsrinnen links weiter zum Bärenwald.
An einer Wegkreuzung halten wir uns rechts und wandern nahezu eben in Richtung Nordwesten. Bald treffen wir auf eine Forststraße. Auf dieser leicht fallend hinab zur Fahrstraße und weiter rechts haltend zurück zum Ausgangspunkt.

27 Sagzahn-Nordgrat

Kurz gesichert auf den Sagzahn

A/B

7 Std.

1720 Hm

Gipfel/Ziel
Sagzahn (2228 m), Rofanspitze (2259 m)

Charakter/Anforderung
Überwiegend Bergwanderwege und Bergsteige, bei Nässe ein paar rutschige Passagen. Am Sagzahn etwa 100 m durchgehende Drahtseilsicherungen; diese Passage kann jedoch umgangen werden. Auch ohne Begehung des Klettersteigabschnitts Trittsicherheit und Schwindelfreiheit notwendig

Ausgangspunkt
Talstation der ehemaligen Sonnwendjochbahn, 580 m

Anfahrt
A 93 bis Kramsach, die Talstation der Sonnwendjochbahn liegt am Nordwestende des Ortes; dort Parkplatz.

Gehzeiten
Gesamt 7 Std.
Zustieg 3.30 Std., Übergang Sagzahn-Hütte 1.30 Std, Abstieg 2 Std.

Aufstieg/Abstieg
Zustieg 1720 m, Abstieg 1720 m (Klettersteig 50 m)

Hütte/Einkehr
Bayreuther Hütte (1576 m); Bergalm (1520 m)

Karte
AV 6 »Rofan« 1:25 000

Das Rofangebirge war früher nicht gerade dafür bekannt, ein Klettersteigdorado zu sein, doch ein paar Gipfel weisen mittlerweile reizvolle Klettersteigstrecken auf.

Auch die Runde über den Sagzahn bietet eine Klettersteigpassage von knapp 100 Meter Länge mit stabilen Drahtseilsicherungen und bereits beim Anstieg zur Rofanspitze warten einige seilgesicherte Stellen auf uns. Da die Sonnwendjochbahn für immer eingestellt wurde, erwartet uns ein gewaltiges Stück Anstieg, bevor wir uns den Klettersteigpassagen widmen können.

Anstieg zur Rofanspitze Von der Talstation der stillgelegten Sonnwendjochbahn folgen wir dem markierten Almfahrweg (Mark.-Nr. 9) in Kehren und einigen Serpentinen über das Pletzachgatterl zur Wegverzweigung unterhalb der Pletzachalm; dort links halten und nun mit Mark.-Nr. 10 zur nächsten Wegverzweigung (dort geht es links hinauf zur Bayreuther Hütte). Wir halten uns hier rechts und wandern weiter hinauf zur Ludoialm (1479 m); dort links haltend weiter auf dem Almweg zur Zireinalm (1698 m). Auf einem Bergwanderweg geht es dann links weiter in Richtung Zireinsee. Noch bevor wir diesen erreichen, treffen wir erneut auf eine Weggabelung. Hier nun links weiter auf ausgeschildertem Weg zum Marchgatterl (1905 m; Wegweiser); danach folgen wir dem Steig zum Schafsattel und erreichen über diesen den grasigen Gipfelhang der Rofanspitze, die mit einem überwältigenden Panorama aufwartet (3.30 Std.).

Über den Sagzahn Vom Gipfel der Rofanspitze wandern wir südwestwärts hinab in Richtung Gruberscharte und biegen links zum Schafsteigsattel ab. Kurz davor zweigt rechts der Weg zum Sagzahn ab. Nun auf dem grasigen Verbindungskamm bis zum Gipfelfuß. Der Schafsteig umgeht hier rechts den eigentlichen Gipfel und mündet oberhalb auf den Sagzahnsattel. Wir nehmen jedoch den seilgesicherten Klettersteig, der uns in einem Zug die

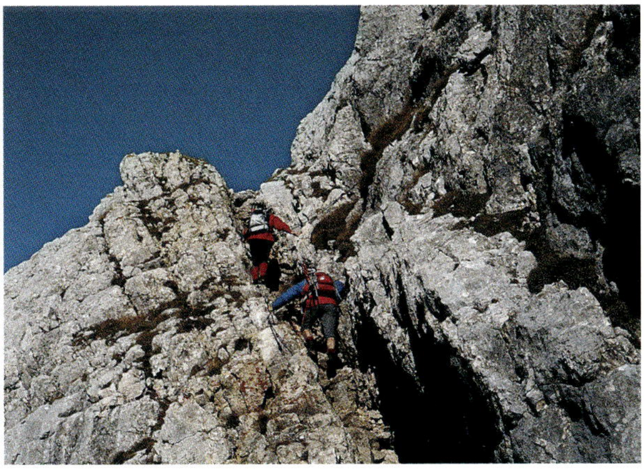

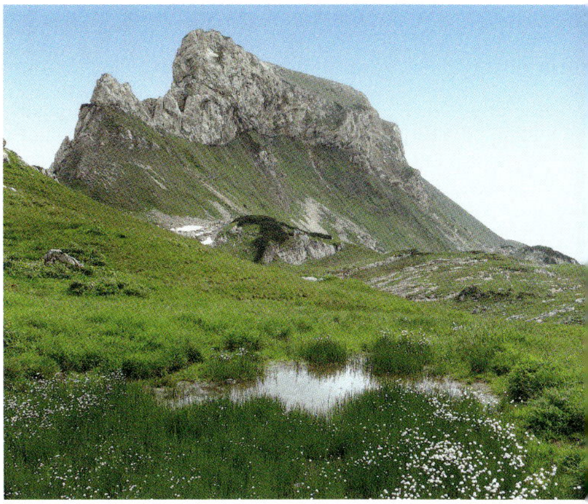

letzten 50 Höhenmeter über die steile Felsflanke des Nordgrats zum Gipfel bringt. Der Weiterweg verläuft auf schönem Höhenweg zum Vorderen Sonnwendjoch. Von dort führt ein leichter Steig durch Latschen hinunter zur Bayreuther Hütte (1576 m), die hoch über dem Inntal liegt.

Wollgras am Sagzahn

Links: Der Sagzahn weist eine reizvolle kurze Klettersteigpassage auf.

Abstieg Der Abstiegsweg ins Tal verläuft auf dem Hüttenfahrweg, wobei wir uns erst rechts halten. Wir queren den Seitenbach, bleiben rechts und nehmen noch vor der Pletzachalm den Wanderweg über das Pletzachgatterl. Weiter in Serpentinen, vorbei am Herrgottstein und dem Roten Gschößß, einem gewaltigen Bergsturzgelände, bis wir auf eine Forststraße treffen. Kurz auf dieser abwärts, dann links in einer großen Schleife hinunter zur Talstation der ehemaligen Bergbahn (580 m).

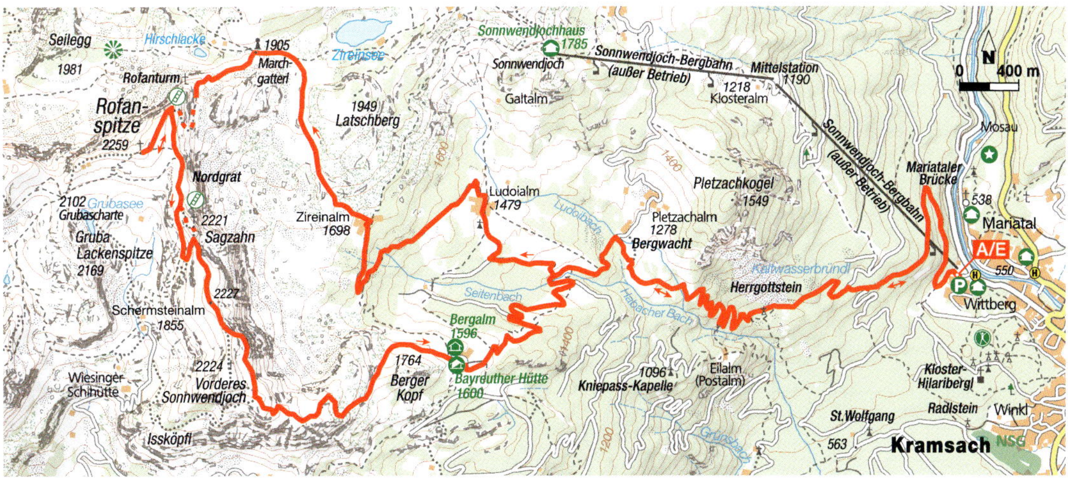

28 Fünf-Gipfel-Klettersteig

Neue Sport-Ferrata im Rofangebirge

A/B/C/D | 6–6.30 Std. | 1050 Hm

Gipfel/Ziel
Haidachstellwand (2192 m), Rosskopf (2246 m), Seekarlspitze (2261 m), Spieljoch (2236 m), Hochiss (2299 m)

Charakter/Anforderung
Die Routen auf fünf Gipfel mit ihren verschiedenen Schwierigkeitsgraden lassen sich kombinieren. Alle zusammen ergeben eine anstrengende Runde. Sehr gut gesichert, teils mit sportlichem Charakter

Ausgangspunkt
Bergstation der Rofanseilbahn, 1840 m

Anfahrt
Von der Autobahn Rosenheim–Innsbruck (A 12) an der Ausfahrt Wiesing Richtung Achensee. ÖV: Mit der Bahn nach Jenbach und von dort mit dem Bus nach Maurach

Gehzeiten
Gesamt 6–6.30 Std. Zustiege 3 Std. (inkl. aller Übergänge), Steige 2–2.30 Std., Abstieg 1 Std.

Aufstieg/Abstieg
Zustiege 645 m, Steige 405 m, Abstieg 470 m (viele Gegenanstiege)

Hütte/Einkehr
Erfurter Hütte (1834 m)

Karte
AV 6 »Rofan« 1:25 000

2009–2010 wurde im Rofangebirge ganz schön gebaut. Herausgekommen ist eine gelungene Klettersteigrunde mit Traumpanorama. Je nach eigenen Möglichkeiten kann sich jeder seine eigene Runde zusammenstellen und jederzeit auf den Wanderweg ausweichen.

Zustieg Entweder beginnt man mit der Haidachstellwand oder gleich mit dem Rosskopf, wobei in beiden Fällen eine Stunde Zustieg ansteht. Im schlimmsten Fall (nimmt man den ersten Gipfel mit) muss man sich etwas anstellen, da sich am Rosskopf alle wieder treffen.

1. Haidachstellwand/Hans-Obholzer-Gedächtnisklettersteig

(C; +60/–120 Hm; 30–45 Min.) Unschwer erreichen wir mit ein paar Sicherungen den Gipfel (B/C). Aber bei diesem Gipfel erwarten

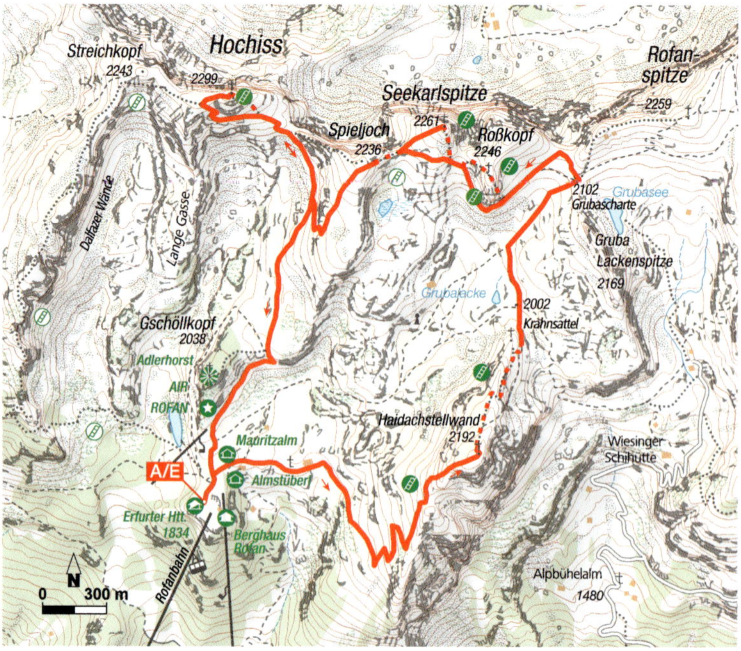

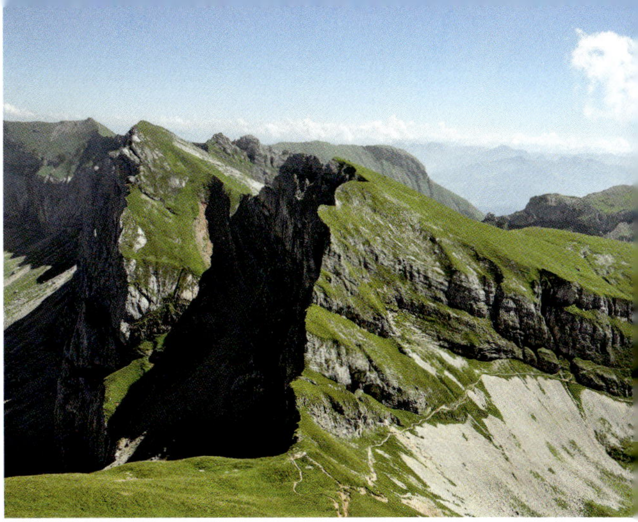

Blick von der Hochiss auf die Nordabstürze des Rofan

uns die Schwierigkeiten auch mehr auf dem Abstieg. Eine kleine Seilbrücke sowie ein kurzes Gehstück lockern die teils doch fordernden Felspassagen auf. Über eine letzte steile Felsstufe erreichen wir wieder den Wanderweg. In 30–45 Min. gelangen wir zum zweiten Gipfel.

2. Rosskopf (C/D–D; 150 Hm; 30–45 Min.) Steil und luftig zieht die Führe gleich vom Einstieg aus los (C/D–D). Wir queren über ein Band nach rechts, dann helfen ein paar Bügel über die nächste Steilstufe (B/C), bevor es über eine letzte Rampe zum nahen Gipfelkreuz geht. Im Abstieg zum nahen Sattel befinden sich ebenfalls noch ein paar Sicherungen (A/B). Von hier in 15 Minuten zum nächsten Steig.

3. Seekarlspitze (C; 70 Hm; 20–30 Min.) Eigentlich besteht der Klettersteig nur aus einer sehr luftigen Querung (B/C) und einer glatten Schlussplatte (C). Er ist also recht kurz, aber mit gigantischen Einblicken in die Nordwände.

4. Spieljoch (A/B; 60 Hm; 30 Min.) Hier handelt es sich nur um eine kurze gesicherte Passage, und so kann man Übergang und Steig vom dritten zum vierten Gipfel nicht so richtig trennen. Allerdings müssen wir jetzt noch einmal richtig runter und wieder rauf, um zum letzten Steig zu gelangen (45 Min.).

Tipp

Für Nervenstarke bietet sich ein Flug mit dem viersitzigen AIRROFAN Skyglider an der Bergstation an. Übrigens kann man auch mit dem Rosskopf starten und die Haidachstellwand zuletzt machen (kein Stau!).

5. Hochiss (C/D; 125 Hm; 45 Min.) Das Beste kommt wieder einmal zum Schluss, zumindest hat man den Eindruck. Hier erwartet einen festes Gestein, und schon der Einstieg fordert den Armeinsatz (C/D). Nach einem kurzen Verschnaufer auf einer Wiese folgt ein steiler Pfeiler (C/D–D), den man nach rechts querend verlässt (B/C; Schrofen). Die letzten Meter ziehen noch einmal über eine glatte Platte (C/D; Reibung).

Abstieg Gemütlich bummeln wir über den normalen Wanderweg wieder zurück zur Bergstation (1 Std.).

29 Dr.-Julius-Mayr-Klettersteig

Unterwegs in den Bayerischen Voralpen

B/C | 5.30 Std. | 450–740 Hm

Gipfel/Ziel
Brünnstein (1619 m)

Charakter/Anforderung
Mäßig schwieriger Klettersteig, gut gesichert, mit ein paar Bügeln und kurzen Leitern

Ausgangspunkt
Berggasthaus Rosengasse, 1125 m; Wanderparkplatz oberhalb des Hotels Tatzelwurm, 780 m

Anfahrt
Inntalautobahn (A 93) bis Ausfahrt Oberaudorf, über die Deutsche Alpenstraße in Richtung Bayrischzell; Abzweigung zur Rosengasse (etwa 1,5 km ab Wegkreuzung beim Tatzelwurm). Weitere Möglichkeit: Wanderparkplatz 500 m nach der Wegkreuzung oberhalb vom Hotel Tatzelwurm

Gehzeiten
Gesamt 5.30 Std.
Zustieg 2 Std., Steig 1 Std., Abstieg 2.30Std.

Aufstieg/Abstieg
Zustieg 300–590 m, Steig 150 m, Abstieg 450–740 m

Hütte/Einkehr
Brünnsteinhaus (1360 m, Tel. 08033/1431)

Karte
AV BY16 »Mangfallgebirge Ost – Wendelstein« 1:25 000

Der Brünnstein bietet eine erste Herausforderung und Talentprobe in alpinem Gelände. Der bereits im Jahre 1898 eingerichtete Dr.-Julius-Mayr-Weg wartet zum Auftakt mit einem originellen Felsspalt auf, hinter dem dann der eigentliche kurze Klettersteig beginnt.

Anstieg von der Rosengasse Vom Parkplatz auf dem Fahrweg kurz bergan, dann links auf Almfahrweg zur Rosengassenalm. Dort fängt der eigentliche Steig an. Zuerst zieht er steil durch den Wald, dann später eher mäßig steigend über das Himmelmoos zur Fahrstraße des Brünnsteinhauses (1360 m).

Anstieg vom Tatzelwurm Vom Parkplatz auf gesperrtem Almfahrweg aufwärts (Wegweiser »Brünnstein«) zur Schoißeralm (930 m). Bei der Verzweigung oberhalb rechts halten und an der

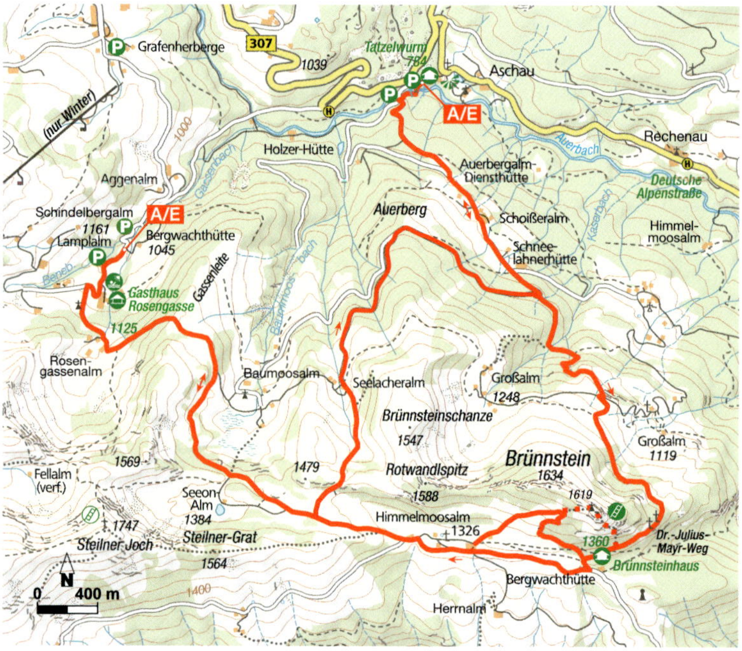

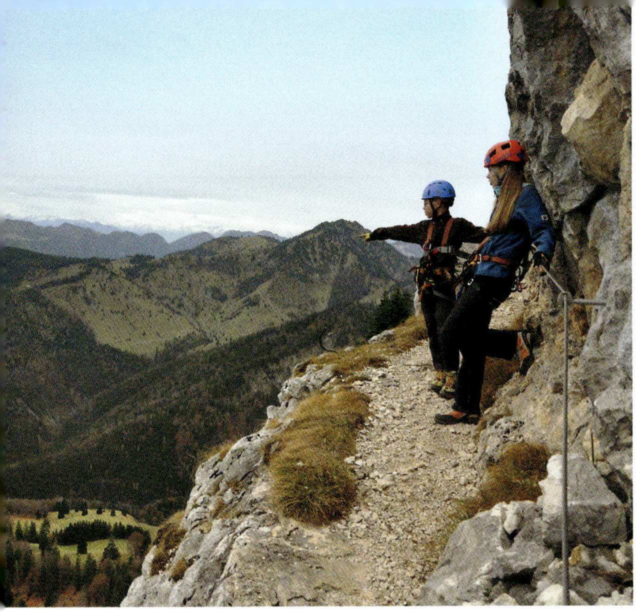

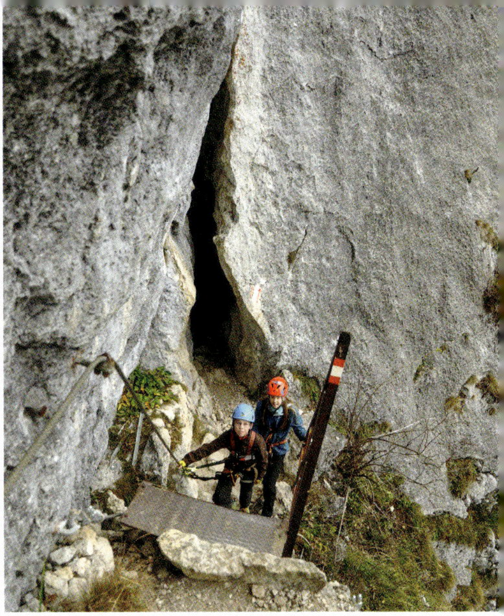

Die Leiter kurz nach dem engen Spalt

Links: Aussichtspromenade auf dem Weg zum Gipfel

scharfen Kurve in Richtung Baumoosalm geradeaus weiter. Hier beginnt der Bergpfad, der durch Wald und über Bergmähder in einer Rechtskurve zum Brünnsteinhaus (1360 m) auf der Südseite des Brünnsteins führt.

Gipfelrunde vom Brünnsteinhaus Vom Alpenvereinshaus wandern wir auf seiner Ostseite (Wegweiser) zunächst durch Wald bis an die Felsen des Gipfelaufbaus (1470 m). Bald nach den ersten Sicherungen (A/B) gehen wir durch das erste Highlight: die kleine Höhle! Danach weiter über ein paar Leitern, gut gesichert über Felsstufen (A/B) und etwas Gehgelände zum breiten, markanten Felsband. Hier hat man einen wunderbaren Blick auf die südlichen Berge. Wir erreichen das Hochkar, welches man über eine steile Stufe verlässt (B/C), und sehen die nun schon recht nahe Gipfelkapelle. Nach den letzten Sicherungen (A/B) auf dem Ostgrat ist diese auch schnell erreicht. Bevor wir wieder absteigen, gehen wir noch zum eigentlichen Gipfelkreuz – eine lustige Kraxelei. Hier grüßt ganz nah der Wendelstein, das Wahrzeichen der Bayerischen Voralpen.

Tipp

Falls wir unsere Tour beim Hotel Tatzelwurm beginnen, können wir einen kleinen Abstecher zu den gleichnamigen Wasserfällen in der Nähe des Wanderparkplatzes machen.

Abstieg Wir nehmen den nördlichen Abstieg, der anfangs noch ein paar Sicherungen (A/B) aufweist. Dann steigen wir durch den Wald zurück zum Brünnsteinhaus, wo wir vor dem Rückweg noch einmal eine Stärkung zu uns nehmen.

30 Mittenwalder Klettersteig

Über den westlichsten Karwendelkamm

A/B/C

7–8 Std.

+380/–1710 Hm Lift

Gipfel/Ziel
Nördl. Linderspitze (2374 m), Sulzleklammspitze (2323 m), Kirchlspitze (2303 m), Westl. Karwendelspitze (2384 m)

Charakter/Anforderung
Der KS (früher Mittenwalder Höhenweg) führt über mehrere Gipfel. Viele Metallleitern, einige Holzstege, Sicherungsseile, Eisenstifte und Trittstufen. Achtung: stark ausgesetztes Gelände; bei Wettersturz gefährlich! Der Heinrich-Noé-Steig ist ebenfalls teils ausgesetzt und gesichert (A/B).

Ausgangspunkt
Bergstation der Karwendelbahn, 2244 m

Anfahrt
In Mittenwald oder von der B 2 zur Karwendelbahn

Gehzeiten
Gesamt 7–8 Std.
Zustieg 30 Min., Westl. Karwendelsp. 1 Std., Mittenwalder KS 3–4 Std., Abstieg 2.30 Std.

Aufstieg/Abstieg
Zustieg 100 m, Steig +280/–470 m, Abstieg 1240 m

Hütte/Einkehr
Brunnsteinhütte (1560 m)

Karte
AV BY10 »Karwendelgebirge Nordwest« 1:25 000

Der Mittenwalder Klettersteig verläuft fast nur auf einer Höhe von 2300 Metern und folgt somit ohne große Höhenverluste einem aussichtsreichen Gebirgskamm. Noch ein Pluspunkt der Route: Ihr hoch gelegener Ausgangspunkt ist mit der Karwendelbahn schnell und bequem zu erreichen.

Der Mittenwalder Klettersteig Die Gratüberschreitung beginnt am südlichen Ende der Karwendelgrube beim bayerisch-österreichischen Grenzstein. Erste Leitern und Eisenklammern müssen überwunden werden (A/B/C). In Kehren geht es hoch zur Nördlichen Linderspitze (2374 m, 15–30 Min.). Kurz darauf passieren wir den möglichen Abstieg über den Heinrich-Noé-Steig (2266 m, 15 Min.). Wir bleiben vorwiegend auf der Grathöhe, überschreiten im Auf und Ab die Südliche Linderspitze (2306 m),

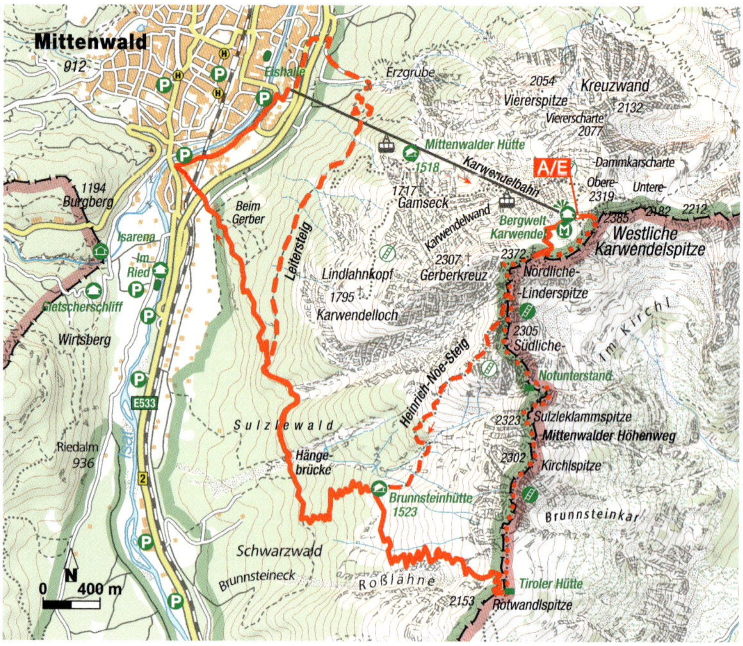

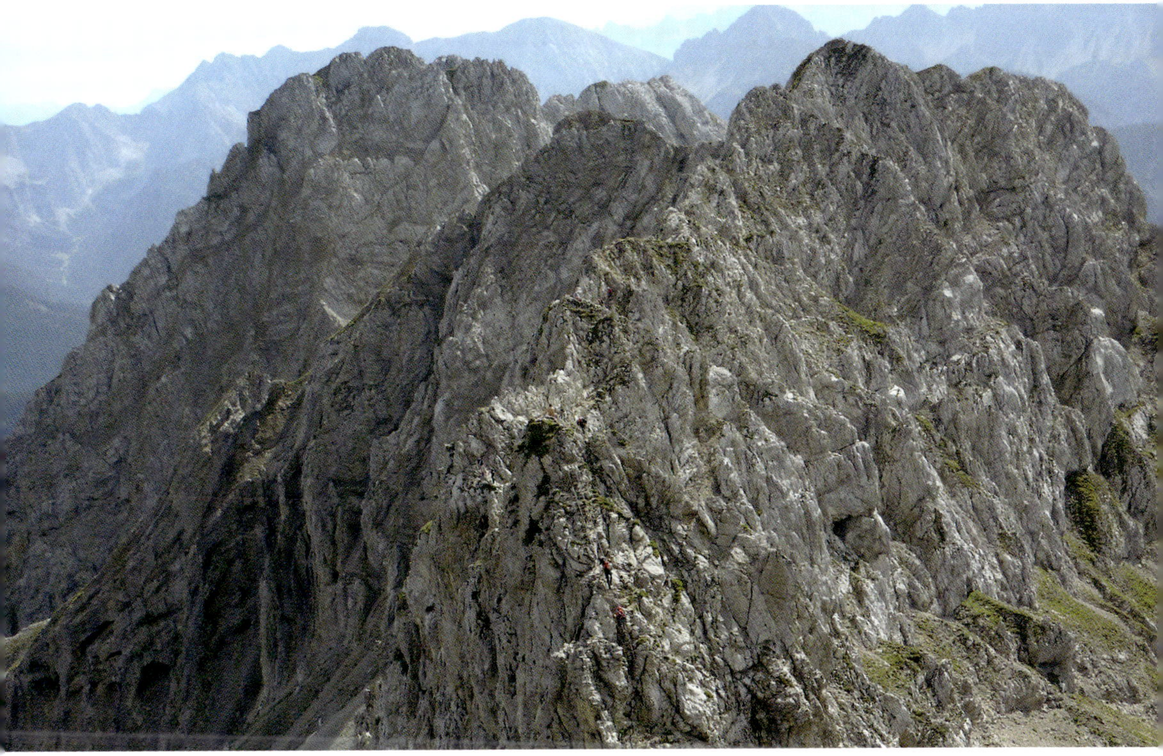

Blick auf die schöne Gratüberschreitung

queren die Sulzleklammspitze (2323 m, 1.30 Std.) und die Kirchlspitze (2302 m, 1 Std.). Über schrofendurchsetzte Schafweiden wandern wir hinab zur Tiroler Hütte (2100 m; nicht mehr bewirtschaftet).

Abstieg über die Brunnsteinhütte Von der Tiroler Hütte steigen wir in westlicher Richtung mit Weg Nr. 276 die Serpentinen hinab zur Brunnsteinhütte (1560 m, 1 Std.). Weiter in Serpentinen durch Hochwald abwärts; wir queren die Sulzleklamm und das Kar Lindlähne und folgen rechts ein Stück dem Leitersteig (Nr. 285). Bald zweigt links der Weg durch Wald hinab nach Mittenwald ab.

Variante über den Heinrich-Noé-Steig Der Steig zwischen der Karwendelbahn-Bergstation und der Brunnsteinhütte führt am Mittenwalder Höhenweg rechts ab, quert die felsige Westseite der Linderspitzen und erreicht schließlich über den Sulzleanger, den Sulzlewald und die Obere Sulzleklamm die Brunnsteinhütte (1560 m, 2 Std.).

31 Karwendelspitz-Klettersteig

Mittenwald aus der Vogelperspektive

C

1.45 Std.

140 Hm Lift

Gipfel/Ziel
Westliche Karwendelspitze (2384 m)

Charakter/Anforderung
Kurzer, aber gerade am Anfang fordernder Klettersteig. Ab dem Grat leichter, Gipfelabschnitt und Abstieg teils sehr speckig und glatt. Dickes Stahlseil! Durch die Seilbahnnähe im Sommer recht voll. Während der Tour keine Steine auf den darunter verlaufenden Normalweg lostreten

Ausgangspunkt
Bergstation der Karwendelbahn, 2244 m

Anfahrt
In Mittenwald oder von der B 2 kommend folgt man den guten Beschilderungen zur Karwendelbahn. ÖV: Bahn bis Mittenwald

Gehzeiten
Gesamt 1.45 Std.
Zustieg 15 Min., Steig 1 Std., Rückweg 30 Min.

Aufstieg/Abstieg
Zustieg 55 m, Steig 85 m, Abstieg 140 m

Hütte/Einkehr
Bergstation der Karwendelbahn (2244 m)

Karte
AV BY10 »Karwendelgebirge Nordwest« 1:25 000

Weit sichtbar von unten ragt das »Fernrohr« neben der Bergstation über die Felskante. Innen bietet es nicht nur ein kleines Museum über hiesige Fauna und Flora, sondern eben auch einen tollen Tiefblick auf Mittenwald. Am anderen Ende des Rohres sehen wir schon das Ziel.

Zustieg Es ist Anfang September, und ein kleines Tief hat uns vor zwei Wochen ein wenig Schnee beschert. Der benachbarte Mittenwalder Höhenweg ist schon offiziell gesperrt. Aber das wäre sowieso heute nicht unser Ziel gewesen. Das Karwendelkar ist schön verschneit, was aber kein Problem für unsere Tour darstellt, die in den Felsen noch schneefrei ist.

Auf die Westliche Karwendelspitze Nach der ersten Felsstufe (B/C) wird uns schnell warm und wenige Schritte später ste-

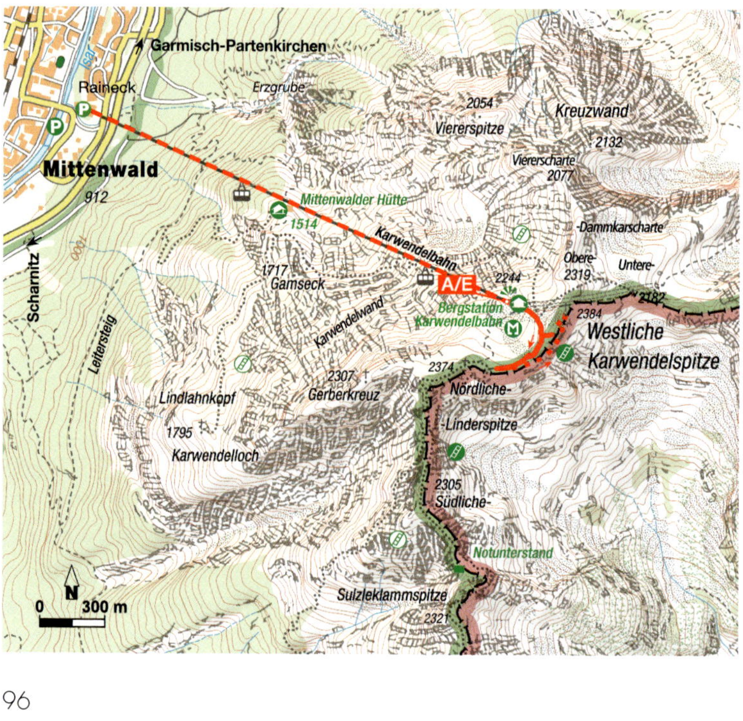

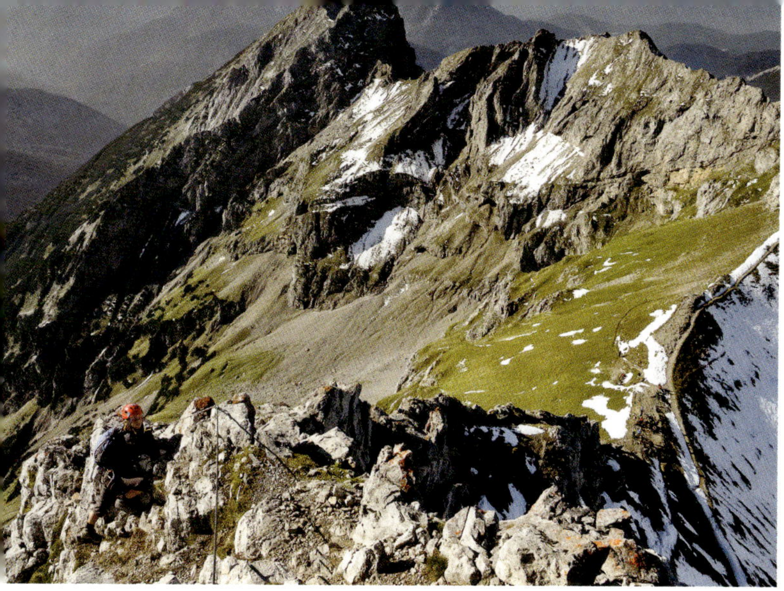

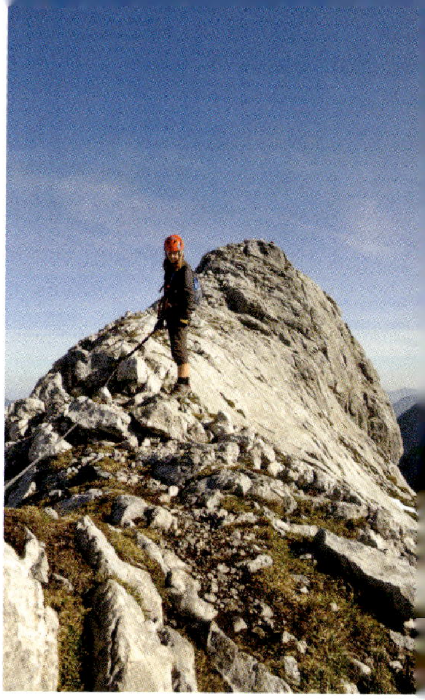

hen wir vor der etwas anstrengenden Querung (C). Vorsichtig setzen wir die Füße auf die kleinen Tritte, und bei den glatten Stellen gehen wir auch mal auf Reibung. Der Steig führt unter einer markanten Nadel vorbei und fordert bei den anschließenden Aufschwüngen noch einmal vollen Krafteinsatz (C). Nach einem Rastplatz folgen noch eine Stufe (B/C) sowie eine leicht abdrängende, ansteigende Querung nach rechts (C). Hier erreichen uns aber schon die Sonnenstrahlen am Grat, und wir meistern auch diese Stelle ohne Probleme. Oben angekommen, genießen wir erst einmal den traumhaften Blick auf die umliegenden verschneiten Berge. Der Grat selber ist breit und gut zu gehen, und schließlich sehen wir auch das Gipfelkreuz. Allerdings müssen wir vorher noch einmal in eine kleine Scharte (B/C) hinab sowie eine schöne Platte wieder nach oben. Letzte Sicherungen führen zur Einmündung in den Normalweg, und die letzten Meter zum Gipfel erweisen sich trotz der Seile als sehr glatt. Im Westen grüßt die verschneite Zugspitze, um uns herum winken die weißen Karwendelgipfel.

Wunderbarer Grat mit toller Aussicht

Links: Blick vom Klettersteig auf das spätherbstliche Karwendel

Tipp

Auf jeden Fall einen Besuch wert: Riesenfernrohr »Bergwelt Karwendel«, Geigenbaumuseum (www.geigenbau-museum-mittenwald.de).

Abstieg mit Umweg Vom Gipfel gehen wir über den gesicherten Normalweg (A/B) wieder auf den Wanderweg. Auch hier sind viele Passagen sehr abgelaufen. Bevor wir ins Tal fahren, werfen wir aber noch einen Blick ins »Fernrohr-Museum« und genießen die Sonnenstrahlen bei einem Spezi.

32 Birkkarspitze und Brendelsteig

Lange Tour im Herzen des Karwendels

A/B/C 12–15 Std. 1820 Hm

Gipfel/Ziel
Birkkarspitze (2749 m), Mittlere Ödkarspitze (2745 m)

Charakter/Anforderung
Problematische Stellen gesichert. Am Westgrat der Birkkarspitze viel schottriges Gestein. Teils Altschneereste. Am Brendelsteig Drahtseile

Ausgangspunkt
a) Wanderparkplatz in Scharnitz (964 m); b) Hinterriß (928 m), am Eingang ins Johannistal

Anfahrt
a) Garmischer Autobahn (A 95) bis Eschenlohe, über Garmisch und Mittenwald nach Scharnitz; b) über Bad Tölz in Richtung Engtal bis Hinterriß. ÖV: Mit der Bahn nach Scharnitz

Gehzeiten
Gesamt 12–15 Std.
a) Zustieg 5 Std./Abstieg 3.30 Std.; b) Zustieg 3 Std./Abstieg 2 Std., Gipfelsteig 3.30 Std., Brendelsteig 3 Std.

Aufstieg/Abstieg
Zustiege/Abstiege 800–830 m, Klettersteige +/–990 m

Hütte/Einkehr
Karwendelhaus (1765 m)

Karte
AV BY10 »Karwendelgebirge Nordwest« 1:25 000

Eine Zweitagestour müssen wir einplanen, um ins Herz des Karwendels zu gelangen, denn dieser höchste Gipfel liegt sehr zentral und ist nur durch lange Täler zu erreichen. Station auf unserem Weg dorthin ist das Karwendelhaus, in dem wir übernachten werden.

Durchs Karwendeltal zum Karwendelhaus Von Scharnitz wandern wir auf breitem Forstweg (Nr. 201) durch das lang gezogene Karwendeltal auf breitem Hüttenweg hinauf zum Alpenvereinshaus.

Über Birkkarspitze und Ödkarspitzen Gleich hinter dem Karwendelhaus (1765 m) setzt der Steig Nr. 225 an, der über eine

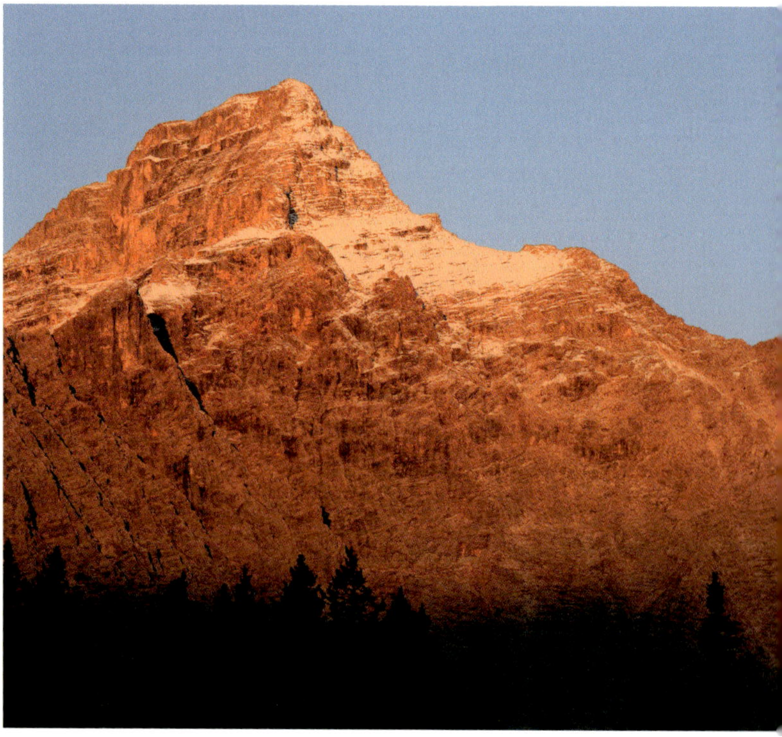

drahtseilgesicherte Stufe ins schier endlose Schlauchkar hinaufführt. Fast waagrecht leitet er unter dem Hochalmkreuz vorbei. Bei den nächsten Wegabzweigungen halten wir uns geradeaus, um am linken Karrand in anstrengenden Serpentinen hochzusteigen. In südwestlicher Richtung führt unsere Route hinauf zum Schlauchkarsattel (2635 m); die letzte Passage verläuft über einen steilen Hang. 50 Meter links vom Schlauchkarsattel befindet sich die kleine Birkkarhütte, die bei schlechtem Wetter Unterschlupf bietet. Der Anstieg auf die Birkkarspitze erfolgt über den gebänderten und schottrigen Westgrat. Die Drahtseilsicherungen beginnen am Felsaufschwung. Zuletzt etwas unterhalb des Grats, dann durch die plattige Südwestflanke zum Gipfel (2749 m).

Brendelsteig Nach ausgiebiger Rundumschau steigen wir zurück zum Schlauchkarsattel und folgen in westlicher Richtung dem markierten Steig über die Ödkarspitzen. Zunächst auf dem allmählich ansteigenden Grat auf die Östliche Ödkarspitze (2739 m), dann über den Mittelgipfel (2743 m) zur Westlichen Ödkarspitze (2712 m), wobei eine drei Meter hohe Felsstufe

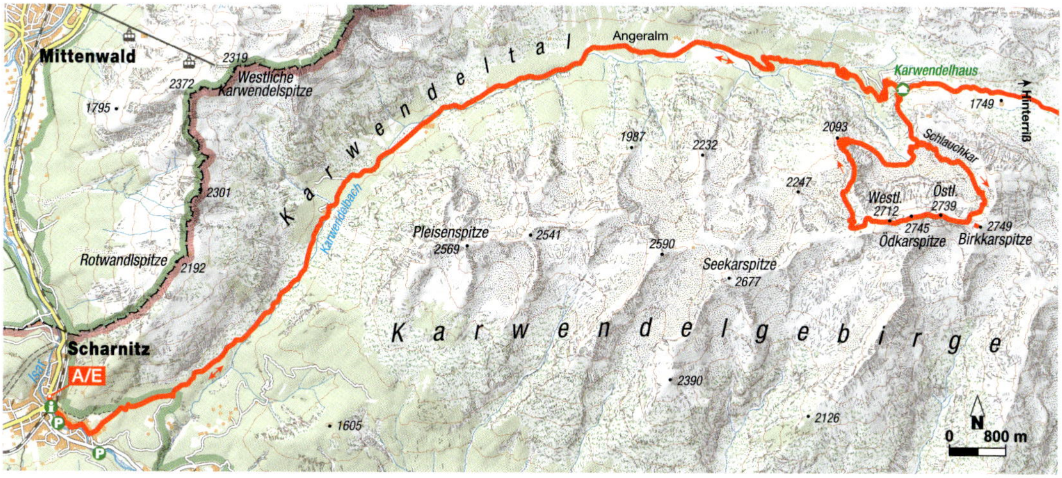

überwunden werden muss. Der Abstieg auf dem gesicherten Brendelsteig erfolgt über das Marxenkar und den Ödkar-Westgrat, weiter über den Nordgrat, wobei der Steig links des Grats verläuft. Nun steigen wir ostwärts hinab ins Schlauchkar und treffen auf den Aufstiegsweg. Auf diesem zurück zum Karwendelhaus.

Linke Seite: Die Birkkarspitze im ersten Morgenlicht

33 Gesicherte Steige an Lamsenspitze und Hochnisslspitze

Durch den Brudertunnel und über den Nordwestgrat

C

7–10.30 Std.

1350 Hm

Gipfel/Ziel
Lamsenspitze (2508 m), Hochnisslspitze (2546 m)

Charakter/Anforderung
Der Lamsentunnel ist mit Eisenbügeln gesichert (max. C), die Anstiege auf beide Gipfel mit Drahtseilen und wenigen Eisenstiften. Trittsicherheit und Schwindelfreiheit erforderlich. Im Lamsentunnel bis in den Frühsommer Schnee möglich!

Ausgangspunkt
Parkplatz am Ende der Fahrstraße in der Eng, 1203 m

Anfahrt
Über Bad Tölz und Hinterriß in die Eng (Mautstraße). ÖV: Mit der Bahn bis Bad Tölz oder Lenggries, dann mit dem Wanderbus in die Eng

Gehzeiten
Gesamt 7–10.30 Std. Zustieg 2–2.30 Std., Lamsenspitze 1.30 Std., Umweg Hochnisslspitze +3.30 Std., Abstieg 3 Std.

Aufstieg/Abstieg
Zustieg 750 m, Steige 600 m, Abstieg 1350 m

Hütte/Einkehr
Binsalm-Niederleger (1503 m); Lamsenjochhütte (1958 m); Engalmen und Alpengasthof Eng

Karte
AV 5/3 »Karwendelgebirge Ost« 1:25 000

Die Lamsenspitze erfordert Trittsicherheit, Schwindelfreiheit und Kondition. Wer noch ihrem weniger populären Nachbarn, der Hochnisslspitze, einen Besuch abstatten will, ist einen langen Tag unterwegs. Da bietet sich die Übernachtung auf der Lamsenjochhütte geradezu an.

Von der Eng zur Lamsenjochhütte Vom Großparkplatz in der Eng wandern wir auf gesperrtem Fahrweg eben zur Almsiedlung. Dann geht es links haltend auf unbefestigtem Fahrweg (Nr. 201) über den Binsalm-Niederleger (1503 m) zum Binsalm-Hochleger (1614 m). Über Bergwiesen und durch Latschen auf Bergsteig zum Westlichen Lamsenjoch (1940 m) und fast eben zur Lamsenjochhütte (1953 m). Alternativ kann man auch von der Gramaialm (zu erreichen von Pertisau) in knapp zwei Stunden zusteigen.

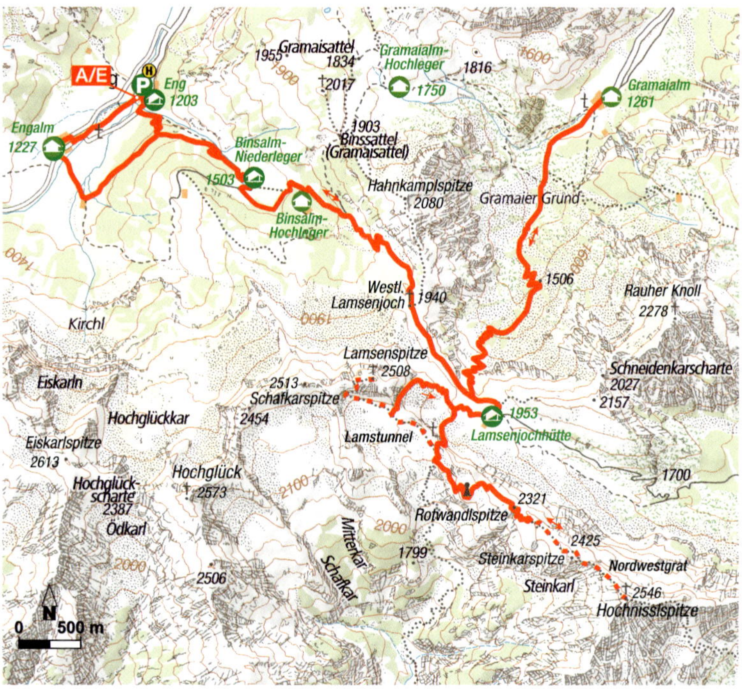

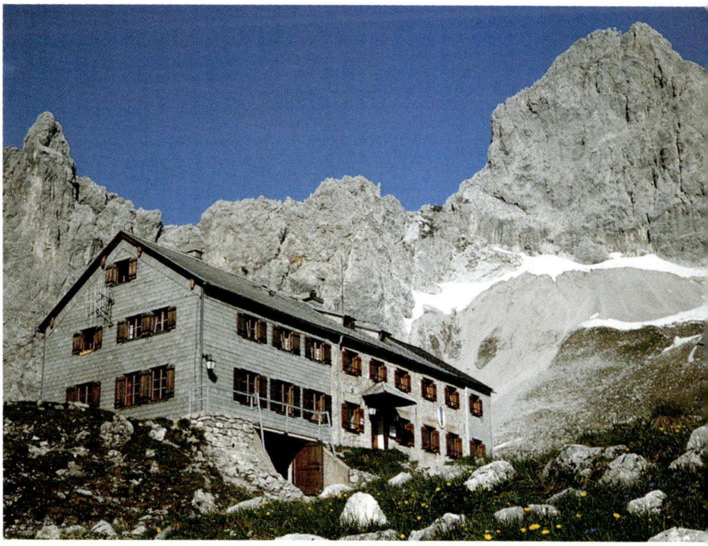

Die Lamsenjochhütte; dahinter baut sich die gewaltige Lamsenspitze auf.

Durch den Lamsentunnel auf die Lamsenspitze Von der Lamsenjochhütte steuern wir erst direkt auf die Lamsenspitze zu und halten uns bei der Wegverzweigung links. Über das steiler werdende Kar bis an die jäh abfallenden Felsen heran (Steinschlaggefahr!). Die abweisende Flanke überwinden wir mittels Stahlseil und Eisenklammern (B/C). Dann sind wir am Eingang zum Lamsentunnel. Bei nassem Wetter ist seine Durchsteigung nicht ratsam. Ein Fixseil hilft über meist feuchtes Gestein hinweg, und zuletzt steigen wir via Eisenklammern zur oberen Öffnung des Tunnels, der uns auf der Westseite des Verbindungsgrats entlässt (C; 45 Min.). Rechts weiter auf Pfad zum Lamsenkar und zur Lamsenscharte (2217 m), in die der Normalweg von der Lamsenjochhütte einmündet. Über Geröll, gut markiert, auf die Felsen des Gipfelaufbaus zu. Die steinschlaggefährdete Turnerrinne wird drahtseilgesichert rechts umgangen. Auf gestuftem Fels bis an die Gipfelfelsen, durch eine Felsrinne zum Gipfelgrat und rechts unterhalb der Grathöhe über Geröll zur Lamsenspitze (2508 m, 45 Min.; A/B/C). Abstieg via Lamsenscharte und Normalweg zur Lamsenjochhütte.

Tipp

Im Herbst bieten die Ahorne auf dem Großen Ahornboden ein furioses Farbenfeuerwerk. Zu diesem Zeitpunkt sind die Hütten allerdings bereits größtenteils geschlossen.

Anstieg auf die Hochnisslspitze Beim Ausgang des Lamsentunnels halten wir uns links und steigen auf der Westseite des Kamms etwas ab, bei der nächsten Wegverzweigung noch mal links. Dann bleiben wir immer unterhalb des Verbindungsgrats. Zuletzt geht es in Kehren wieder hinauf auf die leichte Rotwandlspitze (2321 m). Über den Gipfel hinweg und auf dem Grat mittels Drahtseilsicherung in eine Einsenkung hinab (B/C), dann jenseits wieder auf die Steinkarlspitze (2425 m). Zuletzt über den Nordwestgrat zur Hochnisslspitze (2546 m, 2 Std.). Zurück auf gleichem Weg bis zum Tunnelausstieg (1.30 Std.).

34 Nordwandsteig und Schöngänge

Die leichte Variante auf die Alpspitze

A/B/C

6.30 Std.

620 Hm Lift

Gipfel/Ziel
Alpspitze (2628 m)

Charakter/Anforderung
Nordwandsteig: bequemster Weg auf die Alpspitze. Gut gesicherte Klettersteigroute mit Drahtseilen, Klammern und sogar in den Fels geschlagenen Tunnels. Wegen der Höhe ist dies eine ernst zu nehmende Bergtour! Schwindelfreiheit und absolute Trittsicherheit erforderlich. Die Schöngänge sind drahtseilgesichert.

Ausgangspunkt
Bergstation der Alpspitzbahn, 2033 m

Anfahrt
Am Ende der A 95 weiter nach Garmisch-P. und hier Richtung Fernpass halten. Im Ort der Beschilderung zur Alpspitzbahn folgen (kostenloser Parkplatz)

Gehzeiten
Gesamt 6–7 Std.
Zustieg 30 Min., Nordwandsteig 1 Std., Gipfel 1.30 Std., Abstieg Schöngänge 3.30 Std.

Aufstieg/Abstieg
Zustieg 50 m, Steig 570 m, Abstieg 1000 m

Hütte/Einkehr
Osterfelderkopf (2033 m); Kreuzeckhaus (1652 m)

Karte
AV BY8 »Wettersteingebirge – Zugspitze« 1:25 000

Die Alpspitze ist eine wohlgeformte Felspyramide in wilder Wettersteinlandschaft. Ihre ganze Wirkung entfaltet sie aber erst, wenn man ihr zu Leibe rückt. Bereits 1825 wurde die Alpspitze erstbestiegen. Der klassische Anstieg führte früher über die Schöngänge.

Geschichte Diesem klassischen Anstieg haben die in den Siebzigerjahren eingerichteten Klettersteige längst die Bedeutung genommen. Der 1975 angelegte Nordwandsteig kürzt die alte Route ab und dürfte mittlerweile der beliebteste Anstieg sein. Besonders eignet er sich auch für Klettersteiganfänger.

Der Nordwandsteig Direkt vor der Bergstation der Alpspitzbahn (2033 m) weisen Schilder den Weg zu den Steigen: zunächst fast waagrecht in östlicher Richtung auf die Alpspitz-Nordwand zu, bis der Steig sich nach etwa 200 Metern rechts verzweigt (rechts Anstieg zur Ferrata; siehe Tour 35).
Nun links weiter, wo, gut beschildert, der Nordwandsteig ansetzt (2055 m, 30 Min.), eine technisch gut gesicherte Steiganlage, die den Sockel der Alpspitz-Nordwand fast horizontal nach links durchzieht (Leitern, Drahtseile, Tunnels; A/B/C) und zum oberen Rand der Nordabstürze und ins Oberkar führt. Dort mündet von links der Anstieg über die Schöngänge ein (2190 m, 1 Std.). Über den schrofigen, zum Teil drahtseilgesicherten Ostgrat (A/B) der Alpspitze gelangen wir schließlich hinauf zum Gipfelkreuz (2628 m, 1.30 Std.).

Über die Schöngänge Vom Kreuzeck (1652 m) gehen wir auf dem Wirtschaftsweg zunächst eben zur Hochalm (1703 m). Weiter, leicht ansteigend, in den Sattel zwischen Bergwachthütte und Achselköpfen und, durchwegs markiert, in den Kessel unterhalb der Alpspitz-Nordwand.
Über die Schuttreiße hinauf zum Beginn des Steigs. Drahtseilgesichert und mithilfe einiger Eisenbügel (A/B/C) steigen wir durch

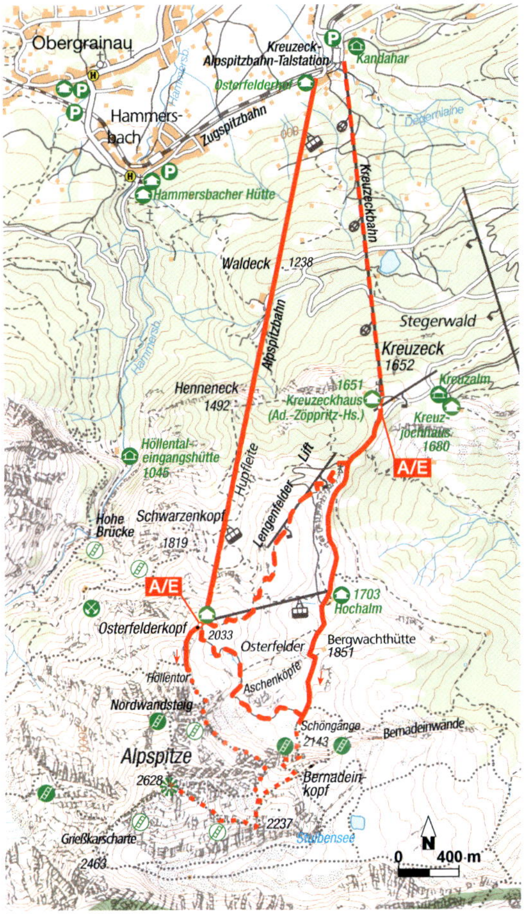

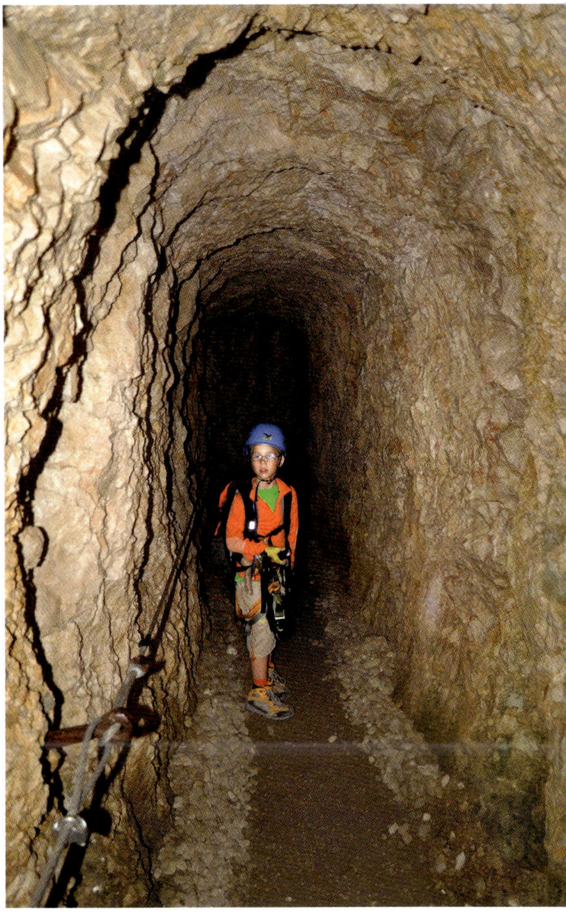

die steile, teilweise exponierte Wand aufwärts zu einem begrünten Sattel. Dann geht es weiter in westlicher Richtung ins Oberkar, wo von rechts der Nordwandsteig einmündet (2190 m, 1.30 Std.). Über den Ostgrat weiter zum Alpspitzgipfel (2628 m).

Teils führt der Nordwandsteig auch durch Tunnel.

Abstieg Der Abstieg erfolgt auf den Anstiegswegen bzw. möglichen Kombinationen. Falls wir uns aus Zeitgründen den Tiefblick von der neuen Aussichtsplattform auf dem Osterfelderkopf versagt haben: Jetzt ist die Gelegenheit für einen unvergleichlichen Panoramablick!

Tipp

Der Anstieg über die Schöngänge lässt sich ideal zu einer Rundtour verbinden, wenn man zum Abstieg die Route über die Grieskarscharte zum Stuibensee einplant. Dort dann – ohne erneuten Anstieg zum Osterfelderkopf – über die Bernadeinhütte zur Hochalm und zum Kreuzeckhaus zurück.

35 Alpspitz-Ferrata

Ein immerwährender Klassiker

B/C

6 Std.

600 Hm Lift

Gipfel/Ziel
Alpspitze (2628 m)

Charakter/Anforderung
Beliebte Anfängertour mit alpinem Charakter. Üppig im Aufstieg gesichert (Bügel und Stifte). Im oberen Teil des Abstiegs unangenehm geröllig (teils gesichert); an zwei Stellen evtl. Kinder ans Kurzseil nehmen. Die gesamte Tour ist im Sommer stark überlaufen.

Ausgangspunkt
Bergstation Alpspitzbahn, 2033 m

Anfahrt
Am Ende der A 95 weiter nach Garmisch-P. und hier Richtung Fernpass halten. Im Ort der Beschilderung zur Alpspitzbahn folgen (kostenloser Parkplatz). ÖV: Bus (RVO) oder Bahn (DB)

Gehzeiten
Gesamt 6 Std.
Zustieg 20 Min., Steig 2.30 Std., Ostgrat 1.30 Std., Nordwandsteig/Schöngänge 1.30 Std.

Aufstieg/Abstieg
Zustieg 50 m, Steig 550 m, Abstieg 600 m

Hütte/Einkehr
Am Osterfelderkopf (2033 m)

Karte
AV BY8 »Wettersteingebirge – Zugspitze« 1:25 000

Die Ferrata auf die Alpspitze (2628 m) gehört zu den Klassikern im Wettersteingebirge. Seilbahnnähe, super Sicherungen im Aufstieg, kurzer Zustieg und die Aura der Zugspitze nebenan locken an schönen Tagen ganze Scharen von Ferratisti an. Für Einsteiger ist daher ein früher Start ratsam, zudem sollte man den Abstieg nicht unterschätzen.

Die Nordwand-Ferrata Von den sieben Routen, die dieser Gipfel aufzuweisen hat, dürfte die 1978 eingerichtete Nordwand-Ferrata mittlerweile die beliebteste sein. Die Ferrata stellt heute die schnellste und am besten gesicherte »Eisen«-Route auf die Alpspitze dar.

Tipp
Nach der Tour ein Bad im kühlen Rießersee (mit Strandbad und Einkehrmöglichkeit).

Von der Bergstation der Alpspitzbahn weisen Schilder den Weg zu den Klettersteigen: Zunächst wandern wir fast eben in östlicher Richtung auf die Nordwand der Alpspitze zu, bis der Steig sich nach etwa 200 Metern teilt (die linke Route ist der Beginn des Nordwandsteigs). Markierungen und eine Tafel weisen nach rechts auf den Beginn der Sicherungen der Nordwand-Ferrata hin. Nach einer ersten langen Felspassage mit Leitern (B/C) steigen wir zur »Stoaröslscharte« an, wo uns ein herrlicher Blick auf die Zugspitze erwartet. Über schrofiges, immer steiler werdendes Felsgelände erreichen wir den Nordwestgrat der Alpspitze. Die Route ist unverfehlbar, weil ständig drahtseilgesichert, und führt hinauf zum 2628 Meter hohen Gipfel, der mit einem großen Kreuz geschmückt ist.

Abstieg über die Schöngänge/Nordwandsteig Zunächst Abstieg vom Gipfel über den Ostgrat ins Oberkar (2190 m). Dort zweigt rechts der Steig über die Schöngänge ab. Drahtseilgesichert gelangen wir hinab ins Kar unter den Bernadeinwänden, wo wir auf den Wirtschaftsweg zum Kreuzeckhaus treffen (1.30 Std.). Oder wir nehmen den Nordwandsteig wieder retour zur Alpspitzbahn (1–1.30 Std., siehe Tour 32).

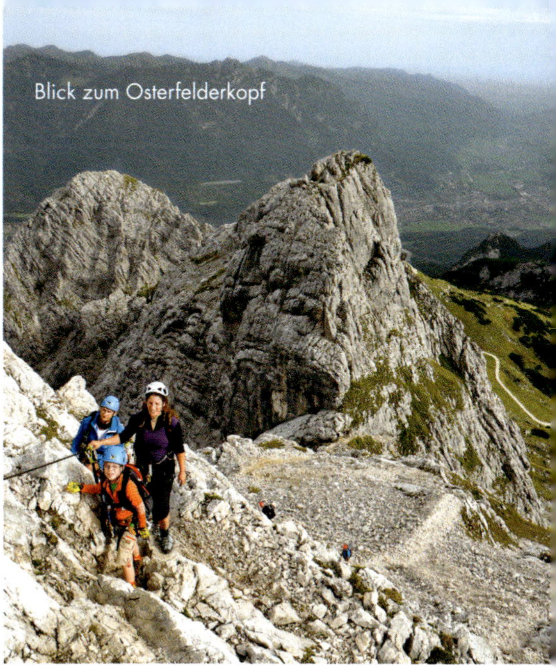
Blick zum Osterfelderkopf

Alternative über das Grieskar Vom Gipfel der Alpspitze steigen wir – zum Teil seilgesichert – hinunter in die Grieskarscharte. Dann links weiter hinab ins Grieskar und zum Stuibensee. Über die Bernadeinhütte und die Hochalm erreichen wir schließlich das Kreuzeckhaus (3.30 Std.).

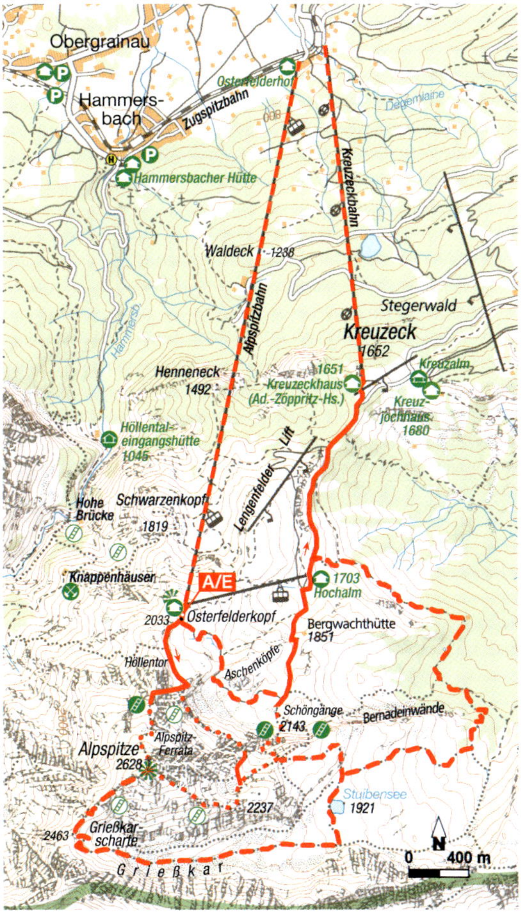

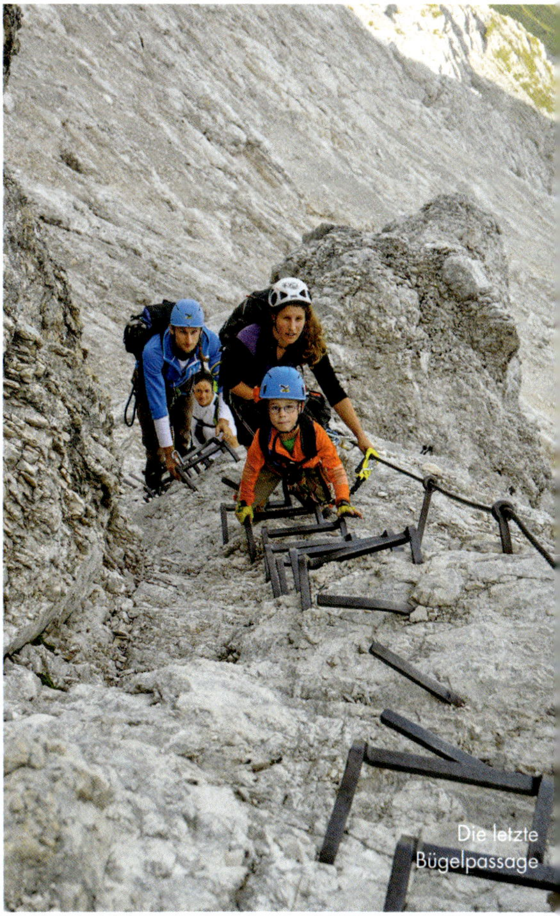
Die letzte Bügelpassage

36 Mathaisenkarsteig

Die dritte Variante auf die Alpspitze

B/C | 9 Std. | 1830 Hm Lift

Gipfel/Ziel
Alpspitze (2628 m)

Charakter/Anforderung
Langer Weg! Zwischen der Höllentalangerhütte und der Grieskarscharte klettersteigartig gesichert; Gipfelanstieg von der Scharte mit Seilen

Ausgangspunkt
Höllentalangerhütte (1387 m)

Anfahrt
Am Ende der A 95 weiter nach Garmisch-P. und in Richtung Griesen, bis links die Zufahrtsstraße nach Hammersbach abzweigt; dort parken. ÖV: Mit der Bahn im Werdenfelstakt nach Garmisch-Partenkirchen, dann mit der Zugspitzbahn zur Station Hammersbach

Gehzeiten
Gesamt 9 Std.
Zustieg 4.30 Std., Steig 1 Std., Gipfel 30 Min., Ostgrat 1.30 Std., Nordwandsteig 1–1.30 Std.

Aufstieg/Abstieg
Zustieg 1460 m, Steig 200 m, Gipfel 170 m, Abstieg 600 m

Hütte/Einkehr
Höllentaleingangshütte (1045 m); Höllentalangerhütte (1387 m)

Karte
AV BY8 »Wettersteingebirge – Zugspitze« 1:25 000

Der Anstieg durch die Höllentalklamm und über das Mathaisenkar auf die Alpspitze stellt mit knapp 2000 Höhenmetern auch für konditionell gute Bergsteiger eine Prüfung dar. Der Klettersteig ist zudem im Vergleich zu den anderen Routen spärlich gesichert und sein Verlauf nicht immer leicht zu finden. Der erlebnisreichste Anstieg zur Alpspitze!

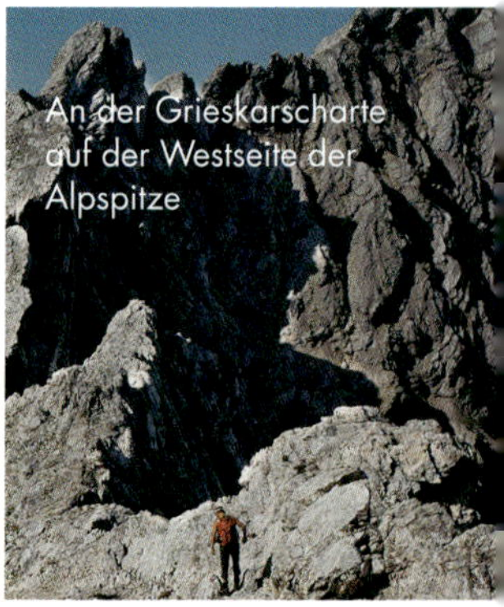
An der Grieskarscharte auf der Westseite der Alpspitze

Durch die Höllentalklamm zur Höllentalangerhütte Vom Parkplatz bzw. der Station Hammersbach (800 m) zunächst auf breitem Weg durch Wald am Hammersbach entlang bis zum Ende des gesperrten Fahrwegs. Dann in Kehren zur Höllentaleingangshütte (1045 m) und zum Eingang der gebührenpflichtigen Höllentalklamm. Nun wandern wir durch diese faszinierende Schlucht. Der Steig führt durch zwölf aus dem Fels herausgeschlagene, beleuchtete Tunnels. Nach dem Klammausgang geht es weiter talein ins Höllental, dann kurz rechts in Kehren steil hinauf und weiter das Tal entlang zur neu errichteten Höllentalangerhütte (1387 m, 2 Std.).

Über den Mathaisenkarsteig Von der Höllentalangerhütte auf Wanderweg ein kurzes Stück talein, dann links (Nr. 438) in kleinen Serpentinen durch Wald hinauf und wiederum links durch Latschen ins Mathaisenkar. Wir queren das Kar weiter ansteigend in östlicher Richtung und erreichen den markierten Einstieg in den Klettersteig. Über schrofiges Gelände höher bis zum Beginn der Drahtseilsicherungen (2260 m, 2.30 Std.). Den Markierungen folgend überwinden wir eine Steilstufe und erreichen zuletzt über eine weniger steile Felsrinne die Grieskarscharte (2463 m, 1 Std.), die Hochblassen und Alpspitze trennt. Von der Scharte links auf

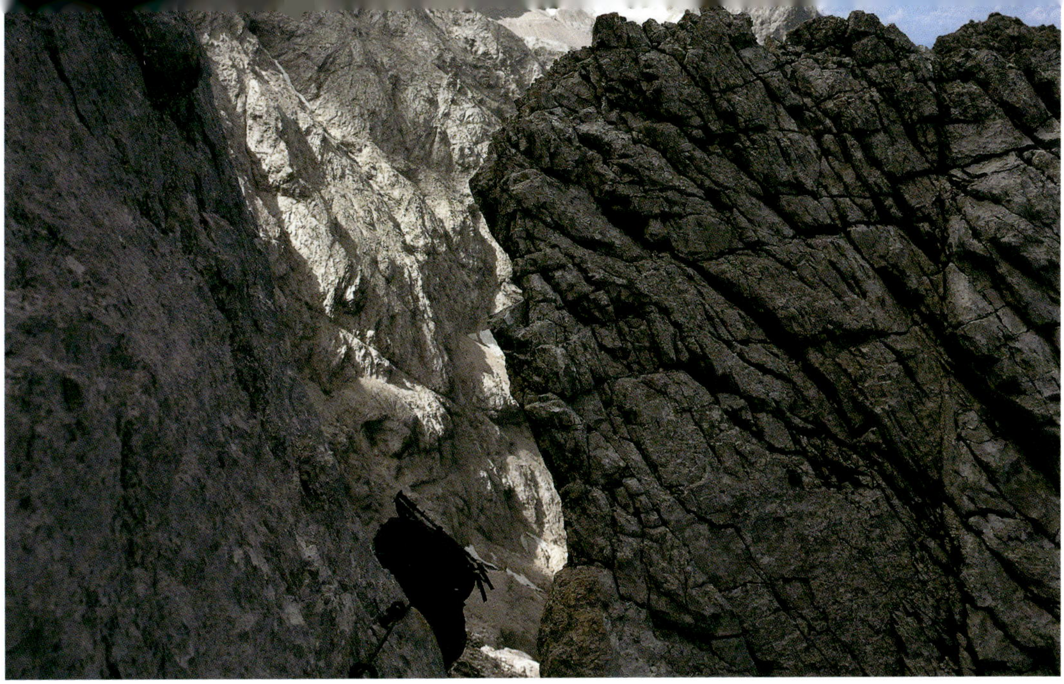

den Südwestgrat der Alpspitze und Markierungen folgend in einer Dreiviertelstunde hinauf zum Gipfel (2628 m, 30 Min.).

Auf dem Mathaisenkarsteig

Tipp

Der Weg durch die Höllentalklamm wurde kürzlich ausgebessert, die Tunnels sind nun gut beleuchtet. Das Wasser tropft jedoch nach wie vor ins Genick – also Anorak nicht vergessen.

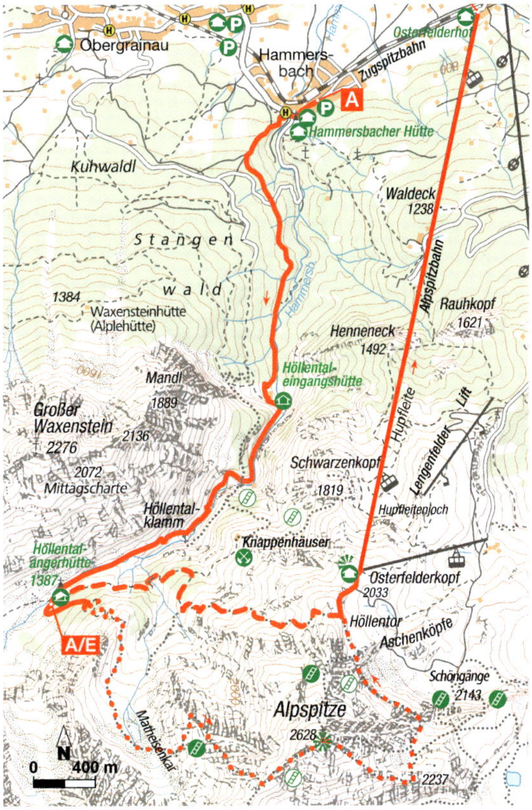

Abstieg über den Nordwandsteig Vom Gipfel der Alpspitze steigen wir über den teilweise gesicherten Ostgrat hinunter ins Oberkar (2190 m) und dann links haltend über die Geländekante in die Nordwand. Durch zwei Tunnels und gut gesichert quer durch die Wand hinab zum Osterfelderkopf, wo wir schließlich mit der Alpspitzbahn zu Tal schweben können (siehe Tour 34).

37 Mauerläufer-Klettersteig

Der neueste Steig im Wetterstein

E

4–4.30 Std.

410 Hm

Gipfel/Ziel
Bernadeinkopf (2143 m)

Charakter/Anforderung
Extrem schwerer Klettersteig, der ungewöhnlich viel Armeinsatz verlangt. Überwiegend ohne künstliche Tritthilfen (bis auf den Einstieg). Nur für sehr erfahrene und sportliche Klettersteiggeher! Bei Nässe nicht begehen!

Ausgangspunkt
Bergstation der Alpspitzbahn, 2033 m

Anfahrt
Am Ende der A 95 weiter nach Garmisch-P. und hier Richtung Fernpass halten. Im Ort der Beschilderung zur Alpspitzbahn folgen (kostenloser Parkplatz). ÖV: Bus (RVO) oder Bahn (DB)

Gehzeiten
Gesamt 4–4.30 Std.
Zustieg 30 Min., Steig 2.30 Std., Abstieg 1–1.30 Std.

Aufstieg/Abstieg
Zustieg –150/+30 m, Steig 250 m, Abstieg –250/+130 m

Hütte/Einkehr
Bergstation am Osterfelderkopf (2033 m, Tel. 08361/1270)

Karte
AV BY8 »Wettersteingebirge – Zugspitze« 1:25 000

Es ist lange her, dass im Wetterstein eine neue Ferrata errichtet wurde. Dann hat man es aber 2009 so richtig krachen lassen! Mit dem Mauerläufer-Klettersteig ist hier nicht nur eine der schwersten Via Ferrate Deutschlands, sondern sicherlich auch im angrenzenden Alpenraum gelungen. Nichts für »Angsthasen«.

Zustieg Von der Bergstation wandern wir erst über die Schotterstraße einige Höhenmeter abwärts. In einer Rasensenke treffen wir auf den Zustieg von der Kreuzeckbahn. Ab hier im Geröll etwas aufwärts und dann links haltend zum nahen Wandfuß (1890 m).

Mauerläufer-Klettersteig Schon der Einstieg (C/D; hier noch ein paar Bügel) prüft jeden Anwärter, und wer hier auch nur die kleinsten Probleme hat, lässt besser die Finger von der Tour. Die folgenden Höhenmeter bestehen aus einer Abfolge von sehr schweren Wandstufen (C/D–D) und kleinen Rampen. Nach der dritten Rampe stehen wir auch schon vor der schweren Schlüsselstelle: Erst kurz überhängend (E), dann sehr steil und anhaltend schwierig (C/D–D) geht es nun weiter. Ein leichtes Geröllband (B/C) lädt zum Verschnaufen ein. Es folgen eine kleine Querung nach links und ein kurzer Überhang (C/D–D) bis zur luftigen Drahtseilleiter. Dieses schwankende Ding steigen wir schnell nach oben, dann geht es wieder sehr schwer (C/D–D) weiter. Nächstes

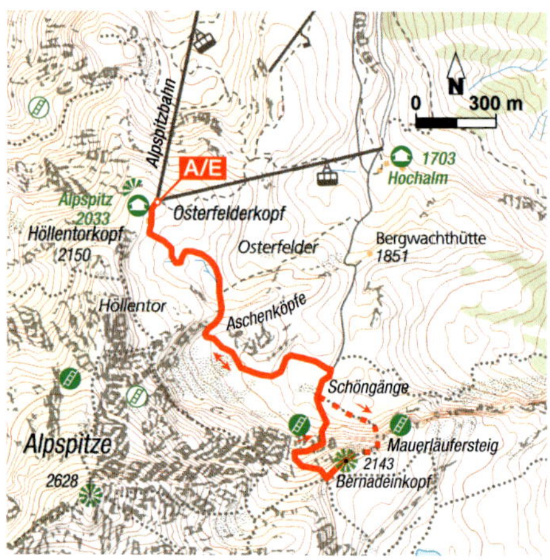

Highlight ist eine glatte Wand (D/E) mit einer anschließenden leicht ausbauchenden Querung nach links (C/D). Ein kurzer Überhang (C/D–D), und die Hauptschwierigkeiten sind (fast) geschafft. Endlich hat man auch einmal die Muße und kann die Aussicht genießen.

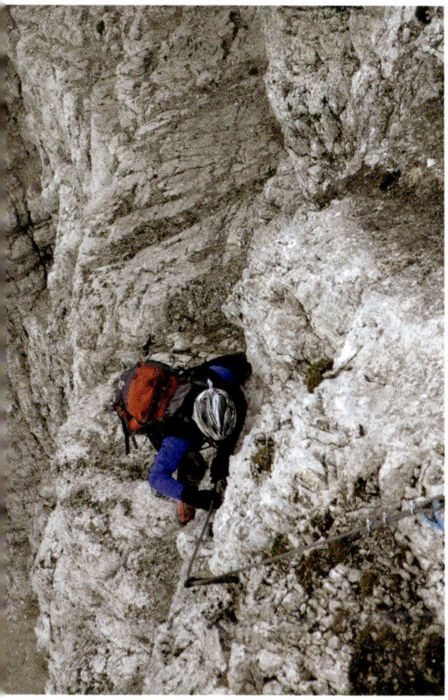

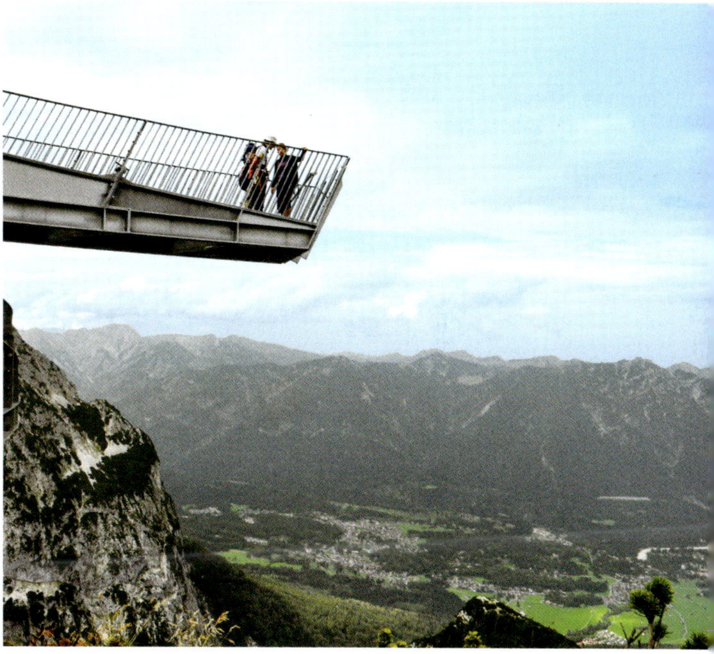

Blick von der neuen Aussichtsplattform AlpspiX an der Bergstation

Links: Senkrechte Passage im unteren Bereich

Wir meistern eine schöne Plattenquerung nach rechts (B/C) und können so noch einmal Kraft tanken für den letzten Prüfstein: Ein überhängender Aufschwung (D/E) versperrt uns den Zustieg zum nahen Ausstieg. Zunehmend merkt man schon die anhaltende Länge der Schwierigkeiten. So erreichen wir die sehr luftige Dreiseilbrücke (C), die man aber auch links umgehen könnte (B/C). Geschafft! Eine letzte Sicherung (B/C), und wir gehen zum nahen Gipfel des Bernadeinkopfes.

Retour Wir steigen erst in westlicher Richtung abwärts, bis wir in einer Senke auf den Zustieg zu den Schöngängen stoßen (siehe Tour 34). Nun über die Felsen hinab, meist gesichert (B/C), bis zum Bernadeinweg. Von hier müssen wir jetzt schließlich wieder zur Bergstation des Osterfeldkopfes aufsteigen.

Tipp

Man könnte auch über den Nordwandsteig (siehe Tour 34) zurück zur Bergstation gelangen.

38 Zugspitz-Klettersteig

Über Höllental, Leiter und Brett

C

8.30 Std.

2200 Hm Bergbahn

Gipfel/Ziel
Zugspitze (2962 m)

Charakter/Anforderung
Nur für ausdauernde und erfahrene Bergsteiger; Trittsicherheit und Schwindelfreiheit erforderlich. An der Leiter Eisenbügel, am Brett Eisenstifte und Drahtseile. Oberhalb der Randkluft (manchmal schwierig zu überwinden) des Höllentalferners wieder Drahtseilsicherungen, die nahezu bis zum Gipfel leiten. Für den Höllentalferner Leichtsteigeisen oder Grödel sehr empfehlenswert; im Spätsommer ein Muss

Ausgangspunkt
Parkplatz in Hammersbach (753 m) bzw. Bahnstation Hammersbach, 1065 m

Anfahrt
Siehe Tour 34

Gehzeiten
Gesamt 8.30 Std.
Zustieg 5.30 Std., Steig 3 Std., Abstieg mit Bahn

Aufstieg/Abstieg
Zustieg 1600 m, Steig 600 m

Hütte/Einkehr
Höllentaleingangshütte (1045 m); Höllentalangerhütte (1387 m)

Karte
AV BY8 »Wettersteingebirge – Zugspitze« 1:25 000

Die Zugspitze, Deutschlands höchster Berg, der allerdings mit dem österreichischen Nachbarn geteilt werden muss, hat schon unzählige Schmähungen über sich ergehen lassen müssen: Er sei der hässlichste Berg Deutschlands und total verbaut und zeige einen alpinen Ganzjahreszirkus.

Besuchermagnet Zugspitze Wahr ist natürlich, dass drei Bergbahnen auf sein Haupt führen und vier Berghütten für regen Zulauf sorgen. Kein Wunder, die Aussicht vom Ostgipfel ist gewaltig: Bei guten Witterungsbedingungen reicht sie von der Donau bis in die Ostschweiz und vom Alpenvorland bis zu den Dolomiten. Für Klettersteigfreunde hat die Zugspitze zudem vier gesicherte Routen zu bieten, von denen der Anstieg über das Brett sicherlich zu den längsten, aber auch rassigs-

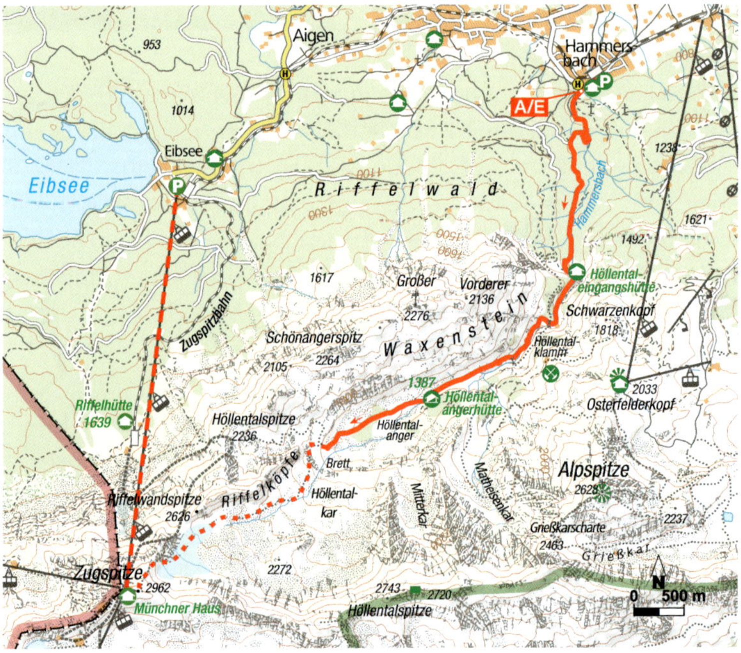

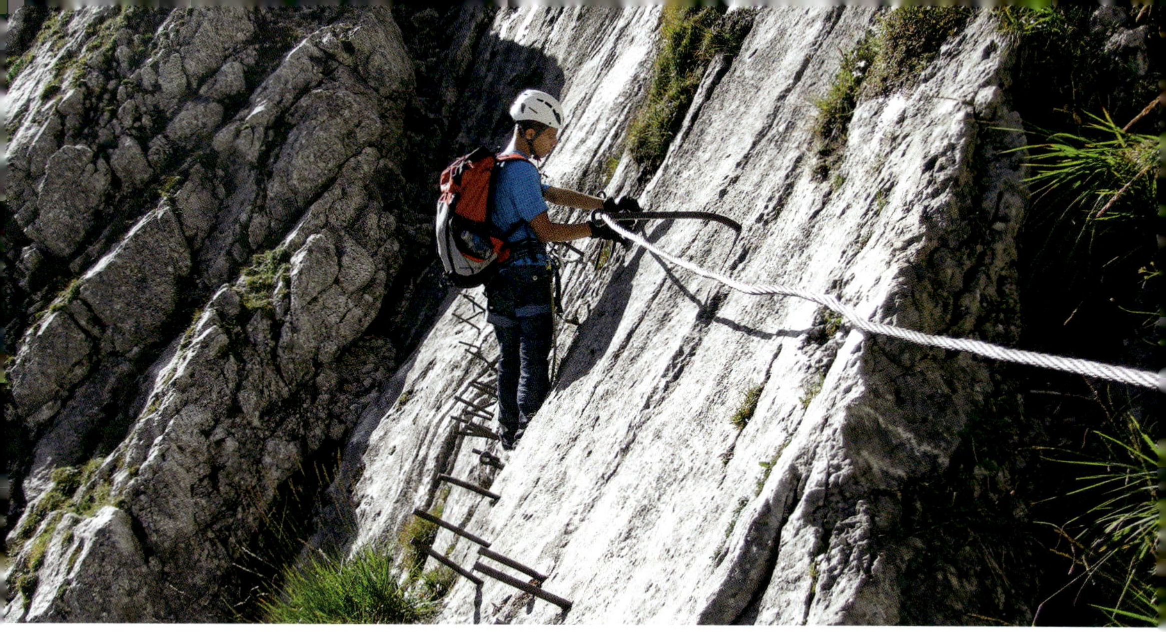

Das ausgesetzte »Brett«

ten gehört. Allein vom Höllentalanger aus sind beim Anstieg knapp 1600 Höhenmeter zu bewältigen, eine Herausforderung für die Kondition. Eine Übernachtung in der Höllentalangerhütte sollte daher besser eingeplant werden. Der bereits 1893 angelegte Steig – der damit einer der ältesten in den bayerischen Alpen ist – wartet mit drei Herausforderungen auf: der »Hühner«-Leiter, dem »Brett« und, je nach Jahreszeit, dem Höllentalferner.

Tipp

Wer im Münchner Haus übernachten will, sollte sich besser vorher anmelden (nur für Alpenvereinsmitglieder möglich, www.muenchnerhaus.de), sonst muss er vielleicht in der Wirtsstube schlafen, denn die wenigen Plätze sind begehrt.

Durch die Höllentalklamm zur Höllentalangerhütte Vom Parkplatz bzw. von der Station Hammersbach zunächst auf breitem Weg durch Wald am Hammersbach entlang bis zum Ende des gesperrten Fahrwegs. Dann geht es in Kehren hinauf zur Höllentaleingangshütte (1045 m) und zum Eingang der Höllentalklamm. Nach Entrichten einer Gebühr wandern wir in der düsteren, aber faszinierenden Klamm auf gut instand gehaltenem Steig durch zwölf aus dem Fels herausgeschlagene Tunnels hinauf ins Höllental. Nach dem Klammausgang weiter talein, dann rechts in Kehren kurz steil hoch und zur Höllentalangerhütte (1379 m, 2 Std.) auf dem ebenen Höllentalanger.

Anstieg über Leiter, Brett und Höllentalferner Von der Höllentalangerhütte rechts über den Hammersbach, dann links nahezu

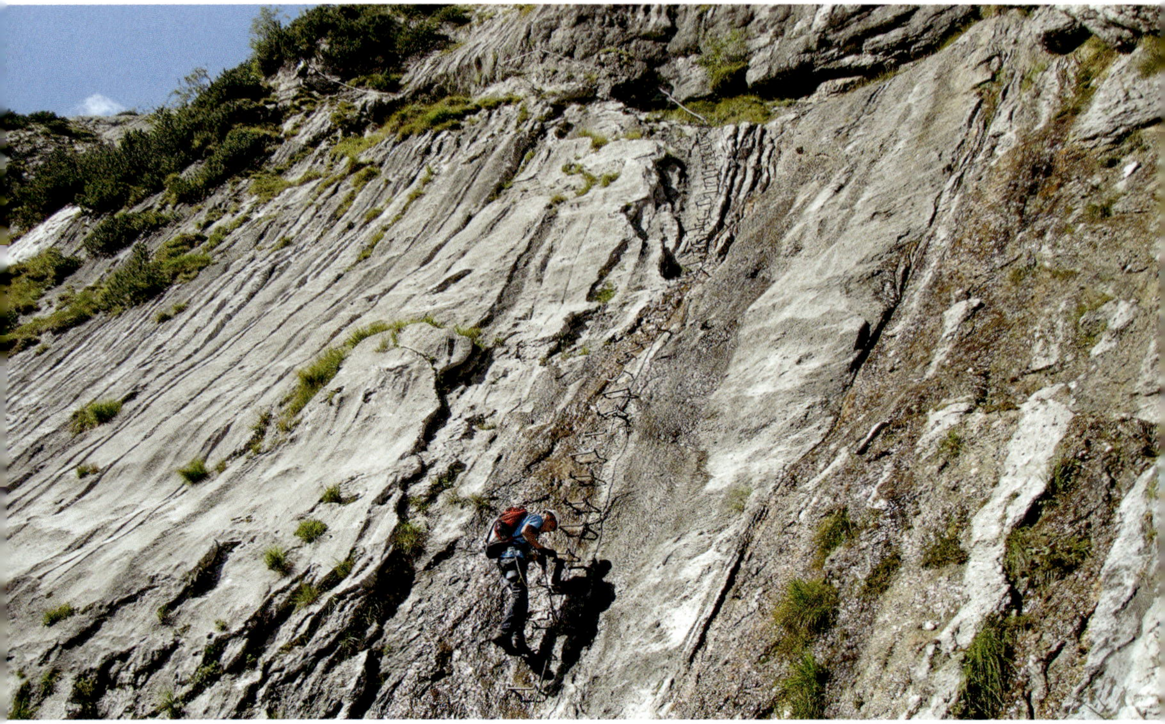

Die bekannte »Leiter«-Passage

eben in einer halben Stunde bis in den hinteren Grund des Höllentalangers zur Wegverzweigung. Dort links haltend (rechts Abzweigung zur Riffelscharte) nun deutlich steiler zum Beginn der »Leiter«, die den Auftakt zum Klettersteig bildet. Über eine leiterartige Anordnung von Eisenklammern mit Drahtseilsicherung 20 Meter steil empor, dann links über gesicherte Felsbänder zum »Brett«, einer trittlosen, etwa 35 Meter breiten Felswand, die mithilfe von Eisenstiften und einer Drahtseilführung überwunden wird (B/C; 1 Std.). Diese Querung erfordert absolute Schwindelfreiheit. Den Markierungen folgend gelangen wir auf gutem Steig (Drahtseile) über steiles Felsgelände und über den Grünen Buckel bald ins Höllentalkar. Über Moränengelände zum Gletscher, den wir auf einer Höhe von etwa 2300 Metern erreichen (2 Std.).

Klettersteig Auf dem Höllentalferner zunächst links haltend – in Gletschermitte – um die Spaltenzone herum aufwärts, dann oberhalb der Abbruchzone rechts steil hinauf zum Gletscherrand mit der fallweise heiklen Randkluft (2460 m). Mit einem Sprung über diese hinweg zum Wandfuß und den Sicherungen folgend

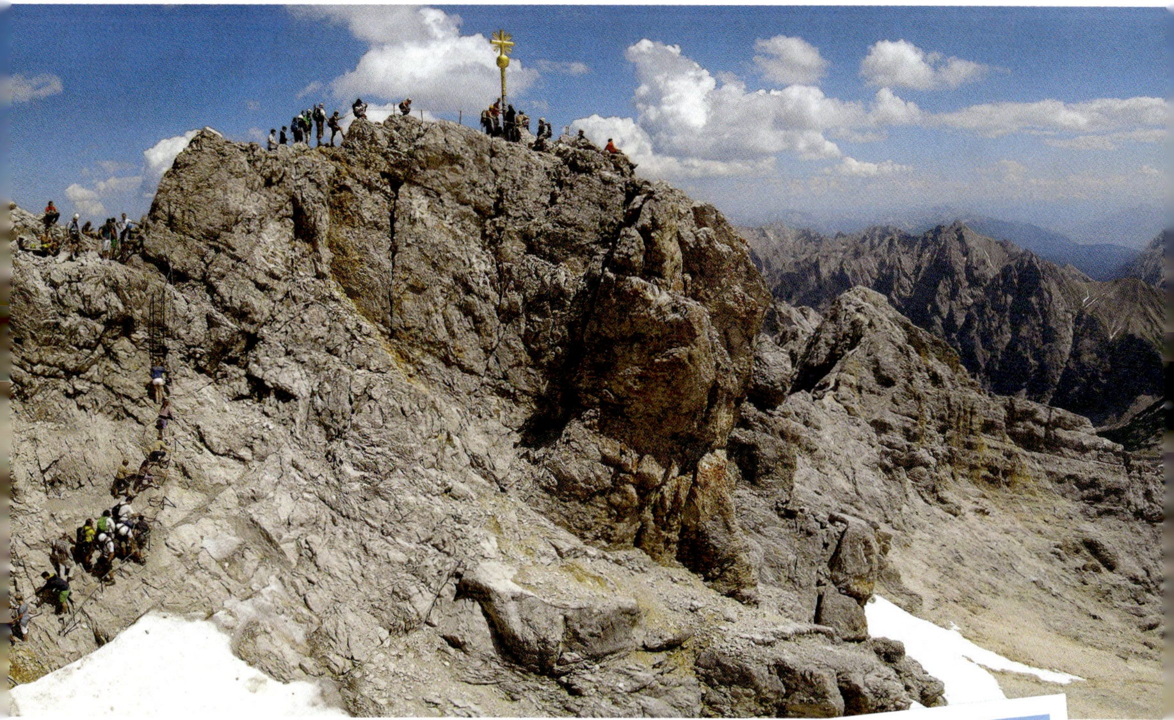

über eine steile Felsstufe hinauf zu einer Schuttterrasse (B/C). Am rechten Ende beginnen die nun nahezu durchgängig geführten Stahlseile durch die Ostwand des Nordgrats hinauf zur Irmerscharte (2660 m; bis C). Dabei sind noch einige luftige Stellen mithilfe von Eisenstiften zu überwinden. Anschließend weiter durch die Rinnen der Nordwand – immer gut gesichert – zum Jubiläumsgrat (2 Std.) und zum breiten Weg, der rechts hinauf zum Ostgipfel der Zugspitze führt. Das golden glänzende Gipfelkreuz auf 2962 Metern ist dann wahrlich der krönende Abschluss dieser langen Tour.

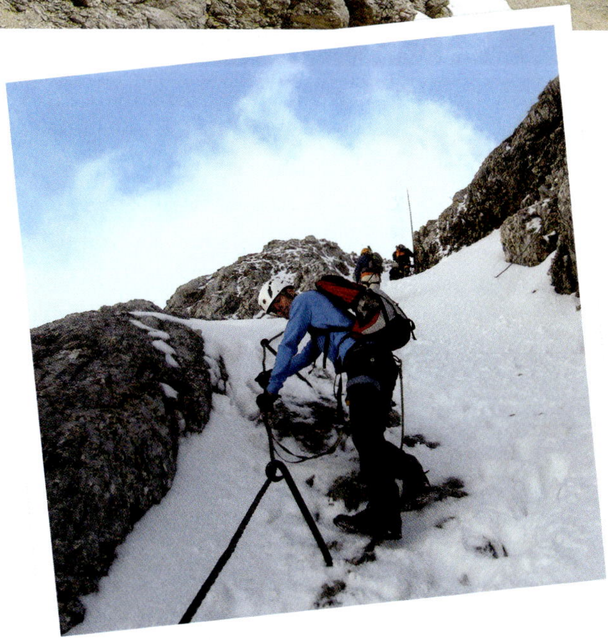

Auch im Sommer ist mit Schnee am Gipfel zu rechnen.

Ganz oben: Der höchste Punkt Deutschlands

Abstieg Über Tour 39 oder Abfahrt mit der Zugspitzbahn bis Station Hammersbach.

39 Stopselzieher-Steig

Von der Wiener-Neustädter-Hütte zur Zugspitze

A/B/C — 10 Std. — 1730 Hm Bergbahn

Gipfel/Ziel
Zugspitze (2962 m)

Charakter/Anforderung
Nur für Geübte; Schwindelfreiheit und Trittsicherheit unbedingt erforderlich. Steinschlaggefahr! Eisenklammern im Stopselzieher sowie Drahtseilsicherungen. Am Schneefernerkopf Drahtseilsicherungen

Ausgangspunkt
Talstation der Tiroler Zugspitzbahn in Obermoos, 1220 m

Anfahrt
A 95 bis Eschenlohe, auf der B 2 nach Garmisch-P. und weiter in Richtung Griesen und Ehrwald, bei der Straßenverzweigung kurz vor Ehrwald links 3,5 km hoch zur Talstation der Tiroler Zugspitzbahn in Obermoos; dort Parkplatz

Gehzeiten
Gesamt 10 Std.
Zustieg 3 Std., Steig 3 Std., Abstieg 4 Std.

Aufstieg/Abstieg
Zustieg 980 m, Steig 750 m, Abstieg 1730 m

Hütte/Einkehr
Wiener-Neustädter-Hütte (2209 m); Münchner Haus (2962 m)

Karte
AV BY8 »Wettersteingebirge – Zugspitze« 1:25 000

Der Anstieg über den Stopselzieher-Steig auf die Zugspitze ist – abgesehen vom Hüttenaufstieg von Süden über den Weitwanderweg E4 – der kürzeste. Auch ist er der wettersicherste Weg, denn der im Westen gelegene Anstiegsweg gibt den Blick frei auf möglicherweise von dort heranziehende Gewitter.

Ambiente Bei dieser Route empfiehlt sich eine Übernachtung in der Wiener-Neustädter-Hütte. Da die neue Luftseilbahn von Ehrwald nicht mehr an der Mittelstation hält, müssen mehr als 1700 Höhenmeter vom Tal bis zum Gipfel zu Fuß zurückgelegt werden. Die Kulisse ist spektakulär, führt die Route doch durch die 1000 Meter ins Ehrwalder Becken abfallende Westwand, wobei 550 Höhenmeter mittels Klettersteig bewältigt werden.

Von Obermoos zur Wiener-Neustädter-Hütte Vom Parkplatz an der Talstation der Tiroler Zugspitzbahn führt rechts ein Wanderweg (»Binderweg«, Nr. 822) über die ehemalige Skitrasse in südwestlicher Richtung hinauf, bis wir auf den Georg-Jäger-Steig stoßen (Nr. 801, 1637 m).
Diesen links weiter in das Gamskar und in Serpentinen aufwärts zur ehemaligen Mittelstation der Tiroler Zugspitzbahn. Über den Grat hinweg auf die Nordseite zum Österreichischen Schneekar. An dessen unterem Ende liegt die Wiener-Neustädter-Hütte (2209 m).

Gipfelanstieg durch den Stopselzieher Von der Hütte auf markiertem Weg über Geröll zum linken oberen Ende des Österreichischen Schneekars; dort ist der Einstieg zum Klettersteig. Hier bewältigen wir gleich die Schlüsselpassage der Route, den Stopselzieher, eine kaminartige, mit zahlreichen Eisenbügeln und Stahlseilen gesicherte Felsrinne (B/C). Jenseits geht es weiter über Steigklammern und an Drahtseilen durch eine große Verschneidung bis in schrofiges Gelände. Auf schottrigem Steig, den

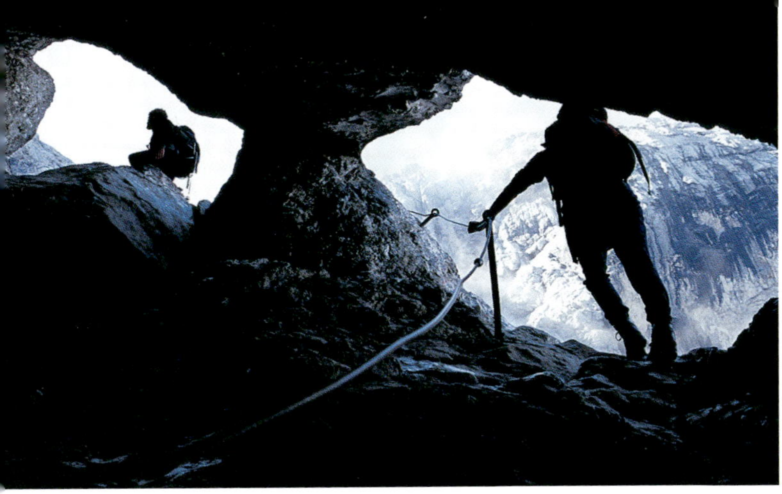

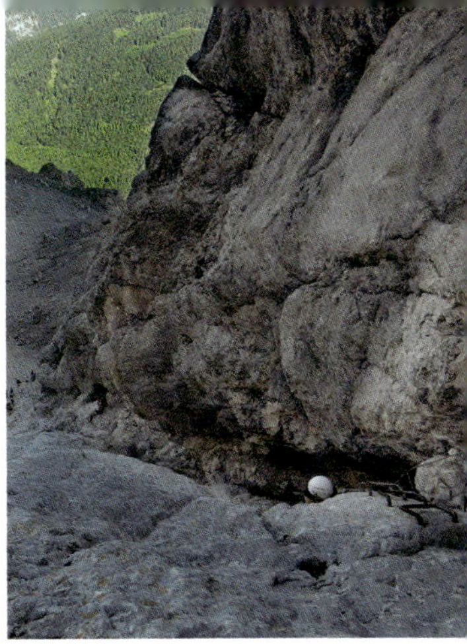

Der Einstieg zum Stopselzieher

Links: Eines der Highlights auf der Route ist dieser Felstunnel.

Markierungen folgend, erreichen wir die Bergstation der alten Seilbahn direkt auf dem Grat. Nun links auf trassiertem Weg weiter zum Münchner Haus (2964 m).

Übergang zum Schneefernerkopf Falls wir über den Westweg aufgestiegen sind, müssen wir nicht zum Münchner Haus hinauf, sondern gehen rechts auf dem trassierten Weg abwärts zum Schneefernerhaus (2650 m). Wer vom Zugspitzgipfel kommt, steigt zum Schneefernerhaus ab. Von dort führt ein Pfad über den Schneeferner hinauf zur Schneefernerscharte (2699 m). Dort links und den Sicherungen folgend über einige Felsstufen auf die Nordschulter des Schneefernerkopfs (A/B/C). Zuletzt über Gehgelände zum höchsten Punkt (2874 m, zusätzlich 2 Std.).

Abstieg Über Tour 38 oder Abfahrt mit den Zugspitzbahnen.

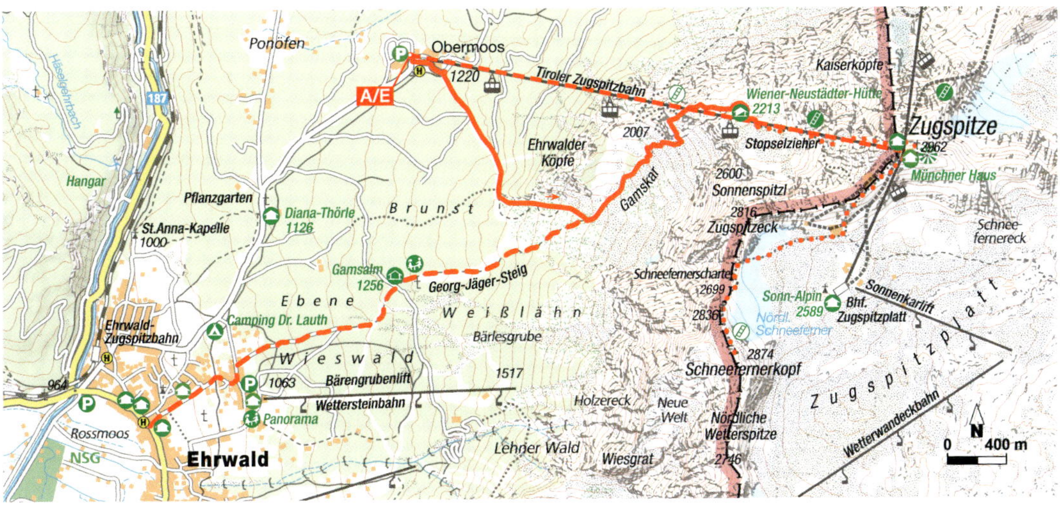

40 Hermann-von-Barth-Weg

Auf die Partenkirchener Dreitorspitze

B/C — 9 Std. — 1650 Hm

Gipfel/Ziel
Partenkirchener Dreitorspitze (2633 m)

Charakter/Anforderung
Der Anstieg durch das Bergltal erfordert Trittsicherheit, der Abstieg über den Söllerpass zusätzlich Schwindelfreiheit (im Sommer sehr heiß). Eisenklammern und Drahtseile erleichtern den Anstieg.

Ausgangspunkt
Beim Gasthaus Hubertus, zwischen den Weilern Lochlehen und Reindlau in Leutasch, 1060 m

Anfahrt
Garmischer Autobahn (A 95) bis Eschenlohe, dann B 2 nach Mittenwald, und links hoch in die Leutasch bis zum Gasthaus Hubertus, etwa 2 km vor Puitbach; dort Parkplatz

Gehzeiten
Gesamt 9 Std.
Zustieg 4–4.30 Std., Steig 1 Std., Abstieg 3–3.30 Std.

Aufstieg/Abstieg
Zustieg 1200 m, Steig 300 m, Abstieg 1650 m (Gegenanstiege)

Hütte/Einkehr
Meilerhütte (2366 m)

Karte
AV BY8 »Wettersteingebirge – Zugspitze« 1:25 000

Die Dreitorspitze, in Führern älteren Datums auch Karlspitze genannt, weist zwei eigenständige Gipfel auf: die Leutascher und die Partenkirchener Dreitorspitze. Lediglich die Partenkirchener Dreitorspitze ist für den Normalbergsteiger von Interesse, nahezu alle anderen Routen sind Kletterern vorbehalten.

Geschichte Der gesicherte Hermann-von-Barth-Weg (Gedenktafel am Anstiegsweg) führt auf den Westgipfel. Dieser leichte Klettersteig – allerdings in großer Höhe – wurde bereits im Jahre 1885 angelegt und erfreut sich bis heute ausgesprochener Beliebtheit. Allerdings sind die Anstiegswege dorthin lang; dafür können wir auch auf einer der höchstgelegenen Hütten in den Bayerischen Alpen übernachten.

Aufstieg zur Meilerhütte Vom Gasthof Hubertus leitet ein Wirtschaftsweg durch Wiesen zum Wald. Wir passieren ein Gatter und treffen anschließend auf eine Gabelung, wo sich unser Weg zu einem Pfad verengt. Alsbald kommen wir wieder an einen Fahrweg, folgen ihm für kurze Zeit, bis rechts eine Wegtafel zur Meilerhütte weist (Nr. 801). Wir wandern nun aufwärts zum grünen Berglboden und dann weiter in vielen Serpentinen an der Ostseite des Öfelekopfes durch die endlose Latschenzone zum Leutascher Platt. Unter den Felsen des Mustersteins und der Törlwand steigen wir über die Geröllhalden zum sogenannten Törlgatterl hinauf und rechts zur Meilerhütte (2366 m, 3 Std.), die sich direkt an der bayerisch-tirolerischen Grenze befindet.

Hermann-von-Barth-Weg Der Steig beginnt direkt bei der Meilerhütte und führt zunächst südwärts hinab Richtung Leutascher Platt, hält sich dann jedoch rechts und quert unterhalb des Bayerlandturms in ausgesetztem, felsigem Gelände ohne großen Höhenverlust in Richtung Westen. Seilsicherungen erleichtern uns bereits hier den Weg (A/B). Der Steig hält sich nun rechts, verläuft in Serpentinen über die obersten Schutthänge des Platts und geht dann wieder in festes Gestein über.

Bald erreichen wir einen Felsen mit auffälliger roter Markierung. Dort beginnt der eigentliche Gipfelanstieg, mit dem legendären »Klingelschalter« (2330 m, 1 Std.). Zunächst steigen wir über eine steile Felspassage an Eisenklammern höher (B/C), lassen uns von den Seilsicherungen nach rechts leiten und folgen schließlich einer Felsrippe direkt gipfelwärts. Ungefähr 80 Meter unter der Gratlinie queren wir eben nach links und erreichen so den flacheren Gipfelbereich. Hier enden nun auch die Sicherungen. Jetzt in gleicher Richtung weiter über Schottergelände bis hinauf zum Grat, dann rechts in einigen kurzen Serpentinen über Felsstufen auf den Westgipfel der Partenkirchener Dreitorspitze (2633 m, 1 Std.).

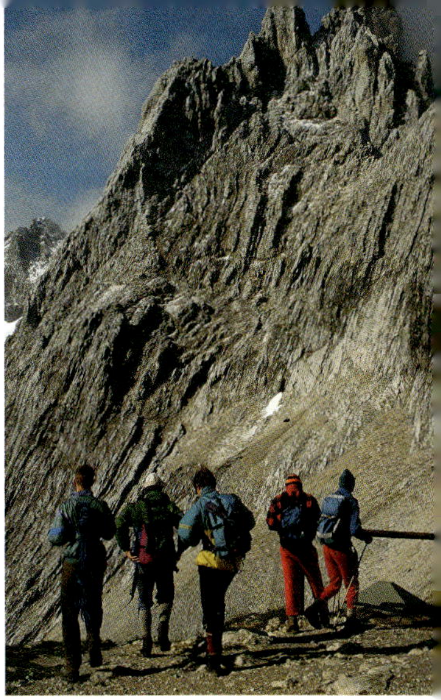

Die Terrasse der Meilerhütte bietet einen schönen Blick zur mehrgipfeligen Partenkirchener Dreitorspitze.

Abstieg über den Söllerpass Vom Gipfel kehren wir auf dem Anstiegsweg aufs Leutascher Platt zurück und gehen bis an den Fuß des Bayerländerturms; dort zweigt rechts die Wegvariante Nr. 818 zum Söllerpass (2259 m; Steindauben und karge Markierung) ab. Bei einsetzendem Nebel unbedingt die Route über das Bergltal nehmen! Bei schönem Wetter hingegen ist der grüne Einschnitt des Passübergangs am Ende des Leutascher Platts nicht zu übersehen. Der steile Steig (Warntafel: Nur für Geübte!) windet sich in zahllosen Serpentinen durch Rinnen und Felsstufen hinunter und folgt dann der Söllerrinne, einem trockenen Bachbett, hinaus zu den Almböden des Puittals. Wir treffen auf den quer führenden Weg zum Scharnitzjoch, halten uns dort links und steigen dann bald in Serpentinen durch Wald zum Puitbach hinab.

Bei der Wegverzweigung kurz vor der Brücke über den Puitbach folgen wir links dem Wegweiser nach Unterleutasch (blau markiert). Wir kreuzen drei Querwege und treffen so wieder auf unseren Anstiegsweg ins Bergltal.

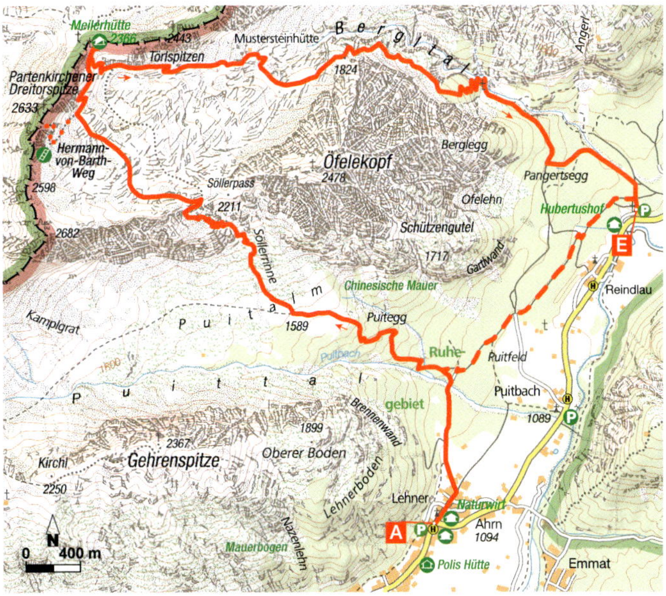

41 Seeben-Klettersteig und Tajakante

Sportklettersteige am Tajakopf

D/E

10 Std.

1330 Hm
Lift

Gipfel/Ziel
Vorderer Tajakopf (2450 m)

Charakter/Anforderung
Sehr ausgesetzter Klettersteig in zwei Etappen mit durchgehender Stahlseilsicherung und wenigen Eisenklammern. Absolute Schwindelfreiheit und Armkraft Voraussetzung. Da nordseitig oft feuchte Wandstellen bzw. Graspolster

Ausgangspunkt
Talstation der Ehrwalder Almbahn, 1105 m

Anfahrt
Über Garmisch und Griesen nach Ehrwald, in Ortsmitte links bis zur Talstation der Ehrwalder Almbahn; Parkplatz

Gehzeiten
Gesamt 10 Std.
Zustieg 45 Min., Seeben-KS 1 Std., Übergang 1.15 Std., Tajakante 3 Std., Abstieg 4 Std.

Aufstieg/Abstieg
Zustieg 230 m, Seeben-KS 220 m, Übergang 290 m, Tajakante 590 m, Abstieg 1330 m

Hütte/Einkehr
Ehrwalder Alm (1502 m); Coburger Hütte (1917 m); Seebenalm (1575 m)

Karte
AV 4/2 »Wetterstein- und Mieminger Gebirge« 1:25 000

Die Klettersteige am Tajakopf gehören zur neuen Generation der Sportklettersteige und bilden eine höchst anspruchsvolle Route. Der kurzen Etappe über die Felsbarriere der Seebener Wände mit 200 Höhenmetern folgt ein Stück mit 750 Höhenmetern über die ausgesetzte Westkante zum Gipfel des Vorderen Tajakopfes.

Zustieg zum Seeben-Klettersteig Von der Talstation der Ehrwalder Almbahn führt ein markierter Wanderweg (»Seebener Klettersteig«) erst über den Geißbach. Bei der Wegverzweigung nicht links zum Wasserfall, sondern rechts weiter zu einer Almwiese. Darüber hinweg zum Waldrand. Nun zieht ein markierter Steig zum Fuß der Seebener Wand (1335 m).

Tipp

Wer schon hier oben ist und genug Reserven hat, kann noch vom Vorderen Tajatörl den Coburger Klettersteig auf den Hinteren Tajakopf (2408 m) anhängen (+1 Std./D–D/E).

Seeben-Klettersteig Die erste Hürde ist ein trittarmes, senkrechtes Wandstück (D/E), das mithilfe des fest verankerten Seils überwunden wird. Über Felsstufen kommen wir zu einem kleinen Absatz. Rechts haltend über eine weitere anspruchsvolle Stelle (C/D), dann in eine Felsrinne, über die wir eine plattige Wand erreichen. Links aufwärts zu einem Absatz und über zwei überhängende Passagen (Eisentritte; D–D/E) zum Ausstieg. Im »grünen« Gelände geht es nun kurz aufwärts, dann links über ein Bachbett und eben zur bewirtschafteten Seebenalm (1575 m).

Übergang Hier wandert man auf dem Weg Nr. 812 gemütlich zur Coburger Hütte (1917 m) und quert zum Einstieg (1860 m) bzw. steigt kurz vor der Hütte in steilen Kehren direkt zum ersten Seil hoch.

Die Tajakante Die Route führt überwiegend entlang der alten Kletterroute über die Westkante. Heute gibt ein durchlaufendes, befestigtes Stahlseil die Linie vor. Die Route verläuft teils direkt an der Kante entlang, teils unterhalb und oft extrem ausgesetzt. Einige senkrechte Passagen fordern Armkraft (bis D–D/E) und vollen Körpereinsatz. Erst im oberen Teil wird es leichter (B/C); die letzten Meter zum Gipfel des Vorderen Tajakopfes (2458 m) werden in unschwierigem Gehgelände zurückgelegt.

Abstieg Vom Gipfel auf Pfadspuren in südlicher Richtung hinunter zum Vorderen Tajatörl, dann hinab zur Coburger Hütte und über die Geländestufe auf Pfad zum Seebensee.

Dann schließlich entweder über die Ehrwalder Alm oder den Hohen Gang hinab zum Parkplatz. Man kann auch vom Tajatörl über den Ganghofersteig direkt zur Ehrwalder Alm absteigen.

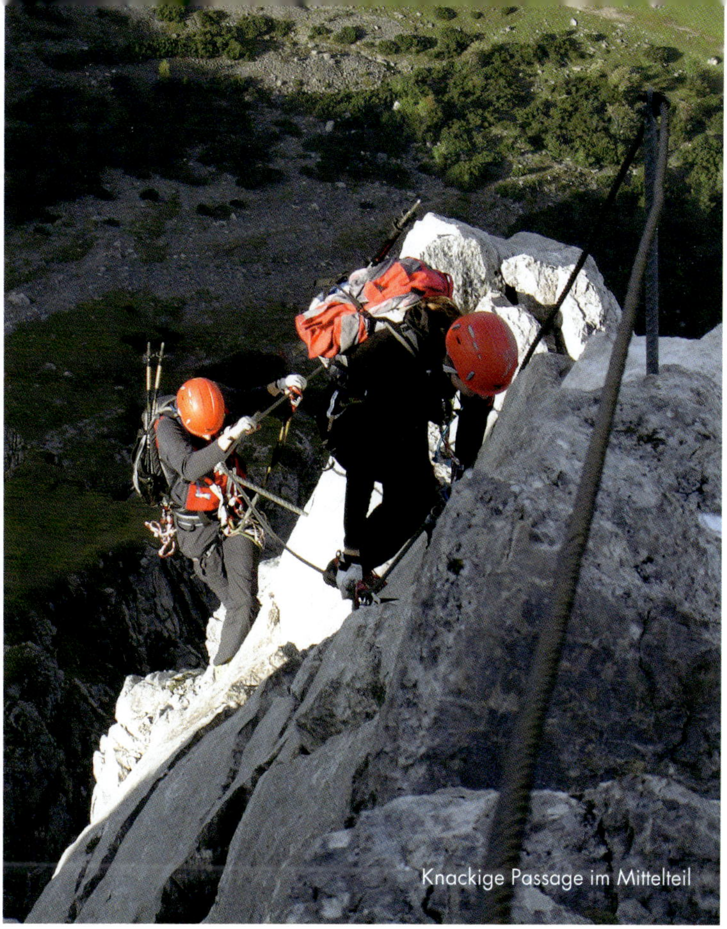
Knackige Passage im Mittelteil

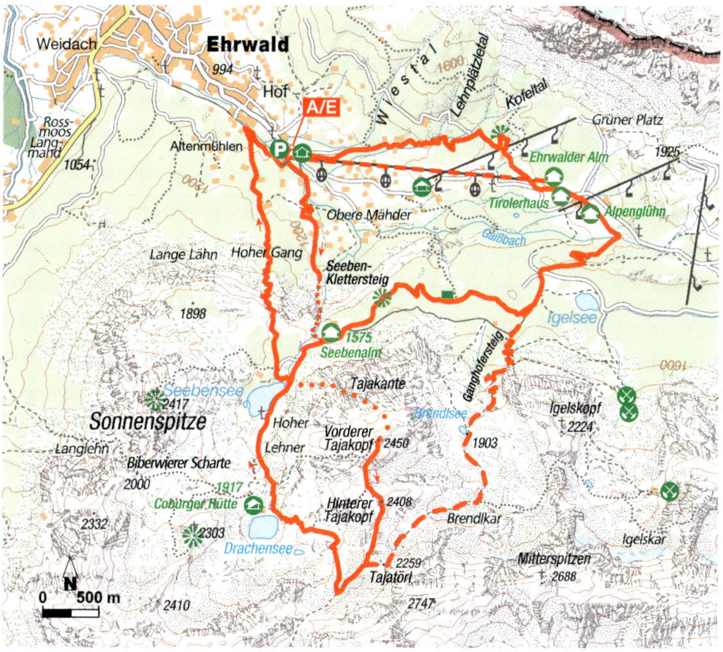

42 Wankspitz-Klettersteig

Vom Stöttltörl zur Südlichen Wankspitze

C

6 Std.

1060 Hm

Gipfel/Ziel
Südliche Wankspitze (2209 m)

Charakter/Anforderung
Nahezu durchgehend mit Stahlseilen gesicherter Klettersteig. Als Auftakt sechs Eisenbügel über eine Felsplatte. Am besten vom Stöttltörl zu begehen, nicht umgekehrt. Brüchiges Gestein!

Ausgangspunkt
Parkplatz vor dem Gasthaus Arzkasten, 1151 m

Anfahrt
Über Garmisch-P. und den Fernpass nach Nassereith, dort in Richtung Obsteig; etwa 10 km nach Nassereith zweigt links die Zufahrtsstraße zum Gasthaus Arzkasten ab; noch 1,6 km gebührenpflichtiger Parkplatz.

Gehzeiten
Gesamt 6 Std.
Zustieg 2.30 Std., Klettersteig 1 Std., Abstieg 2.30 Std.

Aufstieg
Zustieg 890 m, Klettersteig 170 m, Abstieg 1060 m

Hütte/Einkehr
Gasthaus Arzkasten (1151 m); Lehnberghaus (1554 m, Tel. 0043/660/521 25 20)

Karte
AV 4/2 »Wetterstein- und Mieminger Gebirge« 1:25 000

Den mächtigen Griesspitzen in den Mieminger Bergen ist auf ihrer Südseite ein zerklüfteter Felsgrat vorgelagert, über den ein reizvoller Klettersteig gelegt wurde. Der Großteil des Wegs führt auf der Westseite entlang. Der in den Jahren 1985/86 gebaute Eisenweg wurde mittlerweile an einigen ausgesetzten Stellen nachgebessert.

Anstieg zum Stöttltörl Vom Parkplatz gehen wir links am Gasthaus Arzkasten vorbei und folgen rechts haltend der Forststraße. Bei den nächsten Abzweigungen jeweils rechts dem Hüttenweg nach zum Lehnberghaus; an diesem links vorbei (Hinweis »Wankspitz-Klettersteig«) und auf schmalem Fahrweg fast eben in zehn Minuten zu einem Wasserreservoir. Dort beginnt der Bergweg, der uns über eine Geländestufe und durch Latschen hinauf zur »Hölle« (1800 m) bringt, dem weiten Kar unterhalb der

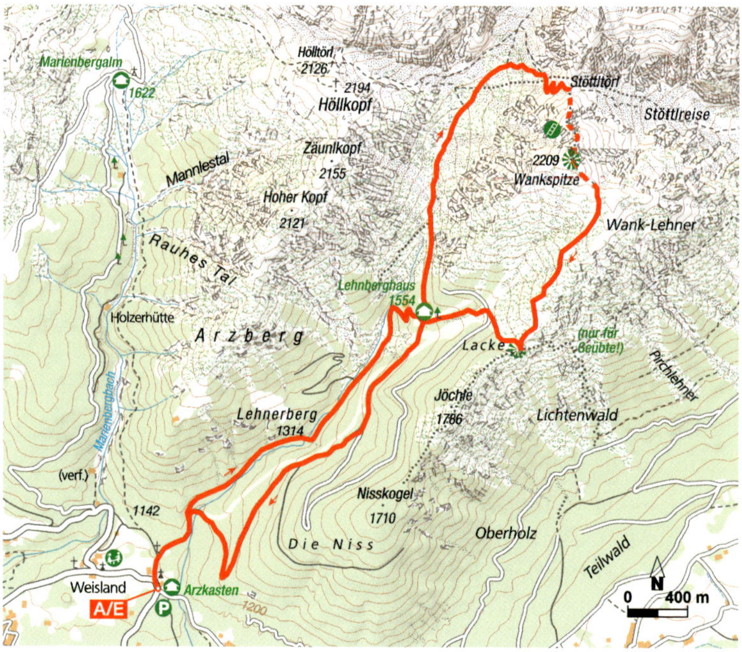

Grünsteinscharte. Am Ende des Latschenfelds, an einem großen Felsblock, zweigt rechts der Pfad zum Stöttltörl (2036 m) ab.

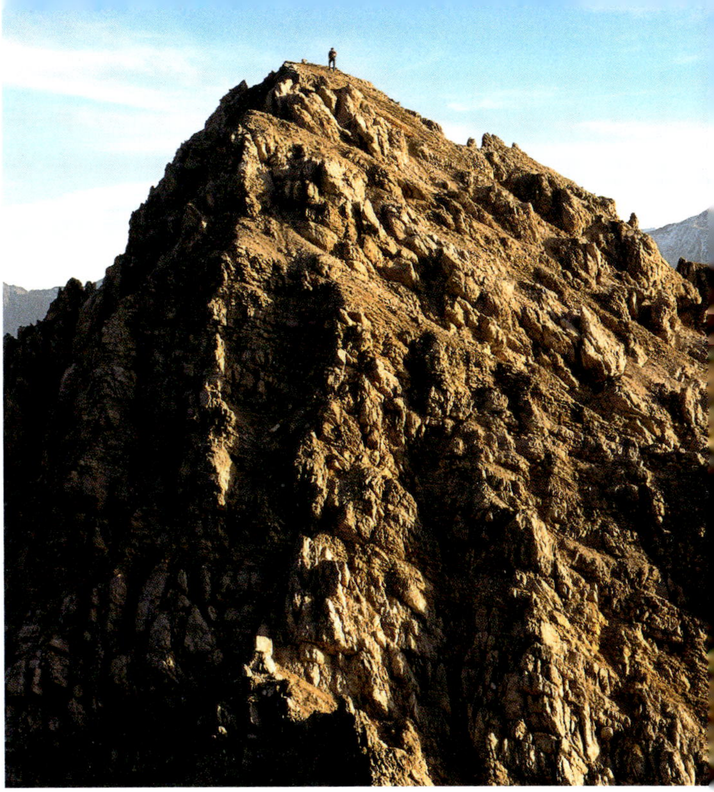

Schöne Tour mit schöner Aussicht

Wankspitz-Klettersteig Der Auftakt über die beiden Felsplatten erfordert etwas Geschicklichkeit, denn nur der mittlere Teil ist mit Eisenbügeln gesichert (C). Dann haben wir das schwierigste Stück überwunden. Nun geht es rechts haltend um den ersten Fels herum und durch eine splittrige Rinne hinauf. Einige Male wechseln wir zwischen den Felszacken hin und her, dann wieder rechts hinaus, bis wir links zum ersten Mal die Gratkante erreichen. Nun wieder etwas abwärts und ein steiles Stück (gut gesichert; B/C) rechts hoch. Über einen eingeklemmten Felsblock und links weiter durch eine Rinne. Nach der Hälfte der Strecke erreichen wir wieder die Grathöhe und sehen die kreuzbesetzte Wankspitze. Erneut in eine steile Scharte (mit neuer Sicherung; C) und jenseits an der östlichen Gratkante hinauf zu einem Vorgipfel. Auf der anderen Seite hinab, einen steilen Aufschwung und in senkrechter Linienführung eine steile Felsplatte hinauf, jenseits hinunter. Ungesichert auf Trittspuren durch den Nordhang der Wankspitze zum Gipfel (2209 m).

Tipp

Ein kleiner Bummel durch den alten Ort Nassereith, der durch die neue Umgehungsstraße vom Durchgangsverkehr befreit ist, bildet einen schönen Abschluss der Tour.

Abstieg zum Ausgangspunkt Vom Gipfelkreuz links auf Wanderweg knapp vor der Gratkante über einen freien Hang abwärts, rechts haltend auf Bergweg über Mähder hinab zu einem Rastplatz (Wegtafel). Rechts gehen wir durch Wald hinab zu einem Forstweg, von dem links ein steiler, rauer Fahrweg in zehn Minuten zum Lehnberghaus führt. Dort links, auf dem Fahrweg zunächst rechts haltend, zuletzt in Kehren hinunter zum Bach, über eine Brücke und links zum Parkplatz.

43 Klettersteig Ettaler Manndl

Leichte Einstiegstour mit Prachtblick auf Deutschlands Höchsten

A/B | 3.15 Std. | 270 Hm Lift

Gipfel/Ziel
Ettaler Manndl (1633 m)

Charakter/Anforderung
Ideale leichte Einstiegstour. Gut mit Ketten gesichert. Durch die zahlreichen Begehungen ist der Kalk teils wie poliert (Rutschgefahr). Bei Nässe abzuraten. Stark frequentiert, daher früh starten. Auch gut im Frühjahr oder Spätherbst

Ausgangspunkt
Bergstation der Laber-Bergbahn, 1680 m

Anfahrt
Am Ende der A 95 kurz über die B 2 und dann Richtung Ettal/Oberammergau abbiegen. In Ettal der Beschilderung zur Laber-Bergbahn folgen (kostenloser Parkplatz). ÖV: Bus (RVO) oder Bahn (Ammergaubahn, Teil der MWB)

Gehzeiten
Gesamt 3.15 Std.
Zustieg 45 Min., Steig 1.30 Std., Rückweg 1 Std.

Aufstieg/Abstieg
Zustieg –160 m/+50 m, Steig +/–60 m, Abstieg wie Zustieg

Hütte/Einkehr
Laber-Bergbahn (1680 m); Soilealm (1297 m)

Karte
AV BY7 »Ammergebirge Ost – Pürschling, Hörnle« 1:25 000

Das Ettaler Manndl mit seinem kleinen felsigen Doppelgipfel, der sich frech aus der dicht bewaldeten Bergflanke erhebt, ist ein ideales Ziel, um sich erste Sporen in ausgesetztem Berggelände zu verdienen. Die Klettersteigeinlage ist nur kurz, Trittsicherheit und Schwindelfreiheit sind aber unbedingt erforderlich.

Ambiente Am Gipfel erwartet uns dann ein großartiges Panorama, das vom Estergebirge über Karwendel und Wetterstein bis zu den Ammergauer Alpen reicht. Dank der Randlage des Ettaler Manndls reicht der Blick auch unbegrenzt hinaus ins Alpenvorland.

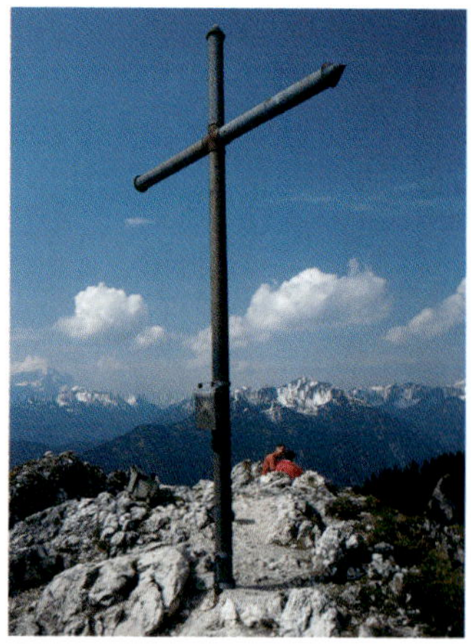

Auf das Ettaler Manndl Von der Laberbahn-Bergstation geht es gemütlich leicht abwärts und in einer Linkskurve von Norden zum nahen Einstieg (1570 m). Ohne Bergbahnbenutzung (hierbei handelt es sich um die letzte Großkabinen-Zweiseil-Umlaufbahn der Welt!) kann man auch in knapp zwei Stunden zur Bergstation aufsteigen – eine aussichtsreiche Wanderung, die zuletzt ebenfalls ein paar Sicherungen aufweist. Und zuletzt gäbe es sogar noch die Möglichkeit, von Süden her direkt von Ettal durch den Tiefentalgraben loszulaufen (Nr. 245). Allerdings dauert es dann gut 1.30–2 Stunden länger und wir haben knapp 800 Höhenmeter mehr zu absolvieren.

Klettersteig Mit einer ungewohnten Kettensicherung geht es über teils unangenehm blank polierten Fels in einen kleinen Sattel (A/B). Dann links haltend und etwas luftiger gut gesichert

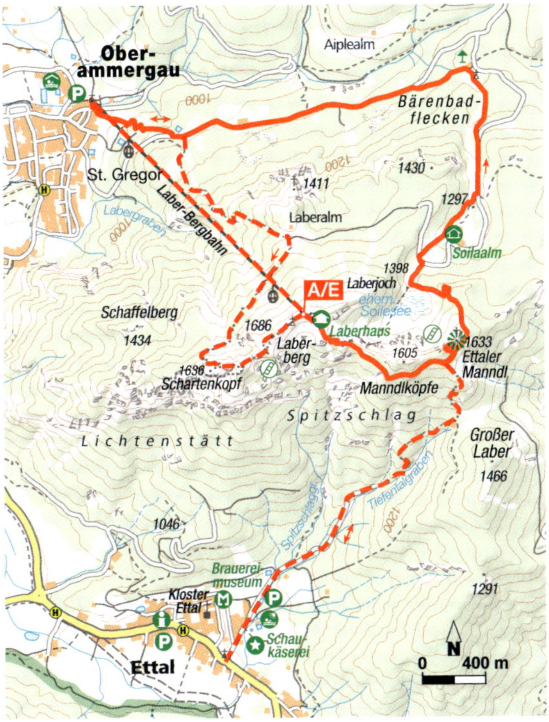

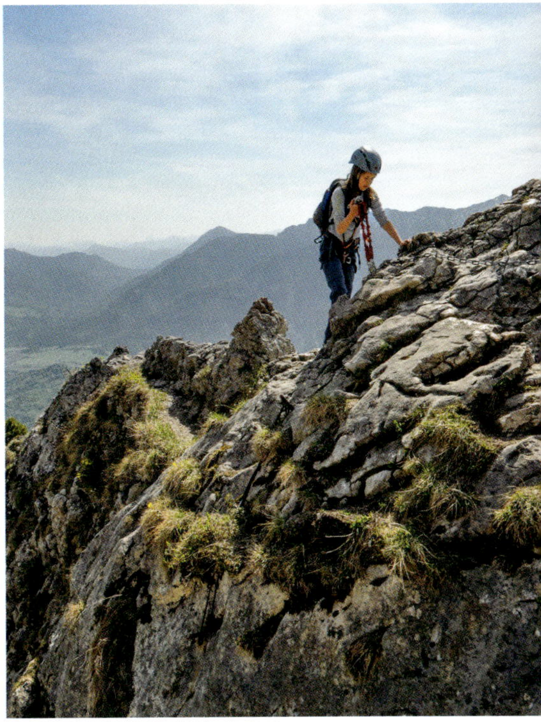

(B/C) zu einer Felsnase und in einen weiteren kleinen Sattel kurz vor dem Gipfelkreuz. Ein letzter Steilaufschwung, und man hat den Gipfel (1633 m) mit der herrlichen Aussicht erreicht. An manchen Tagen wird es schon mal eng hier oben, und man muss beim Auf- oder Absteigen die ein oder andere Mannschaft vorbeilassen. Nicht immer einfach auf dem abgespeckten Steig.

Linke Seite: Die Zugspitze vom Gipfel des Ettaler Manndls

Die letzten Meter vor dem Gipfel

Abstieg Entweder auf dem gleichen Weg zurück zur Bergstation (45 Min.), nach Ettal (1.30 Std.), oder gemütlich nach Norden über den Soilesee mit seiner Soilaalm zurück zur Talstation (Nr. 246; 2–2.30 Std.). Hierbei geht man ab der Soilealm über die breite Schotterstraße über Bärenbadflecken und wählt damit die knieschonendste Variante. Dieser Abstieg hat auch den Vorteil, dass wir dem Trubel rund um die Bergbahn entkommen können. Und die Brotzeit bei der Soilaalm ist doch rustikaler als eine im Panoramarestaurant. Und ein würdiger Abschluss dazu.

Tipp

Wer nach der Tour ein bisschen in den Klosterläden von Ettal stöbern will, kann dort unter anderem einen schmackhaften Klosterlikör erwerben. Auch die Schaukäserei ist einen Besuch wert (www.schaukaeserei-ettal.de).

44 Tegelbergsteige

Nasse Tour mit pfiffiger Routenführung

A/B/C/ D/E 2–7.30 Std. 1055 Hm

Gipfel/Ziel
Branderschrofen (1881 m)

Charakter/Anforderung
Drei Varianten bis zur Bergstation (A/B/C, C/D–D, C/D/E). Alles gut gesichert (Bügel, Leitern, Seilbrücken). Bei Nässe sehr rutschig! Im Winter gesperrt, bei den schweren Routen Einbahnverkehr (aufwärts!). Leider fast alles nordseitig

Ausgangspunkt
Talstation der Tegelbergbahn, 830 m

Anfahrt
Von Landsberg a. Lech oder Füssen (A 7) über die B 17 nach Schwangau. Hier weiter zur Tegelbergbahn. ÖV: Mit der Bahn nach Füssen, ab hier mit Bus nach Schwangau

Gehzeiten
Gesamt 2–7.30 Std.
Leichte Runde 2 Std., Mittlere Runde 3.75 Std., Komplette Runde 6.75 Std., Gipfel +40 Min.

Aufstieg/Abstieg
Steige 880 m, Gipfel 175 m (Details siehe Beschreibung)

Hütte/Einkehr
Tegelberghaus (1707 m)

Karte
AV BY6 »Ammergebirge West – Hochplatte, Kreuzspitze« 1:25 000

In den letzten Jahren wurde am Tegelberg einiges gebaut. So sind neben dem alten Gelbe-Wand-Steig noch die schwere Variante Tegelbergsteig und die sehr schwere Route Fingersteig dazugekommen. Verschieden kombinierbar, kommt hier jeder auf seine Kosten.

Tourenwahl Es gibt verschiedene Möglichkeiten, die Routen zu kombinieren.

a) Die leichteste Runde ist, nur den Klettersteig-Lehrpfad Gelbe Wand zu absolvieren und mit der Bahn wieder hinabzufahren. Ideal für Einsteiger.

b) Etwas länger ist schon folgende Kombination: Tegelbergsteig rauf und Gelbe-Wand-Steig wieder runter.

c) Wer sich alles zusammen zutraut, macht erst den Tegelbergsteig, steigt ab zum Fingersteig und dann gemütlich über den Gelbe-Wand-Steig wieder abwärts.

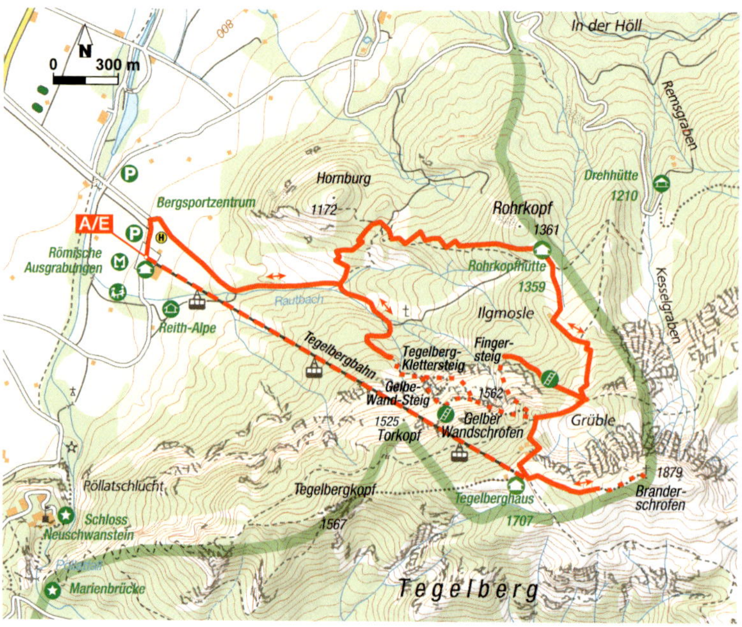

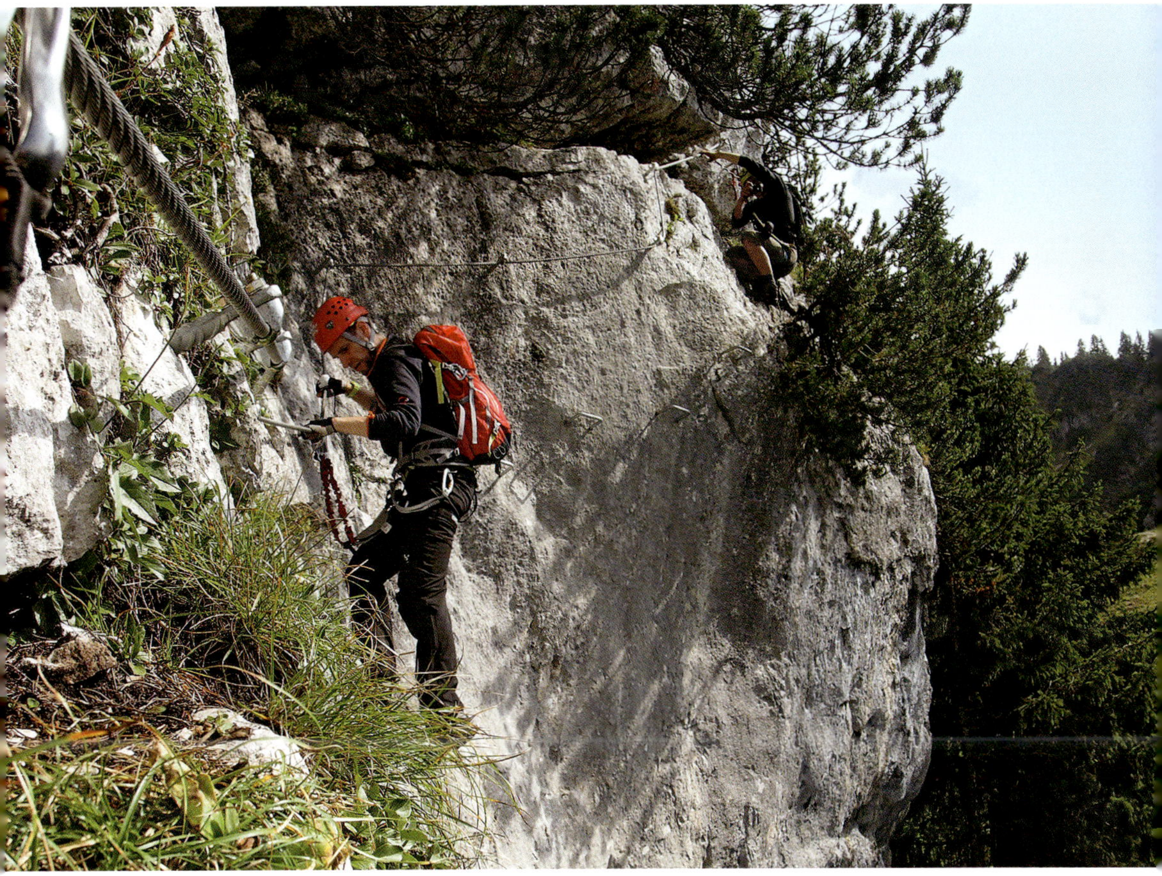

Die letzte Querung am Fingersteig

Die beiden Varianten Tegelbergsteig und Fingersteig sind absolut nichts für Einsteiger, da neben der notwendigen Armkraft und Technik die Routen leider meist rutschig (Nässe) sind. Natürlich kann man an alle Touren noch den Branderschrofen dranhängen und je nach Lust und Laune mit der Bahn wieder hinabfahren. Die Angaben hinter den Steignamen beziehen sich immer nur auf den Steig (ohne Zu- und Abstieg).

Tipp

Ideal im Sommer an heißen Tagen. Allerdings sollte man auch dann früh starten.

Klettersteig-Lehrpfad Gelbe Wand (A/B/C; 360 Hm; 1 Std.) Von der Talstation der Tegelbergbahn wandern wir nach rechts zum ausgewiesenen »Klettersteig-Lehrpfad«. »Lehrpfad« deswegen, weil er wesentliche Ausbildungsschwerpunkte in Sachen »Richtiges Gehen auf Klettersteigen« beinhaltet. Nach 30 Minuten erreichen wir den Anseilplatz und nach weiteren 20 bis 30 Minuten die ersten Sicherungen. Die Positionsnummern während des Steigverlaufs sollen im Notfall helfen, dass man seinen Standort gezielt den Rettern angeben kann. Anfangs geht es unschwer über ein paar Platten (A/B), vorbei am Zustieg zum Tegelbergsteig, und weiter zu einer Seilbrücke über einen kleinen Bach. Entweder wagen wir uns auf die gut gespannte Brücke (A/B/C) oder umgehen diese auf einem leichten Steig nach rechts. Jetzt folgen Gehpassagen mit leicht gesicherten Stellen. Bei einem Marterl können wir uns auf der Bank kurz ausruhen und uns im Steigbuch eintragen. Weiter oben (immer wieder kurze gesicherte Stellen; A/B) biegt von links der Tegelbergsteig ein, und kurz darauf erreichen wir den Täfelesattel (1645 m). Von hier erreichen wir in knapp 15 Minuten die Bergstation mit dem Tegelberghaus (1707 m). Entweder fahren wir mit der Bahn wieder hinunter oder hängen noch den Aufstieg zum Branderschrofen dran (1881 m, zzgl. 40 Min.). Schöne Aussicht auf Schwangau.

Tegelberg-Klettersteig (C/D–D; 250 Hm; 2 Std.) Über den Gelbe-Wand-Steig gelangen wir zum Einstieg (1 Std.). Der Start ist schon mal nicht von schlechten Eltern: eine nahezu senkrechte Eisenleiter (B/C). Die anschließende Querung (C) mit dem kurzen Steilaufschwung (C/D) ist etwas schwerer. Es folgt eine von vielen erdigen Gehpassagen. Überhaupt machen Nässe und Erde so manche Passage, die man eigentlich auf Reibung gehen könnte, zum schmierigen Kraftakt. Die nächsten Plattenpassagen (C) sind so ein Beispiel. Nach einem weiteren Aufschwung (C) und einer Gehstelle erreichen wir die glatte Verschneidung (C/D). Wir steigen nach links querend (C) weiter und sind bald beim Steigbuch. Nach einer besonders luftigen Stelle (C) steigen wir über Holzstufen nach oben. Die sind zwar nicht schwer (A/B/C), aber ebenfalls glatt. Ein weiterer Steilaufschwung (C/D), und wir können durch das Felsenfenster zum Gelbe-Wand-Steig blicken. Umständlich müssen wir hier das Set umhängen und erreichen kurz darauf den Ausstieg. Wir steigen kurz abwärts und gelangen so zum Gelbe-Wand-Steig. Von hier in 30 Minuten zur Bergstation, oder in 1–1.30 Stunden wieder ins Tal.

Klettersteig Fingersteig (C/D/E; 120 Hm; 1 Std.) Entweder von der Talstation der Tegelbergbahn nach links (Richtung Rohrkopfhütte) und die Skiabfahrt aufsteigen. Dann nach dem »Grüble« links ab und vor einer alten Bauhütte (1570 m) wieder leicht ab-

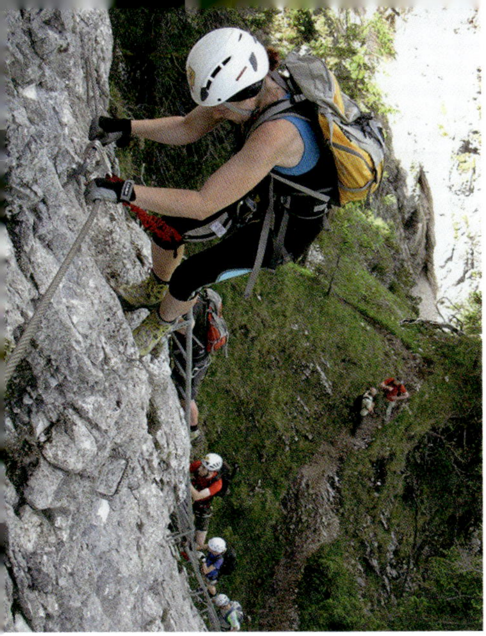

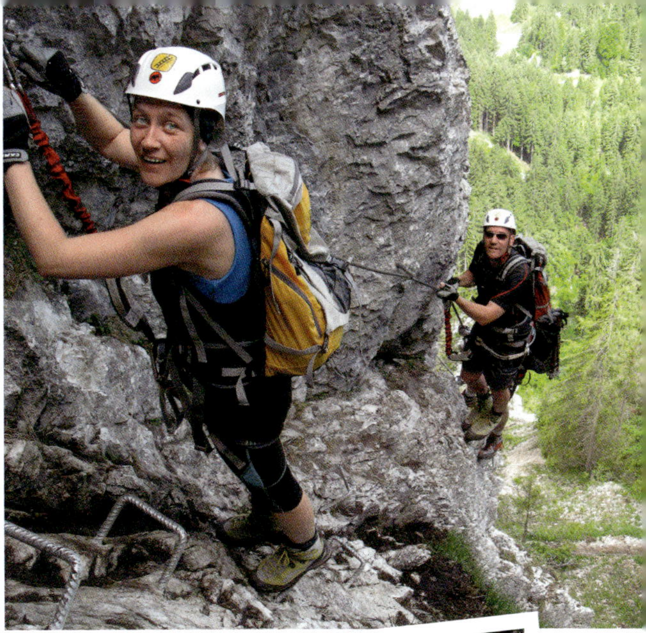

wärts zum Einstieg (2 Std.). Oder nach dem Tegelbergsteig in 15 Minuten zum Täfelesattel und von hier abwärts in weiteren 15 Minuten zum Einstieg. Schon der Einstieg ist ziemlich steil (C) und wird weiter oben sogar leicht überhängend (C/D–D). Nach der ersten Bank allerdings wird es leichter (A/B). Wir passieren den ersten Notausstieg (nach links), die folgende Wandstufe beginnt ebenfalls kurz überhängend (C/D, dann C), und wir erreichen das Steigbuch. Nochmals sehr schwer (D/E) zu einem kurzen Absatz (möglicher Notausstieg nach rechts zum Täfelesattel) und weiter (D/E) steil nach oben. Allerdings ist jetzt auch das Schwerste vorbei, und wir steigen nach rechts über die letzten Platten (C) auf den Täfeleberg. Von hier in wenigen Minuten zum Täfelesattel und weiter wie bei den anderen Routenvorschlägen.

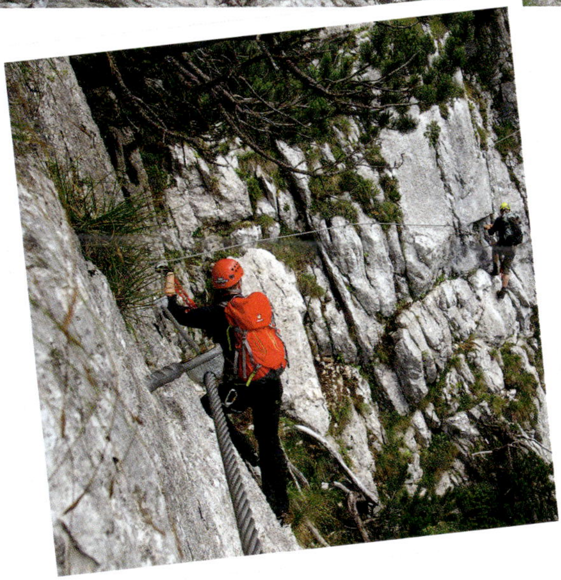

Die letzte Querung am Fingersteig

Oben links: Teilweise ist die Wegführung am Tegelberger recht sportlich.

Oben rechts: Top gesicherte, aber doch leider kalte Nordwand

Fazit Im Prinzip eine gelungene Kombination aus verschiedenen Steigen. Alles top gesichert, abwechslungsreich, mit schönen Ausblicken und einem Gipfelerlebnis. Nachteilig sind vor allem die erdigen Passagen und die nordseitig bedingt vorherrschende Nässe.

45 Friedberger Klettersteig

Über den Schartschrofen zur Roten Flüh

B/C

5 Std.

380–980 Hm

Gipfel/Ziel
Schartschrofen (1968 m), Rote Flüh (2108 m)

Charakter/Anforderung
Straffe, nahezu durchgehende Drahtseilsicherung und ein paar Eisenstifte; sehr ausgesetzt. Verstärkt den Klettersteigcharakter, Drahtseil beim Abstieg zur Judenscharte

Ausgangspunkt
Bergstation der Füssener-Jöchle-Bahn (1821 m)

Anfahrt
Über Pfronten bzw. Reutte ins Tannheimer Tal nach Grän, Zufahrt zur Gondelbahn Füssener Jöchle; großer Parkplatz. ÖV: Bahnhof Reutte und weiter mit dem Bus nach Grän

Gehzeiten
Gesamt 5 Std.
Zustieg 5 Min., Steig 2.30–3 Std., Abstieg 2 Std

Aufstieg/Abstieg
Zustieg 5 m, Steig 380 m, Abstieg 380 m (960 m nach Nesselwängle)

Hütte/Einkehr
Sonnenalm (1821 m); Tannheimer Hütte (1760 m, zur Zeit nicht bewirtschaftet); Gimpelhaus (1720 m)

Karte
AV BY5 »Tannheimer Berge« 1:25 000

Der Schartschrofen und die Rote Flüh, der wohl beliebteste Gipfel in den Tannheimer Bergen, sind auf ihren Normalwegen leicht zu erreichen; nur der Aufstieg von der Judenscharte zur Roten Flüh verlangt Trittsicherheit.

Geschichte Eine durchgehende Verbindung zum Füssener Jöchle stellt der 1974 eingerichtete Friedberger Klettersteig dar. Hauptstück der kurzen Seileinlagen ist der gesicherte, aber sehr ausgesetzte Ostgrat des Schartschrofens.

Zustieg und Läuferspitzsteig Auf unserem Anstiegsweg zum Friedberger Klettersteig können wir einen einfachen und kurzen Klettersteig »einschieben« und so unsere Eignung und Fitness testen (Schwierigkeit A/B). Von der Bergstation am Füssener Jöchle wandern wir zunächst auf leichten Wegen um die Läu-

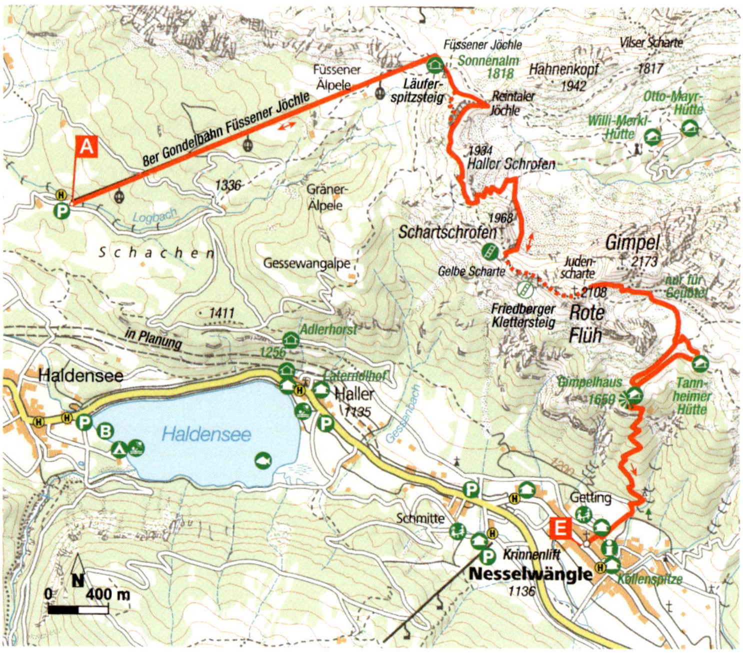

ferspitz herum. Dann geht es im Wechsel von der Ost- auf die Westseite, weiter hoch zu einem Übergang und auf der Westseite zum Hallergernjoch. Dann 20 Minuten über einen Latschenhang zum Gipfelkreuz des Schartschrofens (Nr. 424). Dort beginnt der Friedberger Klettersteig.

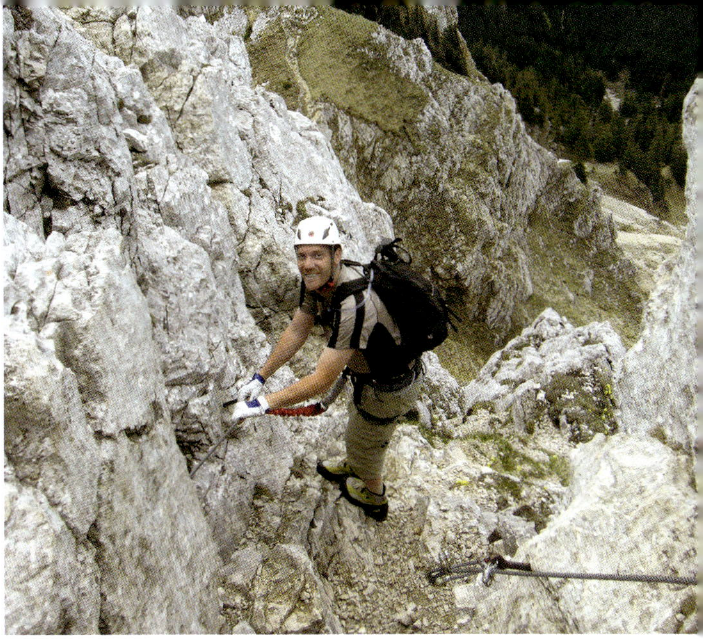

Eine der wenigen gesicherten Passagen

Die Gratüberschreitung Ein Schild warnt: »Nur für Geübte. Alpine Erfahrung!« Auf der Südostseite halten wir uns nun steil am nahezu durchgehenden Seil abwärts. Zuerst durch einen Kamin hinab, dann links auf die andere Gratseite, weiter steil hinunter, bald rechts in eine Rinne. Dann links queren, wieder rechts und durch die Rinne weiter hinab. Um einen Felsvorsprung herum und direkt auf den Grat hinab. Zuletzt über eine plattige Schlüsselstelle und zur Gelben Scharte unterhalb (Tafel: links Abstieg zur Otto-Mayr-Hütte). Von der Scharte benutzen wir einen schrofigen Steig hinauf, kommen rechts um einen Felsturm herum und bewegen uns auf dem Grat entlang einiger Seilsicherungen über mehrere ausgesetzte Stellen hinweg. Nun auf die Nordseite, weiter zu einem Felsvorsprung und auf dem Grat weiter, der mit einem an Eisenstangen befestigten Seil gemeistert wird. Am letzten Gipfelaufschwung über Eisenbügel und mithilfe einiger Eisenstifte steigen wir durch einen Kamin hinauf und erreichen über einen einfachen Steig den Gipfel der Roten Flüh (2108 m).

Tipp

Am Haldensee gibt es schöne Badeplätze mit Liegewiesen. Direkter Zugang am Ortsanfang von Haller; Badeanstalt auf der Westseite.

Abstieg Der Abstieg auf der anderen Seite zur Judenscharte ist relativ einfach. Eine kleine Felsplatte wird mithilfe eines Stahlseils und über ein paar ausgeschlagene Felsstufen bewältigt. Dann rechts auf Wanderweg durchs Gimpelkar (Vorsicht: Steinschlaggefahr!) hinunter zum Gimpelhaus. Von dort schließlich auf steilem, stufendurchsetztem Steig durch Kahlschlag und Wald auf markiertem Weg hinab nach Nesselwängle. Oder auf dem Aufstiegsweg wieder retour.

46 Salewa-Klettersteig

In drei Teilen über den Iseler zum Kühgund

B/C | 4.30–5 Std. | 470 Hm

Gipfel/Ziel
Iseler (1876 m), Kühgund (1907 m)

Charakter/Anforderung
Erster Teil am schwersten und schönsten. Teile zwei und drei meist sehr erdig und gerade der dritte Teil wenig lohnend. Gut gesichert, einige Bügel. Schöne Aussicht

Ausgangspunkt
Talstation der Iselerbahn (1136 m)

Anfahrt
Von Bad Hindelang über die B 306 nach Oberjoch. Großer Parkplatz an der Iselerbahn. ÖV: Bus von Bad Hindelang

Gehzeiten
Gesamt 4.30–5 Std.
Zustieg 20–30 Min.,
1. Teil 1–1.30 Std.,
2. Teil 30–40 Min.,
3. Teil 1 Std., Abstieg 1 Std.

Aufstieg/Abstieg
Zustieg 200 m, 1. Teil 200 m, 2. Teil –120 m, 3. Teil 150 m, Abstieg 350 m

Hütte/Einkehr
An der Talstation der Iselerbahn diverse Restaurants (1136 m)

Karte
AV BY3 »Allgäuer Voralpen Ost – Grünten, Wertacher Hörnle« 1:25 000

2008 wurde mit dem ersten Teil des Salewa-Klettersteigs hier eine neue schöne Route eingerichtet. Leider etwas schattig (da nordseitig), aber lohnend. Ein Jahr später kamen dann die anderen beiden Abschnitte dazu, über die man geteilter Meinung sein kann.

Zustieg Von der Bergstation (1560 m) erreichen wir in knapp 30 Minuten über einen Serpentinenweg den Einstieg (1760 m). Ohne Bergbahnbenutzung dauert es eine Stunde länger (420 Hm).

1. Teil (C; 140 Hm; 1–1.30 Std.) Zuerst einmal steigen wir über eine kurze Rampe leicht abwärts (B/C), dann auf Bändern nach links und etwas steiler nach oben. Im Folgenden wechseln sich leichtere und etwas schwerere Passagen (max. B–B/C) immer wieder ab. Das Gelände ist nie zu ausgesetzt, aber man

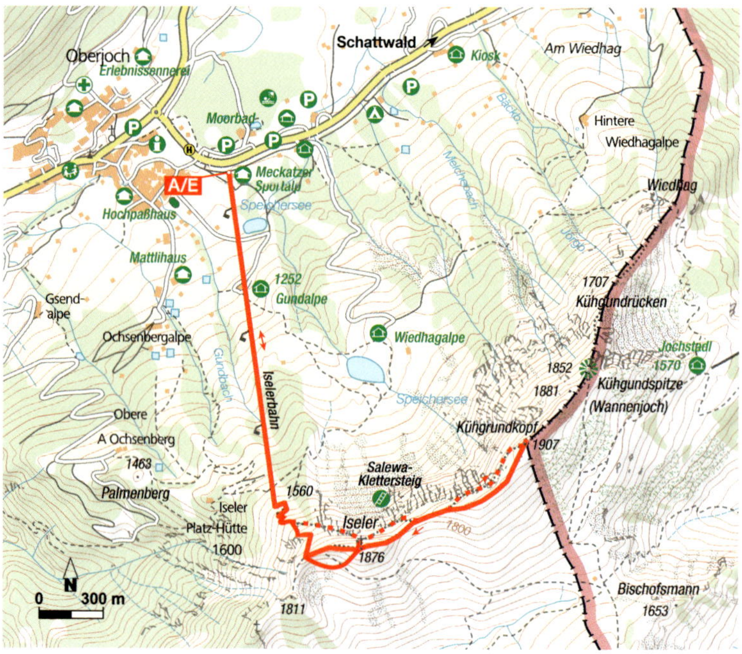

sollte stets auf Steinschlag durch Vorausgehende achten. Zuletzt erreichen wir die »Bergführerplatte« (C; Schlüsselstelle), eine kurze, steile Wand, die etwas Krafteinsatz erfordert. Ab hier in wenigen Minuten zum Gipfel des Iseler (1876 m). Von hier könnte man auch schon über den Wanderweg wieder zurück zur Bergstation gelangen.

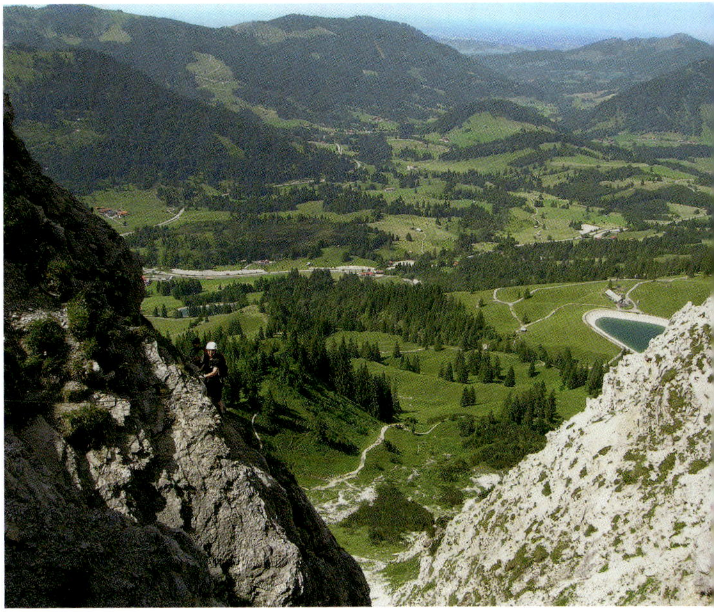

Vom 1. Teil des Klettersteigs hat man einen schönen Blick nach Norden.

2. Teil (C; –20 Hm; 30–40 Min.) Wir müssen erst ein paar Meter auf dem ersten Teil wieder zurück. Dann zweigt rechts der neue Abschnitt ab: eigentlich eine Abfolge von leichten Querungen und Bändern, unterbrochen durch ein paar erdige Passagen, die stets abwärtsführen. Gleich zu Beginn (große Plattenrampe) und kurz vor dem Ende (»Schusterplatte«) befinden sich die beiden schwersten Stellen (B/C). Zuletzt müssen wir kurz ansteigen und erreichen die Iselerscharte (1760 m). Hier könnte man ebenfalls über den Wanderweg (Umgehung des Iselergipfels) zurück zur Bergstation wandern.

3. Teil (A/B/C; 150 Hm; 1 Std.) Von der Scharte laufen wir erst ein paar Minuten über den Panoramaweg in Richtung Kühgund. Unser Steig zweigt dann nach links wieder in die Nordwand ab. Größtenteils verläuft diese dritte Strecke (nur leichte Sicherungen) über erdiges und schrofiges Gelände, was kein rechtes Vergnügen aufkommen lässt. Die Aussicht vom Kühgund dagegen ist durchaus lohnend.

Tipp

Laut offiziellen Regeln darf der Klettersteig nur vom 1. Juni bis 10. November und nicht vor Sonnenaufgang und nach Sonnenuntergang betreten werden.

Abstieg Am schnellsten geht es über den schon mehrfach erwähnten Wanderweg wieder zurück zur Bergstation. Man kann aber auch nach Süden über die Zipfelsalpe nach Hinterstein (866 m, 2.30 Std.; zweites Auto) oder nach Norden über den Kühgundrücken ebenfalls zur Talstation absteigen (2.30 Std.).

47 Hindelanger Klettersteig

Vom Nebelhorn zum Großen Daumen

C

6–7 Std.

520 Hm Bergbahn

Gipfel/Ziel
Großer Daumen (2280 m)

Charakter/Anforderung
Teilweise anspruchsvolle, luftige Gratüberschreitung. Trittsicherheit und Schwindelfreiheit erforderlich. Die drei Abstiegsmöglichkeiten vom Grat eröffnen guten Sicherheitsspielraum bei Schlechtwettereinbrüchen. Lehmige Stellen bei Nässe gefährlich. Leichtmetallleitern und Eisenstifte und -klammern

Ausgangspunkt
Bergstation der Nebelhornbahn, 2224 m

Anfahrt
Lindauer Autobahn bis Memmingen, A 7 nach Kempten, weiter über Immenstadt und Sonthofen nach Oberstdorf

Gehzeiten
Gesamt 6–7 Std.
Zustieg 15 Min., Klettersteig 3–4 Std., Rückweg 3 Std.

Aufstieg/Abstieg
Zustieg 20 m, Klettersteig 500 m (Gegenanstiege!), Rückweg 400 m

Hütte/Einkehr
Berghotel Höfatsblick (1929 m); Edmund-Probst-Haus (1925 m, Tel. 08322/4795)

Karte
AV BY4 »Allgäuer Hochalpen« 1:25 000

Mit der Nebelhornbahn und dem Gipfellift gleiten wir bis zum Gipfelrestaurant Nebelhorn in 2224 Meter Höhe. Damit ist auch bereits die Durchschnittshöhe des nun folgenden Grats umrissen, denn den höchsten Punkt des Wegs (2280 m) registrieren wir als Gegenanstieg. Dennoch ist der häufig überlaufene Hindelanger Klettersteig kein Unternehmen für Ungeübte.

Die Route Wir fallen fast von der Bergstation in den Steig, den wir nach wenigen Minuten erreichen. Die Sicherungen am Hindelanger Klettersteig beschränken sich auf das Notwendige. Der Routenverlauf ist vorgegeben und kann eigentlich nicht verpasst werden. Der oft gähnende Abgrund neben vielen ungesicherten und relativ schmalen Gratpartien erfordert Kaltblütigkeit und Schwindelfreiheit. Bei Nässe können die lehmigen Stellen am

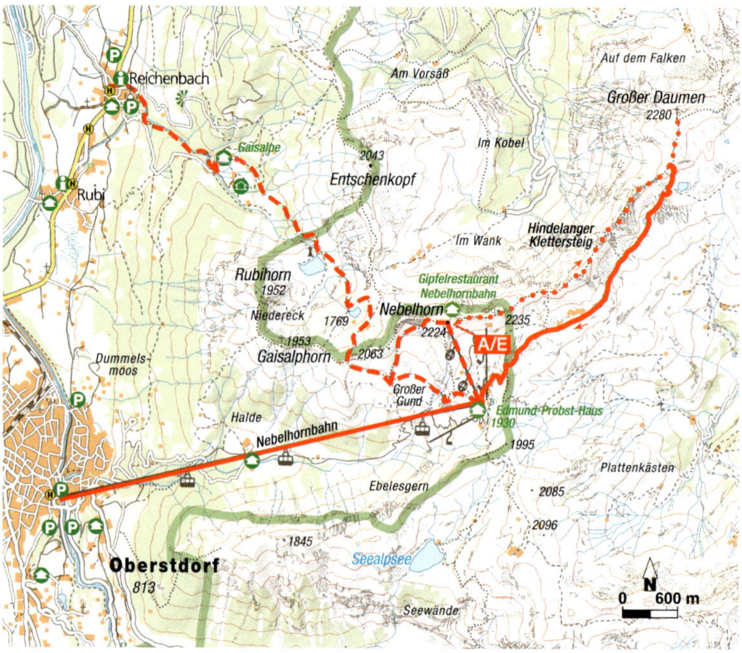

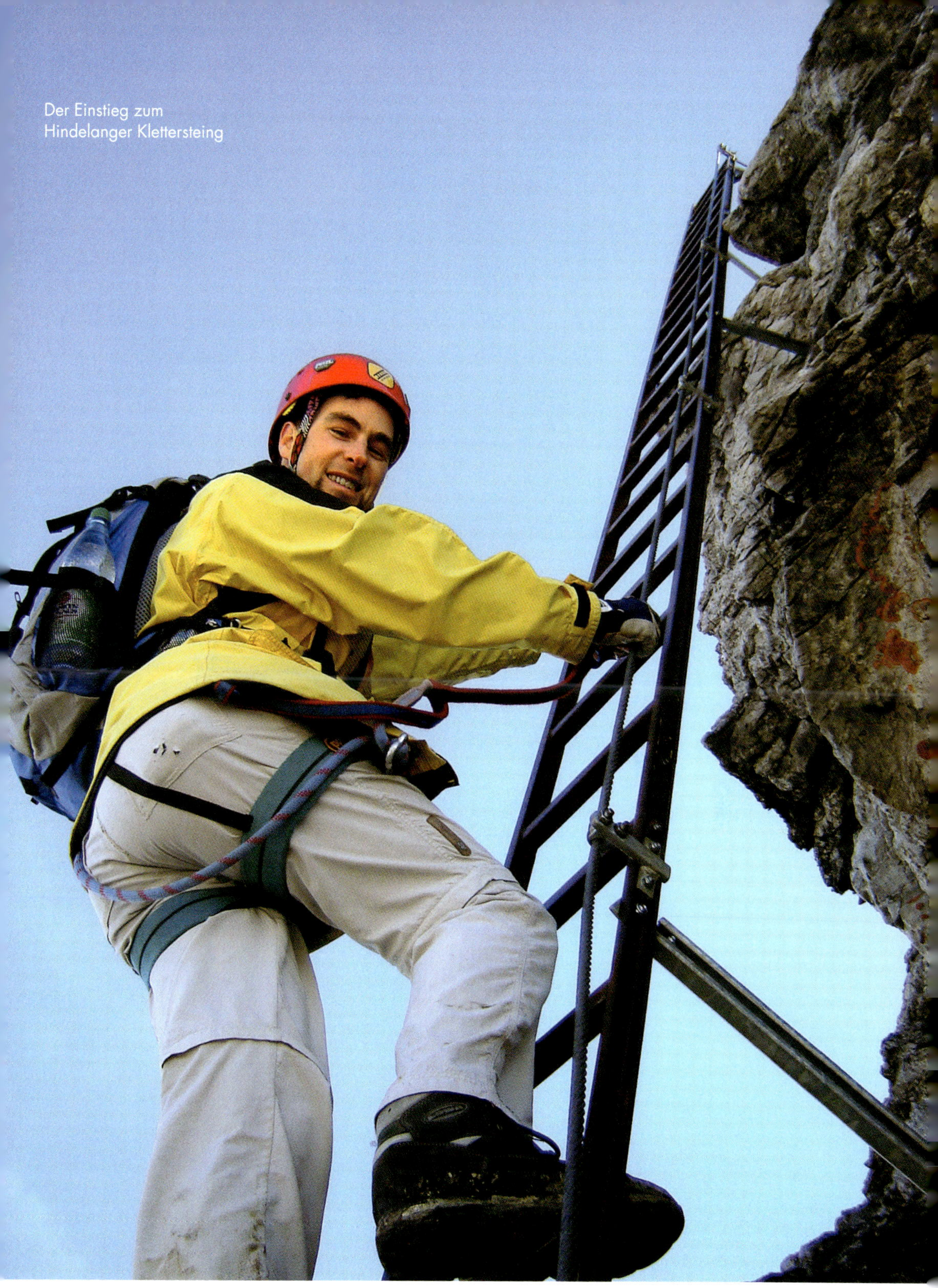

Der Einstieg zum
Hindelanger Klettersteing

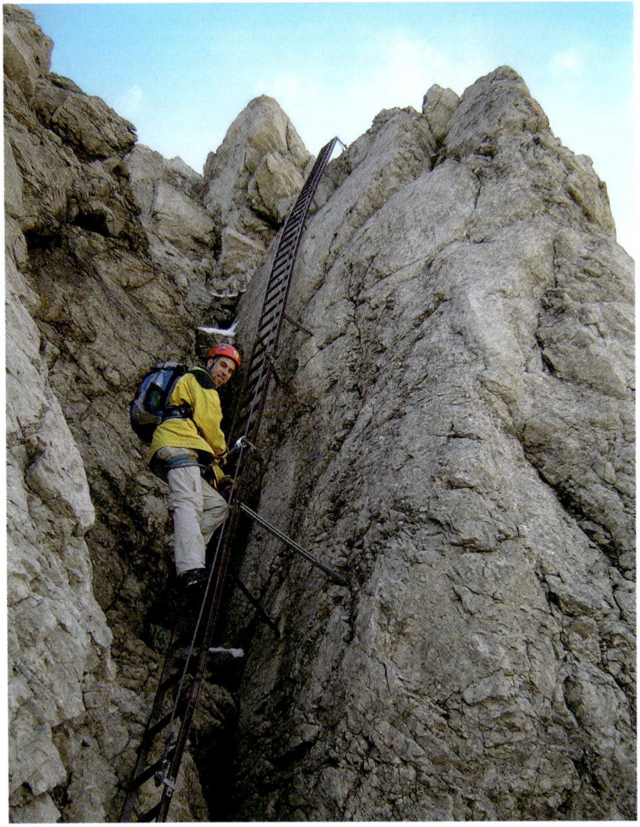

keineswegs nur felsigen Grat recht unangenehm werden. Bei gutem, trockenem Wetter ist diese Ferrata für den Geübten jedoch ein Leckerbissen: genussvolle Turnerei über Grat zu Gipfel, von Gipfel zu Scharte, stets gewürzt mit Panoramablicken auf die hochalpine Region.

Im letzten Drittel der Tour

Rechte Seite: Auf dem Östlichen Wengenkopf

Viele Varianten Mehrere Möglichkeiten zur Schlechtwetterflucht vom Grat und der problemlose Rückweg machen diesen Klettersteig auch für diejenigen Bergwanderer geeignet, die es gerne einmal etwas »schärfer« probieren möchten, aber notfalls auf einen sicheren Rückzieher zurückgreifen möchten (vier Notabstiege möglich). Auch Länge und Gehzeit kann man individuell dosieren und variieren: Wählt man schon den ersten Notabstieg (Westlicher Wengenkopf; bis hier B–B/C), dauert die Tour nur zwei Stunden (immer inkl. Rückweg), vom zweiten (Östlicher Wengenkopf; bis C) wären es 2.30–3 Stunden und vom dritten (hinter dem Östlichen Wengenkopf; bis B–B/C) 4.30–5 Stunden. Insgesamt dauert die Strecke vom Nebelhorn bis in die Scharte unter dem Großen Daumen mit dem Nervenkitzel einer echten Via Ferrata kaum vier Stunden.

Tipp

Die Tour ist gut zu verbinden mit dem Steig Hohe Gänge zwischen Rotspitz und Breitenberg – sofern das Rückfahrtproblem mit einem zweiten Auto gelöst wird.

Abstieg Wer den Großen Daumen nicht auslassen möchte, braucht ab hier nur noch 20 Minuten bis zum Gipfel. Ansonsten bummeln wir auf dem breiten Wanderweg wieder südwärts zu den Bergstationen. Alternativ können wir auch auf der Bergstation Höfatsblick einsteigen (etwas kürzer). Allerdings empfiehlt sich ein Start mit der ersten Bahn, damit wir ohne Stress auch wieder die letzten Bahnen erreichen.

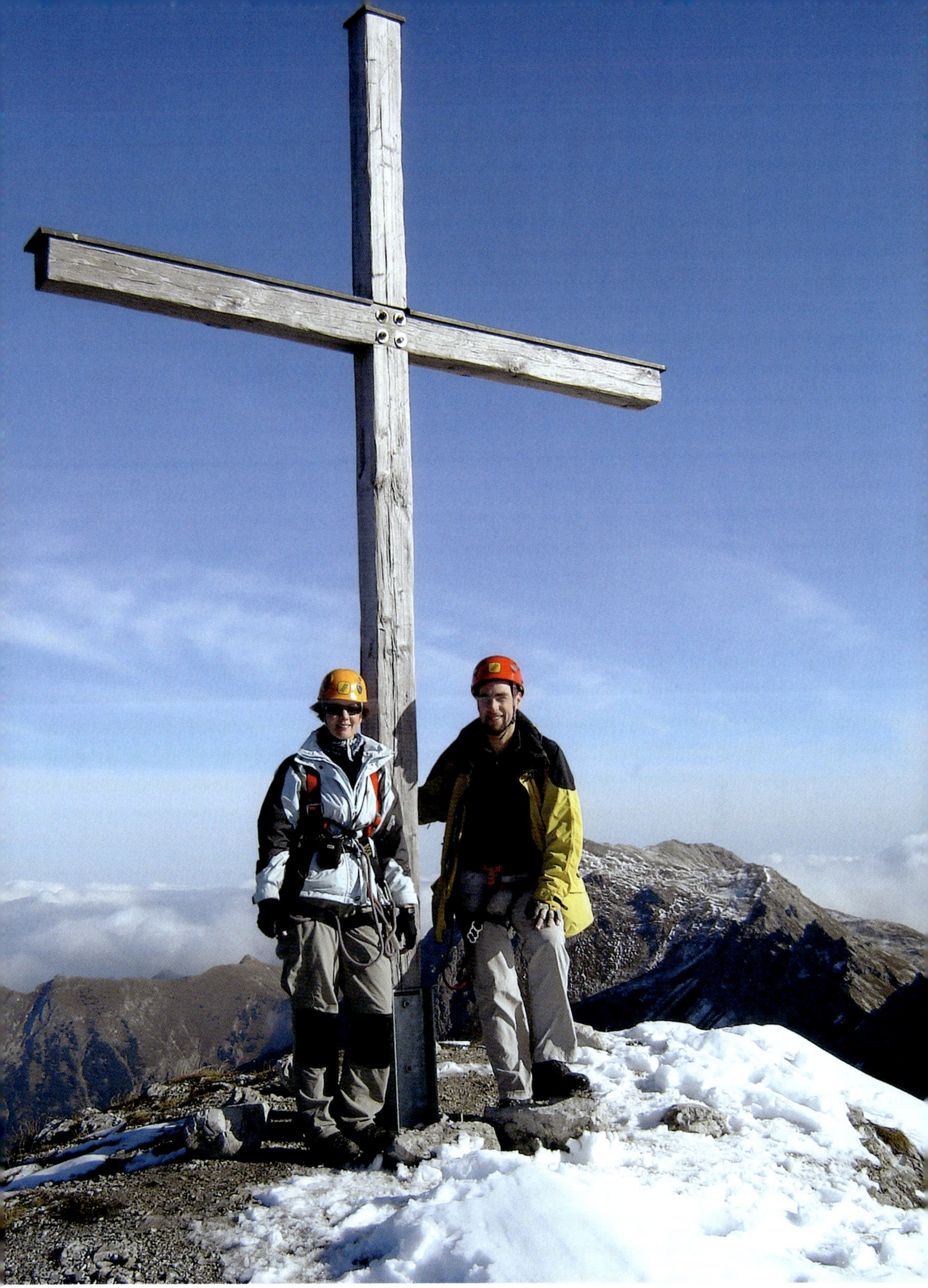

48 Heilbronner Weg

Über die Steinscharte zur Bockkarscharte

A/B/C
11.30–13 Std.
1800 Hm

Gipfel/Ziel
Steinschartenkopf (2651 m)

Charakter/Anforderung
Hochalpiner Höhenweg mit Klettersteigeinlagen. Heikle Passagen mit Drahtseilen und Eisenbügeln, 15 m hohe Eisenleiter. Nur bei sicheren Wetterverhältnissen begehen

Ausgangspunkt
Rappenseehütte, 2091 m, Parkplatz in Faistenoy (904 m) oder Einödsbach (1114 m)

Anfahrt
Bis Oberstdorf oder weiter ins Stillachtal bis Faistenoy; gebührenpflichtige Parkplätze. Weiter zu Fuß.

Gehzeiten
Gesamt 11.30–13 Std.
Zustieg 5 Std., Steig 2.30 Std., Rückweg 3.45–5.30 Std.

Aufstieg/Abstieg
Zustieg 1500 m, Steig 300 m (Gegenanstiege!), Abstieg 1600 m

Hütte/Einkehr
Rappenseehütte (2091 m); Waltenbergerhaus (2084 m); Kemptner Hütte (1844 m)

Karte
AV BY2 »Kleinwalsertal« 1:25 000, AV BY4 »Allgäuer Hochalpen« 1:25 000

Der Heilbronner Weg gehört zu den beliebtesten gesicherten Höhenwegen am Nordrand der Alpen. An schönen Herbsttagen muss daher mit einem »Verkehrsaufkommen« von Hunderten Begehern gerechnet werden.

Geschichte Der bereits 1899 aufwendig eingerichtete Steig (zwischenzeitlich natürlich saniert) verläuft in einer Höhe von durchschnittlich 2600 Metern! Bei dieser Tour bietet sich auch die Chance, gleich zu Beginn der Unternehmung den zweithöchsten Gipfel der Allgäuer Alpen, das Hohe Licht (2651 m), mitzunehmen.

Aufstieg zur Rappenseehütte Von Faistenoy gehen wir zum Gasthaus in Einödsbach (1114 m, 2 Std.). Hier beginnt der markierte Hüttenweg, der uns über die Petersalm und die Enzianhütte zum Sattel am Seebichl und kurz hinab zum großen Unterkunftshaus nahe dem idyllischen Rappensee führt (2091 m, 2 Std.; oft überfüllt!).

Auf dem Heilbronner Weg Von der Rappenseehütte steigen wir hinauf zur Großen Steinscharte (2485 m, 1 Std.). Über eine drahtseilgesicherte Rinne erreichen wir bald die Wegverzweigung zum Hohen Licht (2651 m; A/B/C; 1 Std. Umweg). Dann beginnt der anspruchsvolle alpine Teil des Heilbronner Wegs, der erst an der Östlichen Bockkarscharte endet, um dann als leichter Höhenweg zur Kemptner Hütte weiterzuführen.
Über ein teilweise ausgesetztes Geröllband führt unser Weg nun zum »Heilbronner Törl« und über die Kleine Steinscharte (2541 m) weiter zum klettersteigtechnischen Höhepunkt dieser Tour, einer 15 Meter langen Eisenleiter kurz vor dem südwestlichen Abbruch des Steinschartenkopfes (2651 m), der den höchsten Punkt des Heilbronner Wegs darstellt. Unser Steig leitet uns dann nordwärts gesichert weiter vorbei am Wilden Mann (2577 m) hinab zur Socktalscharte (2446 m; möglicher Notab-

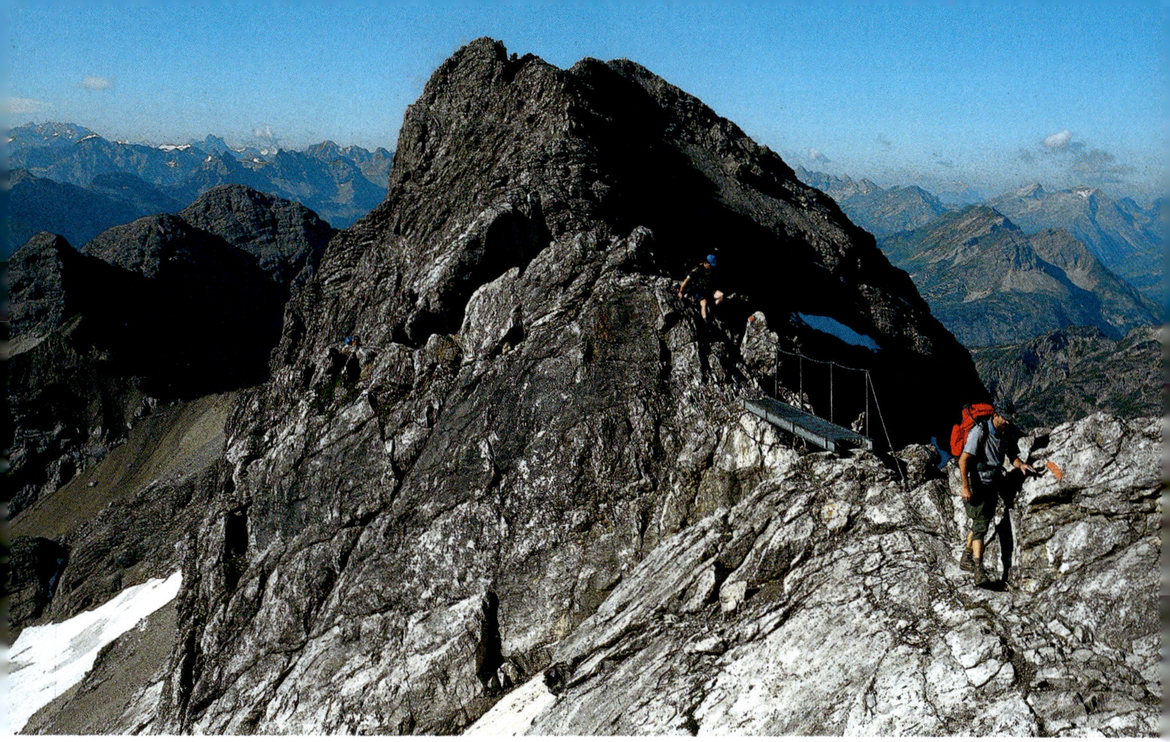

stieg zum Waltenbergerhaus; 1 Std.). Dann weiter in steilen Serpentinen hinauf zu einem Grat (drahtseilgesichert), in dessen weiterem Verlauf wir den Bockkarkopf (2609 m) überschreiten. Nun über den gesicherten Nordostgrat hinab zur Westlichen und weiter zur Östlichen Bockkarscharte (2504 m).

Traumhafte Aussichten bietet der Heilbronner Weg.

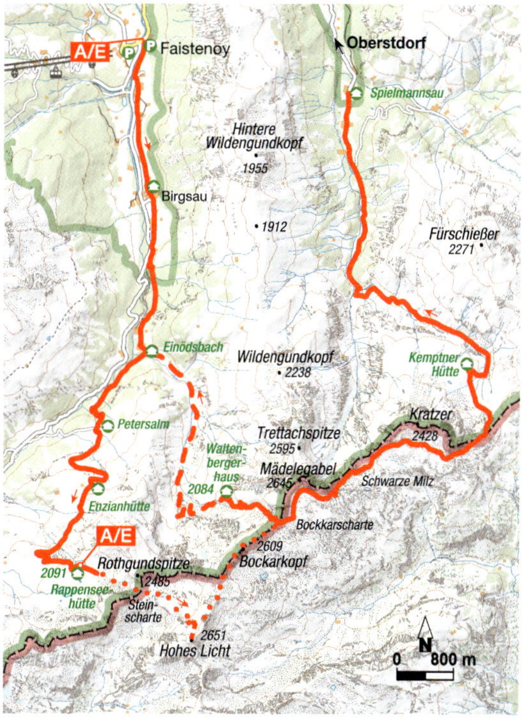

Abstieg Entweder entscheiden wir uns hier, links auf steilem Pfad hinab zum Waltenbergerhaus zu wandern (45 Min.) und durch das Bacherloch nach Einödsbach zurückzukehren (1.30 Std.), oder aber wir folgen dem zweiten Abschnitt des Heilbronner Wegs, der uns problemlos an Hochfrottspitze und Mädelegabel (dankbarer Abstecher) vorbei über das Firnfeld der Schwarzen Milz zur Kemptner Hütte leitet (1844 m, 2.30 Std.). Hier führt dann ein gut bezeichneter Bergsteig (Teilstrecke des E5) durch den berüchtigten Sperrbachtobel hinab ins Tal der Trettach, dann nach Spielmannsau und weiter nach Oberstdorf (3 Std.).

49 Zweiländer-Sportklettersteig

Ein fordernder Klettersteig auf die Kanzelwand

C/D/E — 3 Std. — 390 m

Gipfel/Ziel
Kanzelwand (2058 m)

Charakter/Anforderung
Ziemlich schwerer Klettersteig mit teils anhaltenden schweren Passagen. Gerade die lange Querung geht ziemlich in die Arme. Nach Regen extrem glatt! Zahlreiche Bügel und eine Seilbrücke. Durch die Nordwandlage ideal an heißen Sommertagen. Abstieg über den leichten Walsersteig (B–B/C)

Ausgangspunkt
Riezlern, 1086 m (Talstation der Kanzelwandbahn)

Anfahrt
Auf der B 19 bis kurz vor Oberstdorf, dann ins Kleinwalsertal nach Riezlern

Gehzeiten
Gesamt 3 Std.
Zustieg 45 Min., Klettersteig 1.30 Std., Walsersteig 15 Min., Abstieg 20 Min.

Aufstieg/Abstieg
Zustieg –250/+100 m, Steig 250 m, Walsersteig 20 m, Abstieg –130/+40 m

Hütte/Einkehr
Kanzelwand-Bergstation (1968 m)

Karte
AV BY2 »Kleinwalsertal« 1:25 000

Seinen Namen verdankt der Klettersteig dem Umstand, genau auf der Grenze von Deutschland und Österreich zu liegen. Ziemlich sportlich zieht er durch die Nordwände der Kanzelwand. Leider weitab einer natürlichen Routenführung, aber top gesichert.

Zustieg Von der Bergstation (1949 m) geht es erst einmal kräftig in Richtung Nordost abwärts. Wir erreichen den Grundsattel und folgen dem Wanderweg in Richtung Fiderepasshütte. Kurz hinter der Bergstation eines Sessellifts zweigt ein Steiglein mit deutlich gelben Punkten nach rechts oben ab und führt uns zum Einstieg am Wandfuß (1810 m).

Zweiländer-Steig Die ersten Meter sind noch recht leicht, aber die anstehende Stufe erfordert schon etwas Können (C). Wir gehen über ein kleines Band nach rechts und steigen teils über Bügel weiter anstrengend empor (C/D–D). Nach einer weiteren glatten und leicht abdrängenden Wand (D/E) beginnen die schweren und glatten Querungen. Dabei ist es meist gleichbleibend schwer (C/D–D) und ausgesetzt, und die wenigen Tritte (Reibung) erfordern Armkraft. Zwischendurch laden ein paar zu übersteigende Spalten zum Rasten ein. Schließlich erreichen wir eine Nische (Rastplatz), und die schweren Querungen liegen hinter uns. Nun gehen wir deutlich leichter über ein breites Band (A/B) weiter. Es folgen eine glatte Platte (C) und ein schöner Standplatz, bis wir zur zweiten schweren Passage gelangen: eine steile und fast trittlose Wand (C/D/E). Kurz darauf kommt die schöne Zweiseilbrücke, die uns gut gespannt zur anderen Felswand bringt (B/C). Eine recht luftige Angelegenheit!
Danach wird es deutlich leichter, und die größten Schwierigkeiten liegen hinter uns. Wir steigen über schöne Felsstufen (bis C) und leichtere Stellen nun immer weiter nach oben. Nach einer schönen Querung (B–B/C) müssen wir eine letzte schwere Platte (C) überwinden, bevor wir dann den Grat zum Gipfel erreichen.

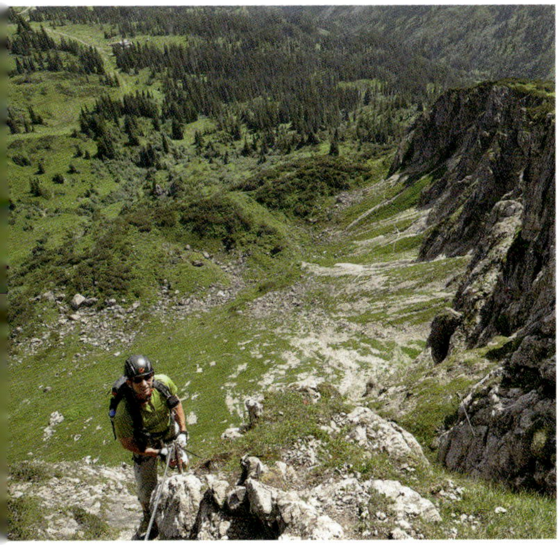

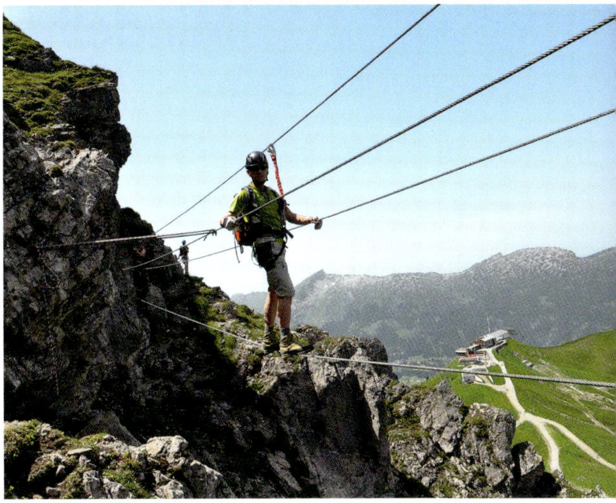

Von rechts kommt der Walsersteig herauf, und in wenigen Minuten stehen wir am Gipfel. Nach der langen Zeit in der Nordwand tut die Sonne ganz gut, und so genießen wir die grandiose Aussicht. Irritiert sind wir nur über die Menschenmassen, die über den Normalweg heraufkommen.

Die schöne Dreiseilbrücke auf dem leichten Walsersteig

Links: Blick auf die Querungen am Zweiländer-Steig

Walsersteig Wir steigen vom Gipfel nordwärts ab (B–B/C) und erreichen nach einer leicht abdrängenden Querung die schöne Dreiseilbrücke. Dann nochmals etwas querend (B–B/C), bevor es über leichte und schön gestufte Passagen und durch einen Spalt wieder auf den Hauptweg geht.

Abstieg Über den breiten Normalweg steigen wir wieder zurück zur Bergstation.

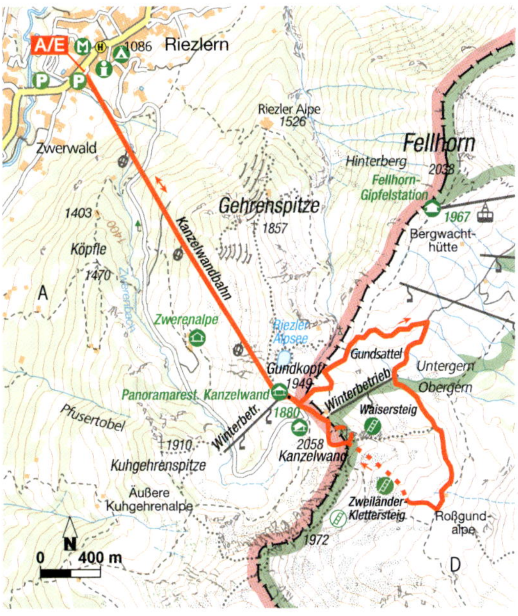

Tipp

Wählt man den Walsersteig abwärts, dann auf Gegenverkehr achten. Viele gehen diesen Steig auch als eigenständige Tour (ideal für Einsteiger!).

50 Mindelheimer Klettersteig

Von Hütte zu Hütte über die Schafalpenköpfe

C

9.30–13 Std.

550–1635 Hm Bergbahn

Gipfel/Ziel
Nördl. Schafalpenkopf (2320 m)

Charakter/Anforderung
Hochalpiner KS. Trittsicherheit und Schwindelfreiheit vorausgesetzt. Stahlseil, 3 Metallbrücken, Eisenleitern, Eisenbügel und -stifte. Nur bei günstigstem Wetter begehen!

Ausgangspunkt
Riezlern, 1086 m (Talstation der Kanzelwandbahn); Mittelberg, 1218 m; Faistenoy, 904 m (gebührenpflichtiger Parkplatz; Talstation der Fellhornbahn)

Anfahrt
Auf der B 19 nach Oberstdorf, dann ins Kleinwalsertal

Gehzeiten
Gesamt 9.30–13 Std. Zustiege 2–3.30 Std., Klettersteig 3–4 Std., Rückweg 2.30–5.30 Std.

Aufstieg/Abstieg
Zustieg 130–1215 m, Steige 420 m, Abstieg 300–1215 m

Hütte/Einkehr
Fiderepasshütte (2067 m); Mindelheimer Hütte (2018 m)

Karte
AV BY2 »Kleinwalsertal« 1:25 000, AV BY4 »Allgäuer Hochalpen« 1:25 000

Anders als der Heilbronner Weg hat der erst im Jahre 1975 eröffnete Mindelheimer Klettersteig deutlich mehr ausgeprägte Klettersteigpassagen zu bieten. Auf dem etwa drei Kilometer langen Felskamm wurde nicht an Leitern, Eisenklammern und Drahtseilen gespart. Die Route ist ausgesprochen abwechslungsreich und steckt voller Überraschungen.

Lange Zustiege Die übliche Route verläuft von der Fiderepasshütte ausgehend über die drei Schafalpenköpfe zur Mindelheimer Hütte, wird aber auch gern in anderer Richtung gemacht – mit Gegenverkehr muss also gerechnet werden. Ein kleines Handicap sind allerdings die durchweg langen Zustiegswege, wobei der Anstieg von der Kanzelwandbahn von allen noch der kürzeste ist.

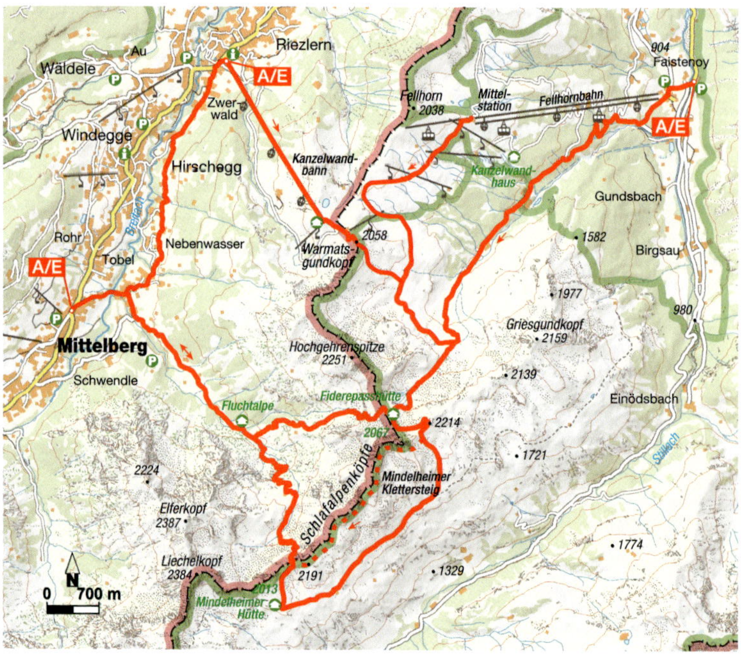

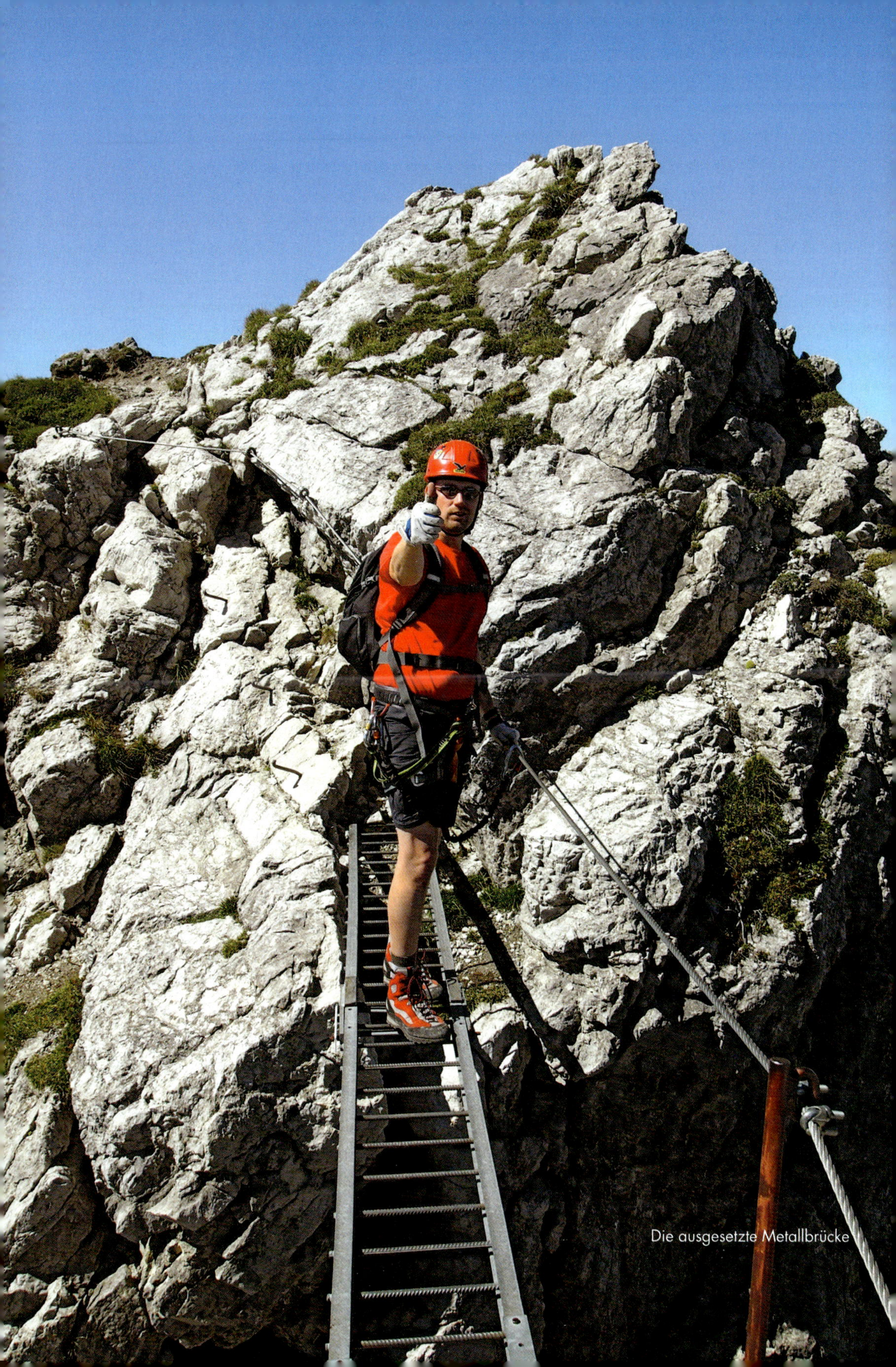

Die ausgesetzte Metallbrücke

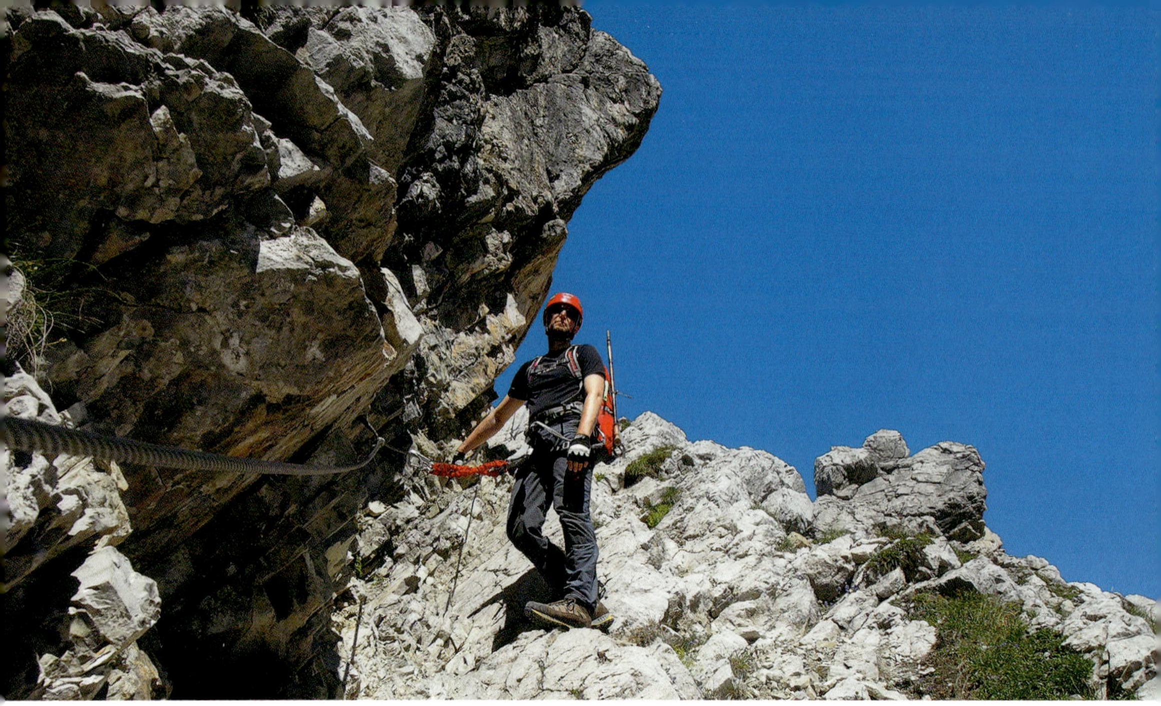

Viele gesicherte Passagen auf dem Mindelheimer Weg

Anstiege zur Fiderepasshütte Von der Kanzelwandbahn-Bergstation (1968 m): Der schnellste Übergang erfolgt auf gutem Bergweg links an der Kanzelwand vorbei hinab ins Rossgundkar und dann weiter ohne Höhenverlust hinüber zur verfallenen Kühgundalpe (1745 m). Von der Kühgundalpe folgen wir jetzt dem westwärts leicht ansteigenden Hochtal zunächst im Talgrund, dann in Kehren hinauf zum Fiderepass mit der gleichnamigen Hütte (130 Hm, 2 Std.).

Von Faistenoy: Entweder mit der Fellhornbahn bis zur Mittelstation, dann über die Obere Bierenwangalpe, den Gundsattel und die Kühgundalpe zur Fiderepasshütte (400 Hm, 2 Std.) oder von der Talstation der Fellhornbahn zunächst auf Wanderweg, dann auf Forststraße (Nr. 443 und 446) zur Warmatsgundalpe und weiter über die Kühgundalpe zur Fiderepasshütte (1160 Hm, 3.30 Std.).

Von Mittelberg bzw. Hirschegg: Auf markierten Wirtschaftswegen (Nr. 441 und 446) zunächst ins Wildental, dann oberhalb der Fluchtalpe links über die Alpböden der Vorderen Wildenalpe hinauf zur Fiderepasshütte (1215 m, 3 Std.).

Tipp

Wer mit Familie oder anderen Wanderern unterwegs ist, die den ausgesetzten Klettersteig nicht gehen wollen, für den bietet sich eine ideale Aufteilung an: Parallel zum Klettersteig verbindet der Krumbacher Höhenweg die Fiderepasshütte mit der Mindelheimer Hütte (3 Std.). Am Ziel darf dann wieder gemeinsam angestoßen werden.

Die Route Von der Fiderepasshütte kurz hinab zum Fiderepass (Wegweiser), dann ostwärts auf Steig hinauf zur Fiderescharte (2214 m), östlich des Nördlichen Schafalpenkopfes. Dort rechts an die nahezu senkrechten Felsabbrüche heran. Zwei lange Metallleitern und zahlreiche Eisenbügel helfen uns (B–B/C), diese erste Hürde zu nehmen. Wir gelangen zur Gipfelscharte (B–B/C; hier Notabstieg zum Krumbacher Höhenweg möglich) und steigen dann auf der Südseite auf gesichertem Steig auf dem nun flacheren Grat hinüber in Richtung Mittlerer Schafalpenkopf. Eine weitere Leiter und eine Eisenbrücke sind die nächsten technischen »Highlights« (B–B/C), dann folgt eine senkrechte, ausgesetzte Felspassage 20 Meter hinab (B/C), die mittels einer langen Eisenklammerreihe gemeistert wird.

Der Gegenanstieg zum Mittleren Schafalpenkopf (2301 m) stellt dann die Schlüsselpassage dar; stark ausgesetzt steigen wir durch einen engen Kamin bergauf und treffen dann auf eine Plattenwand, die wir mittels Eisenstiften queren (C). Gut gesichert mit Eisenstiften und -bügeln sowie einer weiteren Metallleiter (B–B/C), aber weiterhin sehr ausgesetzt, steigen wir hinauf zum Gipfelkreuz, wo uns ein guter Rastplatz erwartet. Von dort auf grasigem Pfad hinab in eine Mulde und weiter in Kammnähe gut gesichert hinauf zum Gipfel des Südlichen Schafalpenkopfes (2275 m).

Jetzt haben wir zwei Möglichkeiten für den Weiterweg: Entweder wir gehen über einen leichten Serpentinenpfad oder durch eine gesicherte steile Rinne hinab, dann weiter auf schrofigem Steig zum Gegenanstieg hinauf zum Kemptner Köpfl, der letzten Gipfelerhebung auf unserer Route, und in zehn Minuten hinab zur Mindelheimer Hütte.

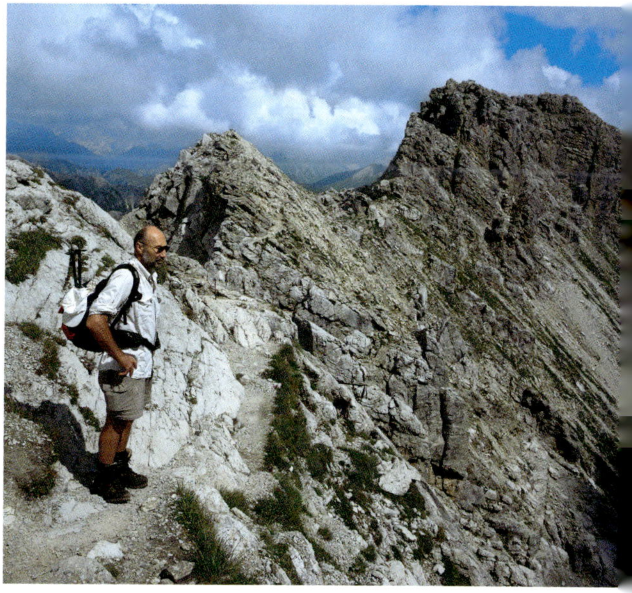

Der Mindelheimer Klettersteig bietet auch Gehgelände.

Abstieg von Mindelheimer Hütte Von der Hütte zunächst leicht ansteigend zur Kemptner Scharte, dann jenseits auf Serpentinenweg hinab zur Hinteren Wildenalpe (1800 m). Auf schönen Wegen hinunter zur Fluchtalpe und über die Wiesalpen nach Mittelberg bzw. Hirschegg.

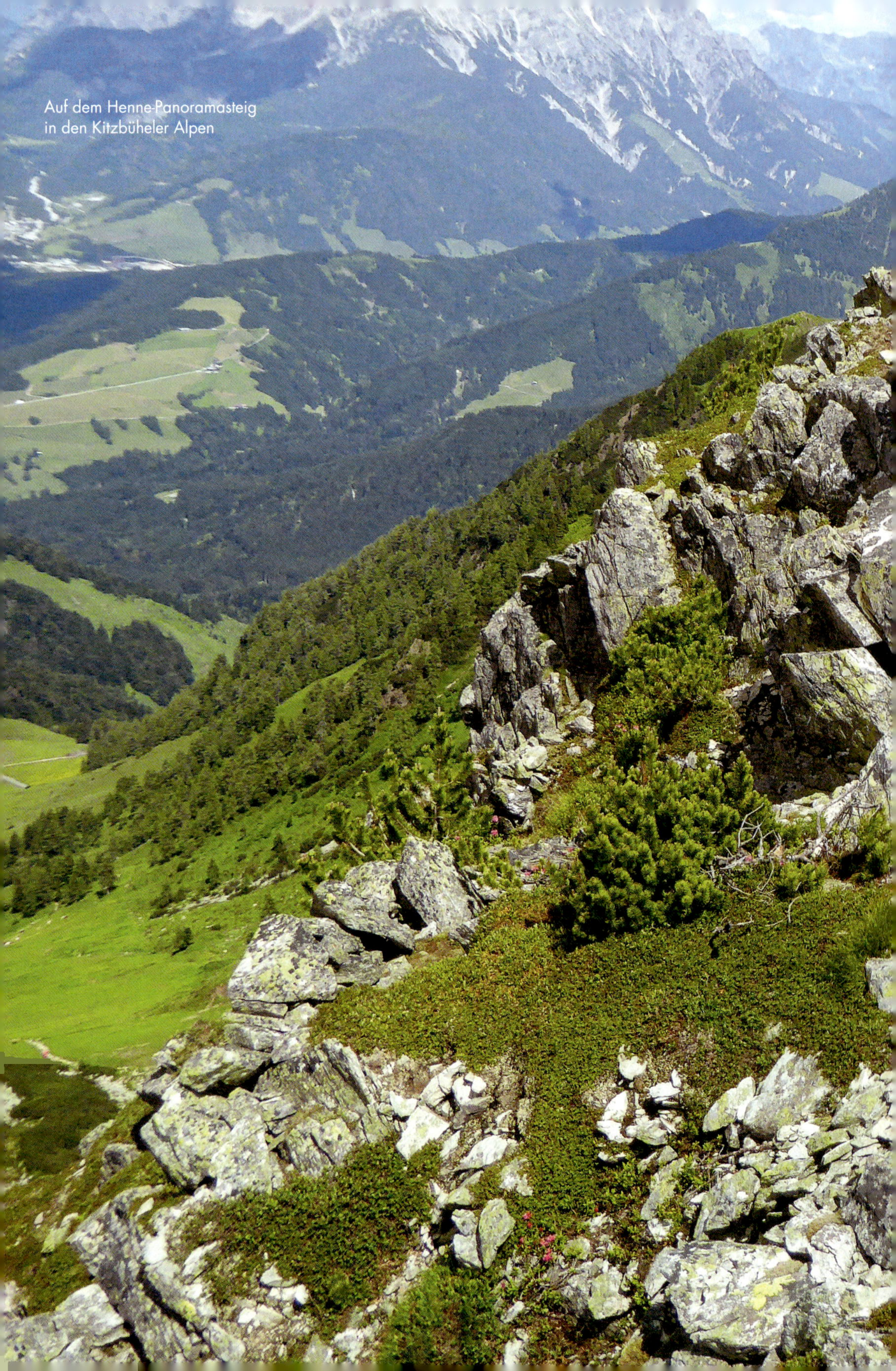

Auf dem Henne-Panoramasteig in den Kitzbüheler Alpen

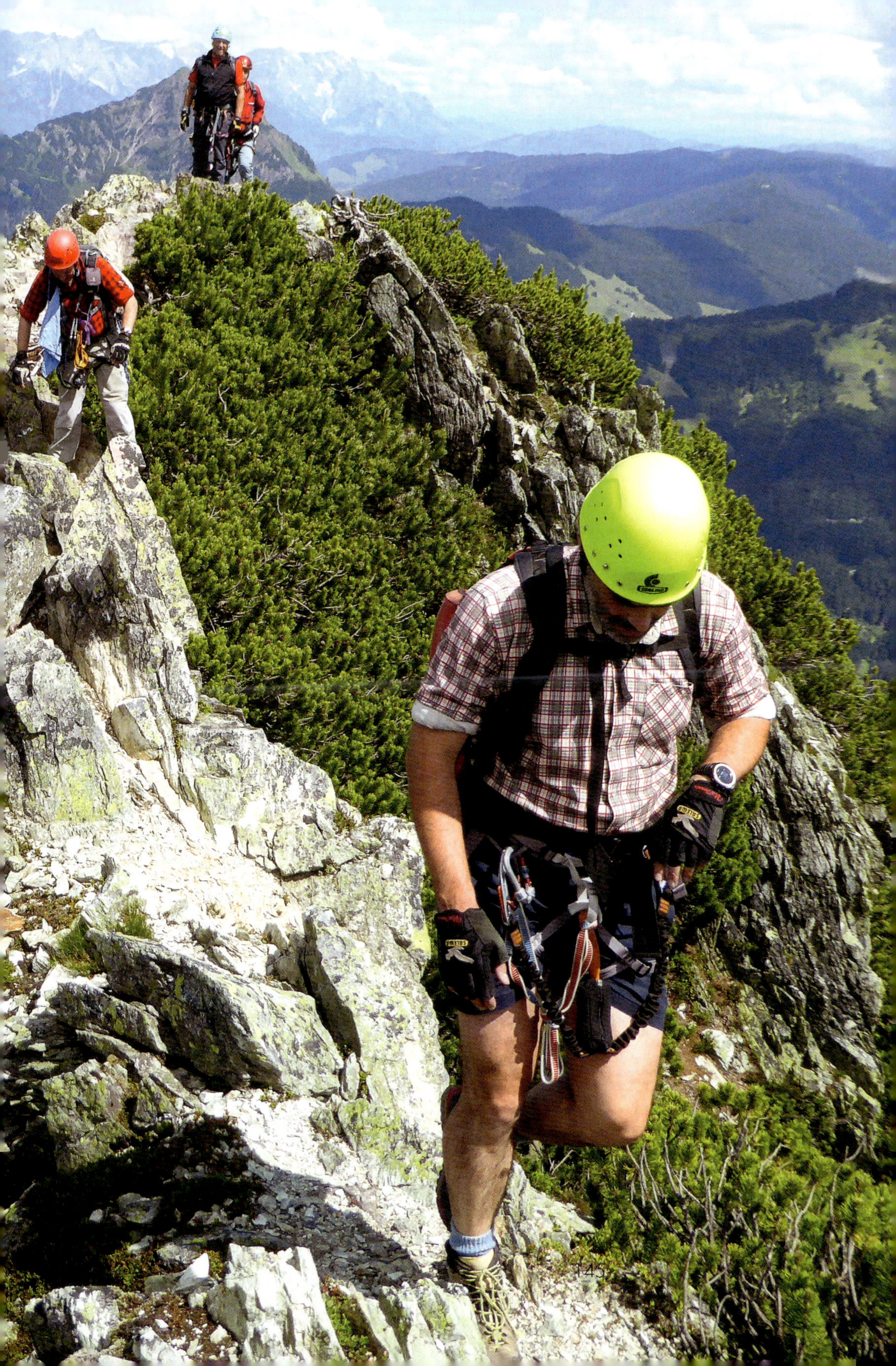

Anhang

Auswahl weiterer Klettersteige und gesicherter Steige

1) Schönfeldspitze (2653 m; A/B/C; 580 Hm; 2.30–3 Std.) Der zweithöchste Gipfel des Steinernen Meeres und zugleich ein Wahrzeichen der Berchtesgadener Alpen bietet ein spannendes Felsabenteuer, das jedoch Trittsicherheit und absolute Schwindelfreiheit voraussetzt. Der Normalweg ist im Gipfelbereich mit einigen Eisenklammern gesichert. Beliebt auch als Überschreitung. Start am Riemannhaus.

2) Grandlspitz (2307 m; C/D/E ; 980 Hm; 4.30 Std.) Der Grandlspitz ist eine Erhebung im Gratverlauf der Hohen Köpfe, die sich von der Taghaube bis zum Kummetstein hinaufziehen. Der Einstieg liegt oberhalb der Erichhütte in der Nähe des Anstiegswegs zum Birgkar. Nach einer Dreiviertelstunde Gehzeit ab Hütte, dort, wo der Weg unter den ersten Felswänden nach links weiterführt, zweigt rechts der Zustieg zum Klettersteig ab. Der Klettersteig ist mit einem durchgehenden Drahtseil sowie mit Eisenstiften und Trittklammern gesichert. Im oberen Teil ist die Route sehr ausgesetzt. Der Abstieg ist ebenfalls seilgesichert und führt auf einer anderen, aber leichteren Route zurück zum Einstieg.

3) Königsjodler (2875 m; C/D/E; 1600 Hm; 10–11 Std.) Ein Klettersteig der Extraklasse! Lang, ausgesetzt, mit vielen Ausblicken und abwechslungsreich (u. a. Flying Fox). Dazu top gesichert. Allerdings durch die Länge der Tour nur für konditionsstarke und erfahrene Klettersteigler ratsam. Vom Dientner Sattel zur Erichhütte und dann über den kompletten Grat zum Hochkönig (Hoher Kopf ist Endgipfel des Steiges. Achtung bei Gewittern und bei Altschneefeldern!).

4) Schärtenspitze (2153 m; B/C; 500 Hm; 2.15 Std.) Hüttenberg der Blaueishütte im Hochkaltergebirge. Von dort führt ein markierter, im oberen Bereich mit Drahtseilen gesicherter Steig auf den auffallenden Gipfel. Steinschlaggefahr durch Vorausgehende. Zeiten ab Hütte.

5) Tristkogel-Klettersteig (2095 m; C/D–D; 1050 Hm.; 5–6 Std.) Von der Bochumer Hütte (südlich Kitzbühel) führt ein neuer Klettersteig auf den Tristkogel. Zwar nur wenige Höhenmeter (150 m), aber sehr ausgesetzt. Fast nur Leitern und sehr sportlich. Weiter oben deutlich leichter, dafür mit einem Superpanorama vom Kaisergebirge bis zu den Hohen Tauern.

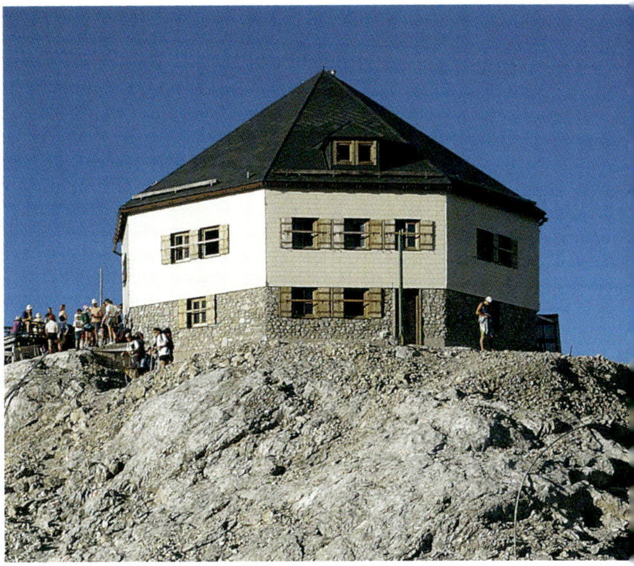

Das neue Matrashaus auf dem Gipfel des Hochkönigs

6) Gamssteig und Sagthaler Spitze (2241 m; B/C; 1220 Hm; 7 Std.) Der Übergang vom Gamskopf zur Sagthaler Spitze in den Kitzbüheler Alpen; der sogenannte »Gamssteig« – ist aussichtsreich und an den entscheidenden Stellen mit Drahtseilen gesichert. Schwindelfreiheit erforderlich. Ausgangsort ist Inneralpbach.

7) Panoramaweg auf der Henne (2078 m; A/B; 800 Hm; 5 Std.) Fieberbrunn im Pillerseetal ist Ausgangsort für diesen »Familien«-Klettersteig auf der Henne. Der schon länger existierende Klettersteig wurde vor einigen Jahren durch mehrere anspruchsvolle Varianten (B/C/D/E) ergänzt mit so zünftigen Namen wie »Da Luftig«, »Da Rassig« und »Da Zache«. Der Zugang erfolgt mit den Bergbahnen Fieberbrunn zur Bergstation Lärchfilzkogel (1630 m); von dort zu Fuß über die Wildalm zur Bergstation Reckmoos (1.15 Std.) und dem beschilderten Weg folgend durch Latschen zu einer Verzweigung, wo man sich für den Panoramaweg über den Henngrat oder für die anspruchsvollen Varianten entscheiden kann. Stützpunkt für diese Unternehmung ist das Wildseeloderhaus des DAV.
Seit 2012 gibt es zu den Steigen an der Henne noch einen Klettersteig (B/C; 140 Hm; 1 Std.) auf die Marokka (2001 m), einen Vorgipfel der Henne. Der Zustieg erfolgt vom Wildseeloderhaus.

8) Wasserwand (1350 m; A/B; 590 Hm; 3–3.30 Std.) Der mehrgipfelige Heuberg in den Chiemgauer Alpen weist mit den steilen Felsflanken der Wasserwand eine kleine Herausforderung auf. Kurze Klettersteigeinlage mit Drahtseilsicherung über abgespeckte Felsen.

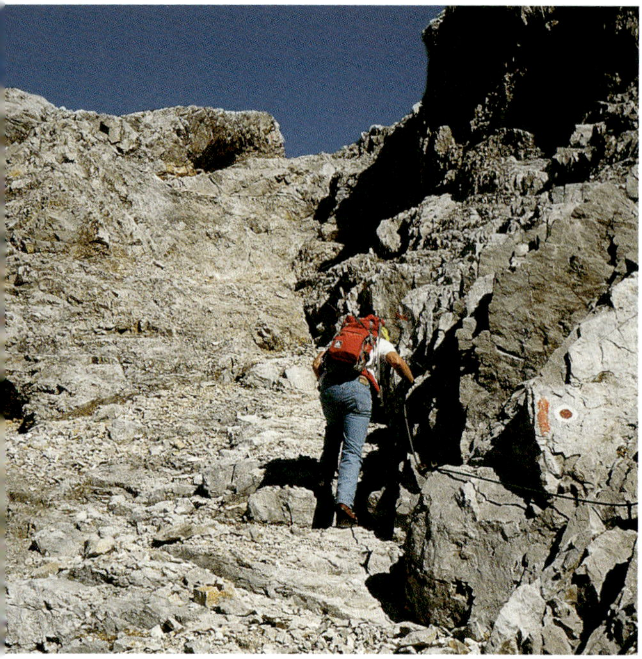

Klettersteig zum Großen Bettelwurf

9) Pyramidenspitze (1997 m; A/B/C; 1300 Hm; 6–7 Std.) Die Pyramidenspitze im Zahmen Kaiser bietet neben dem leichten Anstieg aus dem Kaisertal auch eine rasante Route durch seine Ostseite. Der mit Drahtseilen und Eisenklammern gesicherte Steig nimmt seinen Ausgang in Durchholzen und führt durch das Winkelkar und eine großartige Felslandschaft zum Gipfel. Dabei sind jedoch 1300 Höhenmeter zu bewältigen. Absolute Trittsicherheit und Schwindelfreiheit erforderlich.

10) Ackerlspitze (2329 m; B–B/C; 1525 Hm; 7 Std.) Der höchste Gipfel des Ostkaisers ist über einen nur spärlich mit Eisenstiften und Eisenringen gesicherten Steig über seine Südseite erreichbar. Absolute Trittsicherheit und Schwindelfreiheit erforderlich. Steinschlaggefahr. Anstieg über die unbewirtschaftete Ackerlhütte von der Gaudeamushütte oder von Going. Teile im II. Grad!

11) Rossstein (1698 m; A/B/C; 830 Hm; 4 Std.) Der leichtere der beiden Doppelgipfel »Ross- und Buchstein« ist über einen leichten Klettersteig (Drahtseile) durch seine Südseite erreichbar. Gute Möglichkeit für Anfänger. Anstieg von der Achenseestraße.

12) Freiungen-Höhenweg (2374 m; A/B; 300 Hm; 7.30 Std.) Der gesicherte Höhenweg zwischen Nördlinger Hütte und Solsteinhaus im Karwendel führt durch eine wilde Felsszenerie auf die Reither Spitze: Auffahrt mit der Seilbahn, gesicherte Wegpassagen und Einkehr in der höchstgelegenen Karwendelhütte.

13) Zirler Klettersteig (2405 m; C; 1425 Hm; 8–9 Std.) Dieser Klettersteig führt über die Eppzirler Scharte auf die Erlspitze. Der gewundene, gut markierte, aber spärlich gesicherte Pfad durch ein wildes Felslabyrinth erfordert Trittsicherheit und Schwindelfreiheit. Abstieg auf dem leichten, alten Normalweg zum Solsteinhaus. Anstieg von Hochzirl.

14) Kaiser-Max-Klettersteig (1200 m; E; 510 Hm; 4–6 Std.)
Dieser extrem steile Klettersteig durch die Martinswand bei Zirl gilt als eine der schwierigsten Klettersteigrouten in den Nördlichen Kalkalpen. Der erst 1986 angelegte Steig gliedert sich in drei Abschnitte, von denen der mittlere eine senkrechte Wandpassage von 100 Meter Höhe aufweist.

15) Innsbrucker Klettersteig (2480 m; C/D–D; 390 Hm; 7 Std.)
Dieser Höhenweg über sieben Gipfel der Karwendelnordkette bietet ein Erlebnis der Extraklasse. Dabei werden alle Register gezogen: Über 2000 Meter Stahlseil und Hunderte von Haken, Eisenstiften und Eisenbügeln wurden verankert, ja, sogar eine Hängebrücke eingebaut. Auffahrt mit der Hafelekarbahn (Innsbruck) bis zur Bergstation; der Einstieg zum Klettersteig liegt westwärts davon, wobei eine anspruchsvolle Schlüsselstelle Unerfahrene von einer Begehung abhalten soll. Die Route führt über die Kemacherspitze zum Frau-Hitt-Sattel; Notabstiege möglich.

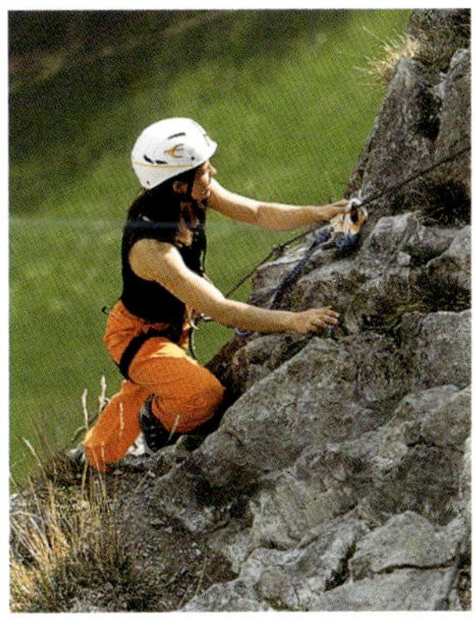

Der Kaiser-Max-Klettersteig gehört zu den rasantesten Klettersteigen in Talnähe.

16) Julius-Pock-Weg (2559 m; A/B; 680 Hm; 5–6 Std.) Leichter Klettersteig über den Ostgrat auf die Vordere Brandjochspitze. Auffahrt mit der Hafelekarbahn (Innsbruck) bis zur Mittelstation Seegrube; von dort auf dem Schmidhubersteig in zwei Stunden zum Frau-Hitt-Sattel. Gipfelweg eine Stunde über den Ostgrat (Stufen und Drahtseile). Gut für Anfänger. Gleicher Weg retour.

17) Großer und Kleiner Bettelwurf (2726 m; C/D; 1630 Hm; 8–9 Std.) Auf einen der schönsten Karwendel-Doppelgipfel führen abwechslungsreiche Anstiege. Der Klettersteig auf den Großen Bettelwurf ist durchgehend gesichert und auch für versierte Anfänger geeignet. Der Anstieg auf den Kleinen Bettelwurf (seit 1986) sowie der ebenfalls gesicherte Gratübergang (seit 1988) zum Großen Bettelwurf sind nur für erfahrene Klettersteiggeher geeignet, denn sie sind spärlich gesichert und außerdem recht ausgesetzt. Übernachtung auf der gemütlichen Bettelwurfhütte empfehlenswert. Auffahrt auf der mautpflichtigen Salzbergstraße von Hall i. T. zum »Bettelwurfeck« (1070 m).

18) Felix-Kuen-Weg (2243 m; B/C; 725 Hm; 4 Std.) Gesicherter, leichter Klettersteig auf den Hundskopf, der zudem durch die Mautstraße von Hall i. T. zur Hinterhornalm (1522 m) schnell zu erreichen ist. Der Anstieg führt von der Hinterhornalm zum

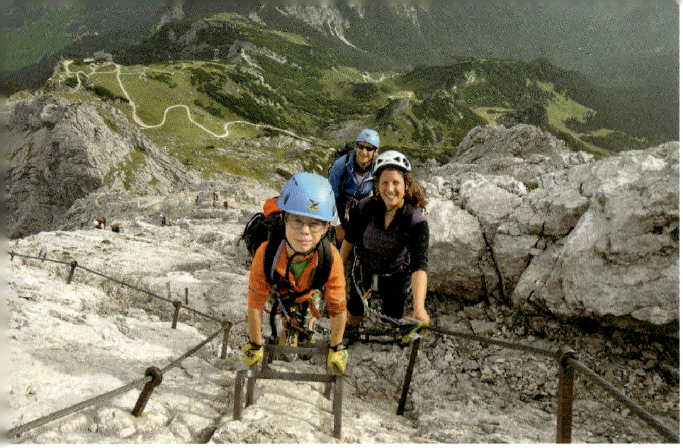

Viel Eisen findet man auf der Alpspitz-Ferrata.

Ostgrat (Wegverzweigung, Markierung »KS«), dann durch die Nordflanke des Hundskopfes in die Mannl-und-Weibele-Scharte und hinauf zum Gipfel. Abstieg über den ebenfalls gesicherten Ostgratweg. Weg ab Hinterhornalm.

19) Hohe Munde (2662 m; A/B; 1700 Hm; 9–11 Std.) Der Normalweg auf den Ostgipfel der Hohen Munde ist gemeinhin als langer »Hatscher« bekannt. Abwechslungsreicher ist dann der felsige Übergang zum Westgipfel, der mit einigen Drahtseilen gesichert ist. Die Querung von dort hinab zum Niedere-Munde-Sattel führt über den teilweise luftigen Westgrat, der mit Drahtseilen und Eisenstiften gesichert ist. Garantiert ein anspruchsvolles Klettersteigvergnügen.

20) Leite-Klettersteig (1095 m; C/D–D; 250 Hm; 2.30 Std.) In Nassereith wurde 2010 ein kurzer Sportklettersteig an der Leitewand (östl. der Ortschaft) gebaut. Kurzer Zu- und Abstieg. Zwar sportlich angelegt, aber ohne künstliche Tritthilfen (eine Dreiseilbrücke)! Im Sommer etwas heiß.

21) Ehrwalder Sonnenspitze (2417 m; C/D; 1320 Hm; 9 Std.) Über den Hohen Gang gelangt man ebenfalls auf die Ehrwalder Sonnenspitze. Eine etwas einsamere Tour, die nur für erfahrene Bergsteiger gedacht ist (II. Grad). Von der Ehrwalder Almbahn zur Coburger Hütte und dann von Süden auf den Gipfel. Wenige Sicherungen.

22) Riffelscharte (2236 m; A/B/C; 1480 Hm; 5–6 Std.) Man kann vom Höllental auch über die Riffelscharte zum Eibsee gelangen. Hierbei sind die ersten 200 Höhenmeter unterhalb der Scharte im Abstieg versichert. Man kann dann mit der Zugspitzbahn (Haltepunkt Riffelriß) wieder hinabfahren.

23) Kofel (1342 m; A/B; 505 Hm; 3–4 Std.) Das alpine Wahrzeichen von Oberammergau ist durch einen leichten Klettersteig erschlossen. Vom Parkplatz Dötzenbühl zunächst auf Wanderweg bis an die Gipfelfelsen heran, dann drahtseilgesichert durch die schrofigen Felsen zum Gipfel.

24) Hochplatte (2082 m; C; 990 Hm; 5.30 Std.) Der Gipfelgrat dieser höchsten Erhebung in den westlichen Ammergauer Alpen ist mit Eisenstangen und Drahtseilen gesichert. Eine gute Einübung also für anspruchsvollere Touren. Trittsicherheit und Schwindelfreiheit sind Voraussetzung. Gipfelrunde von Ammerwald über das Weitalpjoch und Abstieg über den Westgrat.

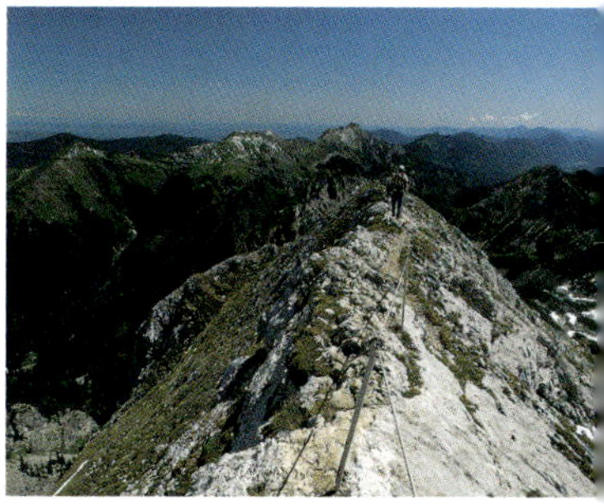

Die Überschreitung der Hochplatte ist streckenweise ein luftiges Vergnügen.

25) Besler (1680 m; A–A/B; 320 Hm; 2.30 Std.) Beeindruckender, mehrgipfeliger Kamm mit weiter Gipfelfläche, dessen Nordseite für Kletterer bestimmt ist. Anstieg vom Riedbergpass: zunächst noch 500 Meter weiter auf der Straße nach Balderschwang, dann auf Fahrweg zur Schönbergalpe (1335 m). Von dort auf Steig zu den Felsen hinauf, dann links zu einer Wegverzweigung bei der Ostkante, wo sich der Einstieg zum kurzen Klettersteig befindet. Ein gutes Drahtseil führt steil und zum Teil ausgesetzt zur Gipfelfläche. Leichter Weg von der Südseite.

26) Hohe Gänge (2008 m; B–B/C; 1180 Hm; 7–8 Std.) Der Steig beginnt in Hinterstein und führt zuerst auf den Breitenberg. Ab hier findet man bis zur Heubatspitze immer wieder Sicherungen (und eine Leiter), die teils doch etwas fordernd sind. Entweder auf dem gleichen Weg zurück oder noch über die Rotspitze (B/C) weiterlaufen (+3 Std. und 400 Hm).

27) Lachenspitze (2126 m; C/D; 450 Hm; 7.30 Std.) Der Klettersteig durch die schattige Nordwand der Lachenspitze wurde 2008/09 aufwendig angelegt; er ist perfekt abgesichert, da er streckenweise sehr ausgesetzt verläuft. Die reine Klettersteighöhe beträgt ca. 270 Höhenmeter und erfordert eine erhebliche Kondition; der Einstieg befindet sich auf einer Höhe von 1865 Metern. Es handelt sich hier um eine vertikal anstrengende, aber landschaftlich sehr schöne und aussichtsreiche Route. Besonders der Blick hinab auf die drei Seen entschädigt für die Anstrengungen. Aber Achtung: Aufgrund der Nordlage hält sich der Schnee oft sehr lange! Der Abstieg erfolgt auf der Normalroute über die Scharte zwischen Lachen- und Steinkarspitze. Idealer Stützpunkt ist die Landsberger Hütte (1810 m) des DAV. Der Zustieg erfolgt entweder vom Vilsalpsee (Anfahrt nur bis 10 Uhr) über Traualpsee und Landsberger Hütte (3.15 Std.) oder von Tannheim mit der Vogelhornbahn zum Neunerköpfle und von dort zur Landsberger Hütte (2.45 Std.).

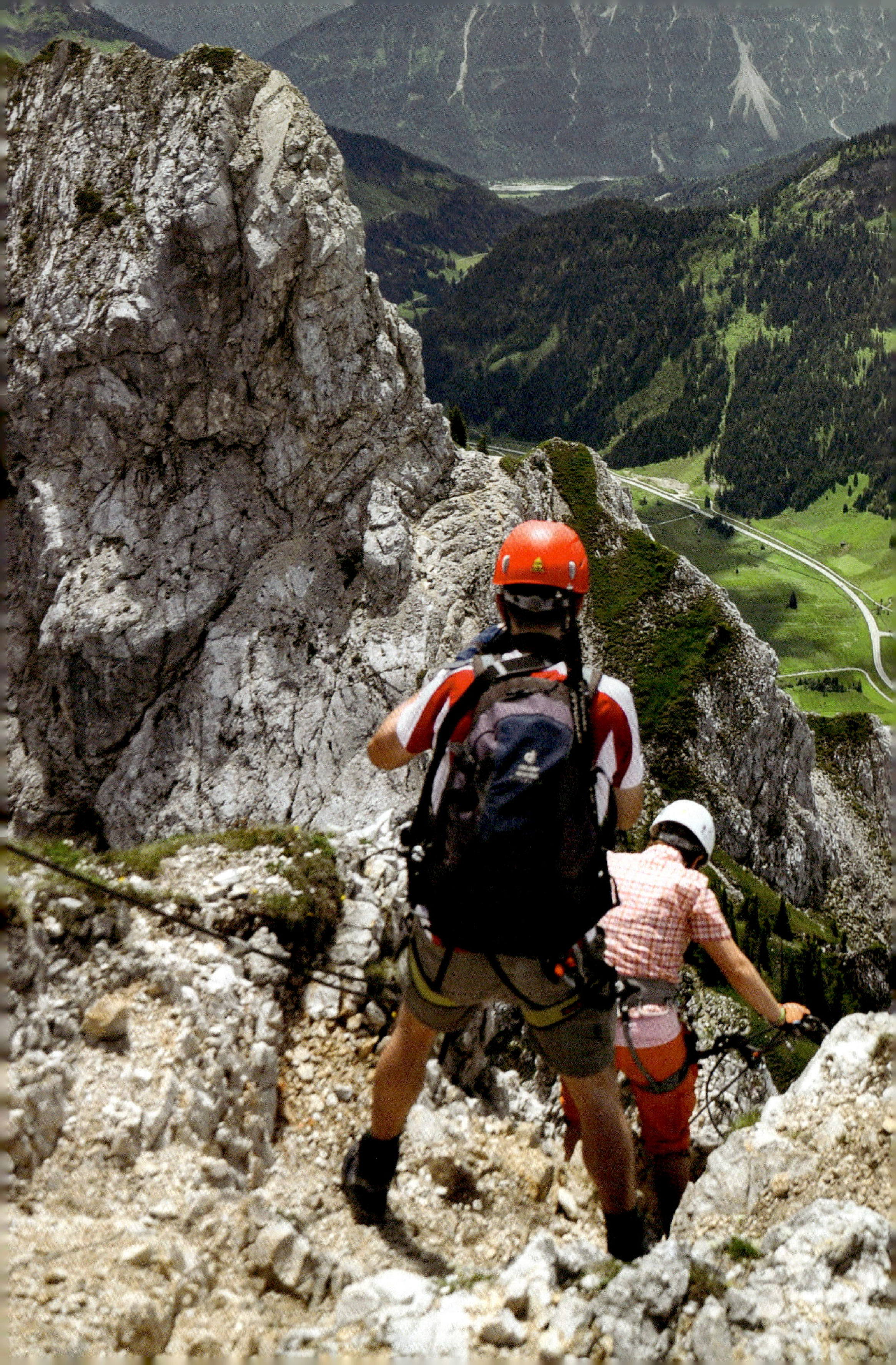

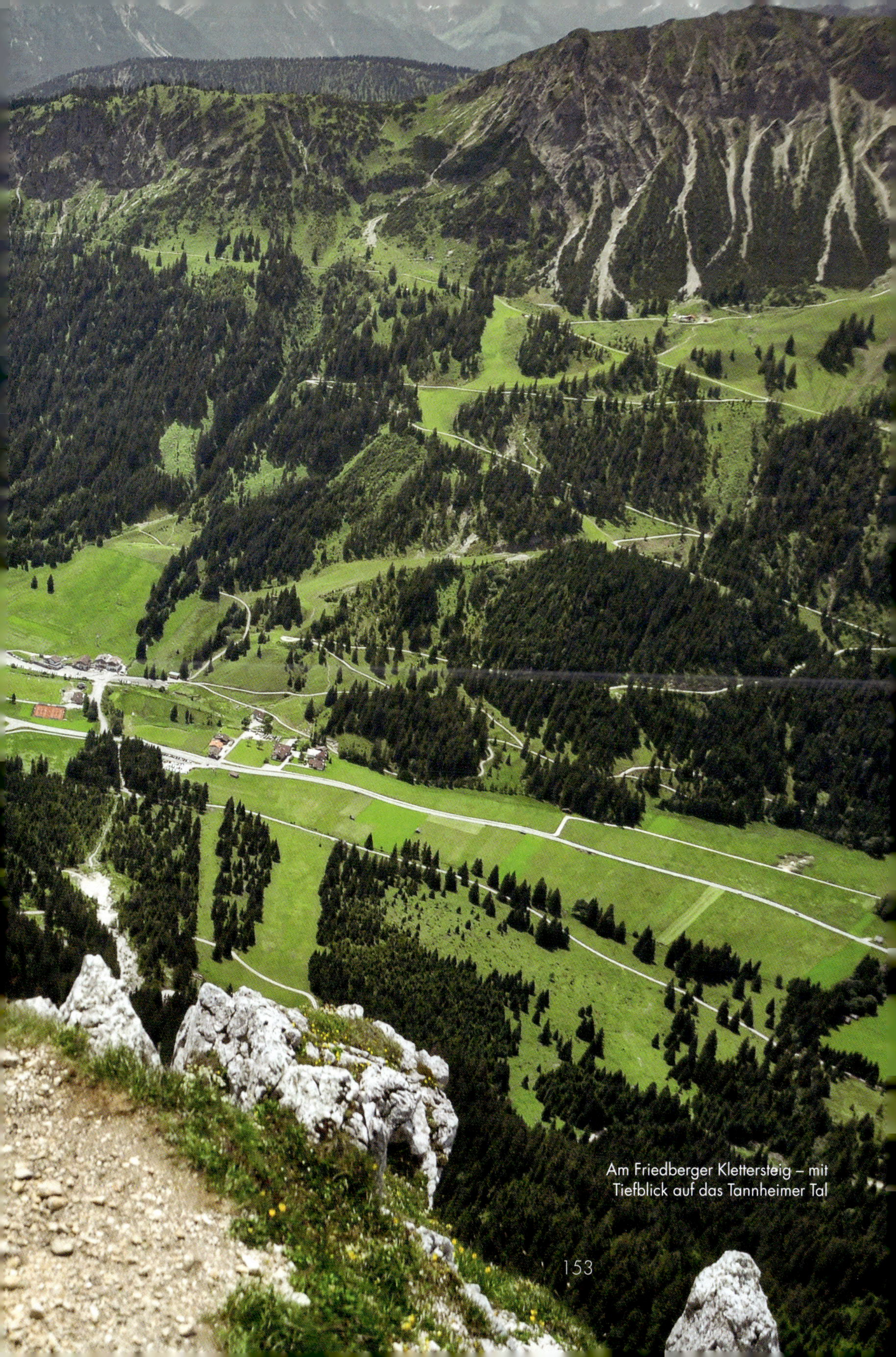

Am Friedberger Klettersteig – mit Tiefblick auf das Tannheimer Tal

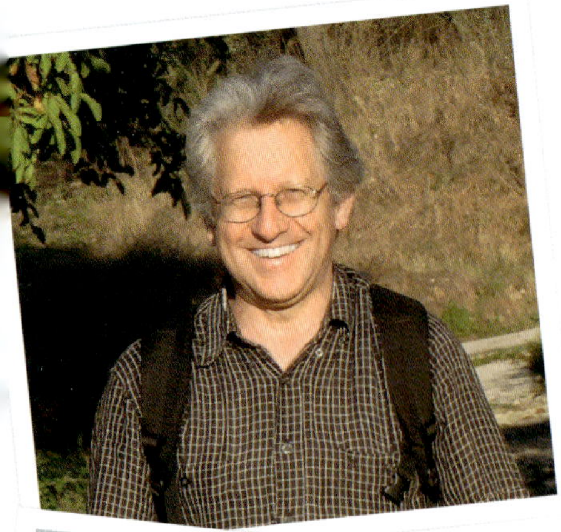

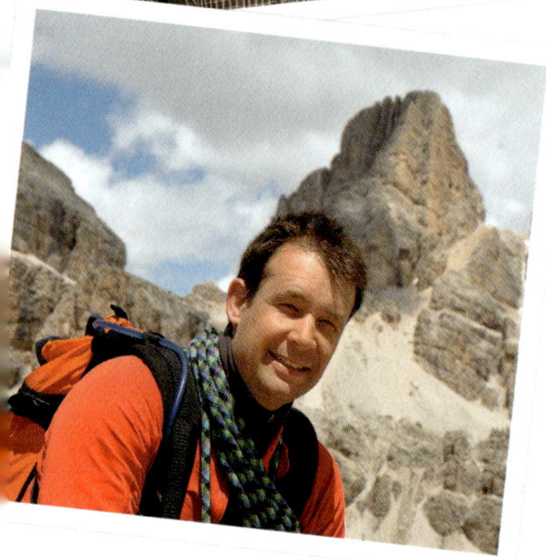

Zugabe

Luft unter den Sohlen ...

... war für lange Zeit *nur den »richtigen« Kletterern vorbehalten. In den letzten Jahrzehnten hat die Planung und Installierung von »Eisenwegen« jedoch Fahrt aufgenommen. Als die ersten Sportklettersteige eingerichtet wurden, war so mancher Aspirant verlegen, ob er denn genügend Armschmalz und Kondition mitbringen würde. Mittlerweile hat sich die Sache etwas beruhigt, da nun für jeden etwas dabei ist: kurze, knackige Steige, stark ausgesetzte und lange Routen, aber auch Familienklettersteige. Geübte Eltern können ihre Sprösslinge nun in die »luftigen Wege« einführen. Ja, es boomt in den Alpen, und die Kritiker sind weitgehend verstummt.*

... heißt jedoch nicht, *dass wir uns nur in den Felsen bewegen müssen. Nach einigen spannenden Stunden auf den gesicherten Wegen erwartet uns entweder eine gut versorgte Alpenvereinshütte oder ein großartiger Panoramablick, falls unser gewählter Steig auf dem Gipfel endet – was nicht immer der Fall ist.*

... und der Wunsch nach »mehr«: *Wer nach den ersten Versuchen auf leichten Steigen noch nicht genug von den »Eisenwegen« hat: In der Nähe zahlreicher Alpenvereinshütten wurden Trainingsrouten eingerichtet, die, gut gesichert, die Bewegungskoordination fördern. Aber auch die zahlreichen Hochseilgärten in Talnähe geben eine gute Gelegenheit, den Gleichgewichtssinn und die Schwindelfreiheit zu erproben und etwas zu trainieren.*

... und die Belohnung »danach«: *Nicht zuletzt der vielen Anstrengungen wegen haben wir uns auf der Alpenvereinshütte oder einer bewirtschafteten Almhütte im Anschluss ans Klettersteigvergnügen einen deftigen Kaiserschmarrn mehr als verdient.*

Heinrich Bauregger & Sascha Hoch

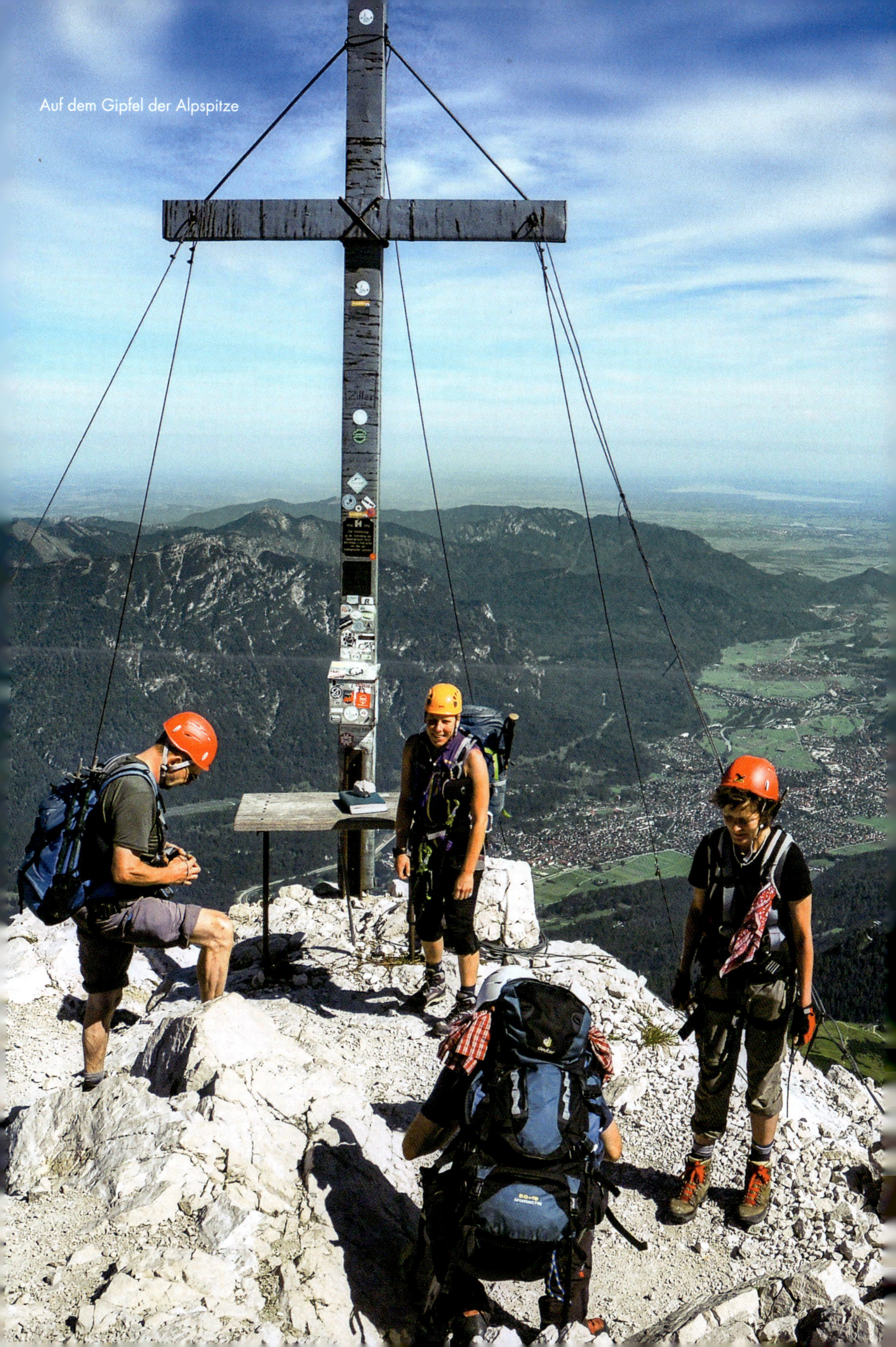

Auf dem Gipfel der Alpspitze

Register

A
Ackerlhütte 148
Ackerlspitze 148
Alpengasthof Eng 100
Alpspitz-Ferrata 104
Alpspitzbahn 102, 104
Alpspitze 102, 104, 106
Arthurhaus 46

B
Bad Häring 56 f.
Bad Hindelang 130
Bayreuther Hütte 88
Berchtesgadener Hochthron 36
Bergalm 88
Berggasthaus Rosengasse 92
Berghotel Höfatsblick 132
Bergltal 116 f.
Bernadeinkopf 108
Bertgenhütte 44
Besler 151
Binsalm-Niederleger 100
Birgkarhaus 46
Birgkarsteig 46
Birkkarspitze 98
Bockkarscharte 136
Böslsteig 34 f.
Branderschrofen 125 f.
Brendelsteig 98
Brentenjochalm 69
Brudertunnel 100
Brünnstein 92 f.
Brünnsteinhaus 92 f.
Brunnsteinhütte 94 f.

C
Coburger Hütte 118, 150

D
Dientner Sattel 46
Dopplersteig 40
Dr.-Julius-Mayr-Klettersteig 92

E
Eckerfirst 21
Edmund-Probst-Haus 132
Eggersteig 82
Ehrwalder Alm 118
Ehrwalder Almbahn 118, 150
Ehrwalder Sonnenspitze 150
Ellmauer Halt 74, 76, 78
Ellmauer Tor 82 f.
Engalmen 100
Engertholzstube 34
Enzianhütte 21, 136
Erfurter Hütte 90
Erichhütte 46, 146
Ettal 122 f.
Ettaler Manndl 122
Ettenberg 36

F
Faistenoy 136, 140, 142
Felix-Kuen-Weg 149
Fiderepasshütte 140, 142
Fieberbrunn 147
Frau-Hitt-Sattel 149
Freiungen-Höhenweg 148
Friedberger Klettersteig 128
Fünf-Gipfel-Klettersteig 90
Füssener-Jöchle-Bahn 128

G
Gamsänger-Klettersteig 74
Gamsknogel 62
Gamssteig 54, 147
Garmisch-Partenkirchen 102, 104, 106, 108, 114, 120
Gasthaus Arzkasten 120
Gasthof Kammerköhr 54
Gaudeamushütte 70, 82, 148
Gimpelhaus 128
Gorialm 66
Grandlspitz 146
Griesner Alm 80
Großer Daumen 132, 134
Großer Pölven 56
Großer und Kleiner Bettelwurf 149
Großes Hinterhorn 48, 50 f.
Grünstein-Klettersteig 26
Grünsteinhütte 29
Gruttenhütte 70, 74, 82
Gruttenkopf 70
Guffert-Nordanstieg 86
Gufferthütte 86 f.

H
Hafelekarbahn 149
Haidachstellwand 90
Hammersbach 106, 110 f.
Hausbachfall-Klettersteig 64
Heilbronner Weg 136, 140
Heinrich-Noé-Steig 94 f.
Henne 147
Hermann-von-Barth-Weg 116
Herzogsteig 44 f.
Hindelanger Klettersteig 132
Hinterbrand 22
Hintere Goinger Halt 82
Hintergschwendt 66 f.
Hinterhornalm 149
Hinterriß 98, 100
Hinterthal 44
Hocheck 30, 69
Hochiss 90 f.
Hochkönig 44, 46, 146
Hochnisslspitze 100 f.
Hochplatte 151
Hochseiler 44

Hochstaufen 58, 62
Hochthron-Klettersteig 36
Hohe Gänge 134, 151
Hohe Munde 150
Hoher Göll 20
Höllentalangerhütte 106, 110 f.
Höllentaleingangshütte 106, 110 f.
Höllentalferner 110 f.
Hotel Tatzelwurm 92

I
Innsbrucker Klettersteig 149
Iseler 130
Iselerbahn 130

J
Jausenstation Weißleiten 48, 50
Jennerbahn 22
Jubiläumssteig 70, 82
Julius-Pock-Weg 149

K
Kaindlhütte 68
Kaiser-Max-Klettersteig 149
Kaiserschützensteig 74, 76 f.
Kaisertal 76, 84, 148
Kampenwand-Steig 66
Kampenwandbahn 66
Kanzelwand 138, 140
Kanzelwandbahn 138, 140
Karwendelbahn 94, 96
Karwendelhaus 98
Karwendelspitz-Klettersteig 96
Kehlsteinhaus 20
Kemacherspitze 149
Kemptner Hütte 136 f.
Kirchlspitze 94
Klammlsteig 70 f.
Klausbachtal 34
Kleiner Jenner 22
Kofel 150
Köglboden 86
Königsjodler 146
Königssee 22, 26
Kramsach 88
Kreuzeckhaus 102, 105
Kufstein 68, 80, 85
Kufsteiner Klettersteig 85
Kühgund 130
Kührointhütte 27

L
Laber-Bergbahn 122
Lachenspitze 151
Lamprechtsofenhöhle 51
Lamsenjochhütte 100 f.
Lamsenspitze 100
Landsberger Hütte 151
Lastal 48, 50
Lehnberghaus 120
Leite-Klettersteig 150
Leutasch 116
Loferer Hochtal 48, 50

M
Mannlsteig 20
Marktschellenberg 36, 40
Marokka 147
Mathaisenkarsteig 106
Matrashaus 44, 46
Mauerläufer-Klettersteig 108
Maurach 90
Meilerhütte 116
Mindelheimer Hütte 140
Mindelheimer Klettersteig 140
Mittagslochsteig 39
Mittenwald 94, 96
Mittenwalder Klettersteig 94
Mitterfeldalm 46
Mitterkaseralm 22, 30
Mittlere Ödkarspitze 98
Mooshammersteig 44 f.
Münchner Haus 111, 114

N
»Nackter Hund« 48, 51
Nassereith 120 f., 150
Nebelhorn 132
Nebelhornbahn 132
Neue Traunsteiner Hütte 34
Nördliche Linderspitze 94
Nordwandsteig 102, 104, 107, 109
Nurracher Höhenweg 50 f.

O
Oberbergalm 86
Oberjettenberg 34 f.
Obersalzberg 20, 22
Oberstdorf 132, 136
Osterfelderkopf 102, 104, 108

P
Partenkirchener Dreitorspitze 116
Persailhornüberschreitung 42
Peter-Wiechenthaler-Hütte 42
Pidinger Klettersteig 36, 58
Pillersee 49, 53
Pillertal 48, 50
Purtschellerhaus 20
Pyramidenspitze 148

R
Rappenseehütte 136
Reichenhaller Haus 58, 62
Reit im Winkl 64
Reitsteig 41
Riezlern 138, 140
Riffelscharte 150
Rinnkendlsteig 27, 90
Rofanseilbahn 90
Rofanspitze 88
Rosskopf 90 f.
Rossstein 148
Rote Flüh 128
Rote-Rinn-Scharte 76, 78
Rothörndl 50

S
Saalfelden 42

Sagthaler Spitze 147
Sagzahn-Nordgrat 88
Salewa-Klettersteig 130
Salzburger Hochthron 40
Schafalpenköpfe 140
Schaflsteig 34
Schafsteig 88
Scharnitz 98
Schärtenspitze 146
Schartschrofen 128
Scheffauer 68
Scheibenkaser 36
Schellenberger Eishöhle 41
Schlechtenbergalm 66
Schneefernerkopf 114 f.
Schönbergalpe 151
Schönfeldspitze 146
Schöngänge 102, 104
Schrecksattel 35
Schuastagang'l-Klettersteig 54
Schustersteig 20 f.
Schützensteig 22, 24
Schwangau 124
Seeben-Klettersteig 118
Seebenalm 118
Seekarlspitze 90 f.
Simwel-Klettersteig 56
Soilealm 122
Söllerpass 116 f.
Solsteinhaus 148
Sonnenalm 128
Sparchenklamm 78
Spieljoch 90 f.
St. Bartholomä 25, 27
Stallenalm 54
Steinalm 43
Steiner-Hochalm 68 f.
Steineralm 58
Steinerner Jäger 61 f.
Steinlingalm 66 f.
Steinplatte 54
Steinscharte 136
Steinschartenkopf 136
Stöhrhaus 36
Stopselzieher-Steig 114
Stöttltörl 120
Stripsenjochhaus 80, 82
Stripsenkopf 80
Südliche Wankspitze 120
Südwand-Klettersteig 42 f.
Sulzleklammspitze 94

T

Tajakante 118 f.
Tannheimer Hütte 128
Tegelbergbahn 124
Tegelberghaus 124
Tegelbergsteige 124
Teufelslöcher 44
Thomas-Eder-Steig 40
Thumsee 63
Tiroler Zugspitzbahn 114
Toni-Lenz-Hütte 40
Tristkogel-Klettersteig 147

U

Übergossene Alm 44, 46
Unteres Gamskarköpfl 84
Untersberg 40

V

Vogelhornbahn 151
Von-Schmidt-Zabierow-Hütte 48, 50
Vorderer Tajakopf 118

W

Wagendrischlhorn 34
Wagendrischlhorn-Klettersteig 34
Waidring 48, 50, 54
Waltenbergerhaus 136
Wankspitz-Klettersteig 120 f.
Wasserwand 147
Watzmann-Mittelspitze 30
Watzmannhaus 30
Westliche Karwendelspitze 94, 96
Widauersteig 68
Wiener-Neustädter-Hütte 114
Wildentalsteig 42
Wilder-Kaiser-Lift 68
Wildseeloderhaus 147
Wimbachbrücke 30
Wimbachgrieshütte 30
Wimbachklamm 31
Wochenbrunner Alm 70, 74, 82

Z

Zeppezauerhaus 40
Zirler Klettersteig 148
Zugspitz-Klettersteig 110
Zugspitze 104, 110, 114
Zweiländer-Sportklettersteig 138
Zwiesel 63
Zwieselalm 62

Impressum

Verantwortlich: Sabine Klingan
Redaktion: Anette Späth
Lektorat: Dr. Gotlind Blechschmidt, Prof. Dr. Ulrich Dahmen
Layout: Eva-Maria Klaffenböck
Repro: Cromika, Verona
Kartografie: Bruckmann Verlag, Heidi Schmalfuß
Herstellung: Alexander Knoll
Printed in Slovenia by Florjancic

★★★★★

Sind Sie mit diesem Titel zufrieden? Dann würden wir uns über Ihre Weiterempfehlung freuen. Erzählen Sie es im Freundeskreis, berichten Sie Ihrem Buchhändler, oder bewerten Sie bei Onlinekauf. Und wenn Sie Kritik, Korrekturen, Aktualisierungen haben, freuen wir uns über Ihre Nachricht an Bruckmann Verlag, Postfach 40 02 09, D-80702 München oder per E-Mail an lektorat@verlagshaus.de.

Unser komplettes Programm finden Sie unter www.bruckmann.de

Alle Angaben dieses Werkes wurden von den Autoren sorgfältig recherchiert und auf den neuesten Stand gebracht sowie vom Verlag geprüft. Für die Richtigkeit der Angaben kann jedoch keine Haftung übernommen werden, weshalb die Nutzung auf eigene Gefahr erfolgt. Insbesondere bei GPS-Daten können Abweichungen nicht ausgeschlossen werden. Sollte dieses Werk Links auf Webseiten Dritter enthalten, so machen wir uns die Inhalte nicht zu eigen und übernehmen für die Inhalte keine Haftung.

Bildnachweis: H. Bauregger: S. 41, 57 links, 87, 121; Bildagentur Huber, Garmisch-Partenkirchen: S. 99; U. Dahmen: S. 13, 119; A. Dick: S. 67, 107, 117; U. Frauendienst: S. 75; D. Fuchs: S. 51, 115 rechts, 151; S. Garnweidner: S. 52, 79, 98, 101, 148; A. Grimm: S. 72 links, 127 oben (2), 129; M. Henrichs: S. 64, 65; C. Hilgartner: S. 73 rechts, 109 links; E. E. Hüsler: S. 35 oben rechts; G. Koppanyi: S. 112, 113 (2); M. Kostner: S. 59 (2), 60, 61; M. Kramer: S. 77; Picture Alliance, Frankfurt a. Main: S. 89 rechts (Steffen Hauser); E. Radehose: S. 32; W. Rauschel: S. 2, 3 (2), 4 (2), 5, 8, 10, 14, 15, 17, 18/19, 23 (2), 24, 25 (2), 35 unten, 71, 72, 73 (2), 106, 122, 137, 143, 144/145, 147, 152/153, 155; B. Ritschel: S. 115 links, 149; M. Rösler: S. 45; J. Schaumburg: S. 63; Shutterstock (www.shutterstock.com): S. 49 (BergeImLicht); T. Sprenger: S. 47, 49, 53; J. Stadler: S. 83; D. Strotmann: S. 125, 127 unten, 141, 142; R. Stute: S. 69, 133, 134, 135; alle übrigen Fotos von Sascha Hoch

Umschlagvorderseite: Einer der schönsten Klettersteige Deutschlands: der Pidinger Klettersteig (Manfred Kostner)
Umschlagrückseite: Auf dem Schuastagang'l-Klettersteig (Tour 13)

Die Deutsche Nationalbibliothek verzeichnet diese Publikation in der Deutschen Nationalbibliografie; detaillierte bibliografische Daten sind im Internet über http://dnb.d-nb.de abrufbar.
Komplett überarbeitete und aktualisierte Ausgabe des 2014 im Bruckmann Verlag erschienenen Titels »Klettersteigklassiker in den Bayerischen Hausbergen«

ISBN 978-3-86246-666-5